석학
人文
강좌
82

국가의 철학
— 한반도 현대사의 철학적 성찰

석학人文강좌 82

국가의 철학
― 한반도 현대사의 철학적 성찰

초판 1쇄 발행 2018년 1월 15일

초판 2쇄 발행 2018년 5월 18일

지은이 윤평중

펴낸이 이방원

편 집 윤원진·김명희·이윤석·안효희·강윤경·홍순용

디자인 전계숙·손경화

마케팅 최성수

펴낸곳 세창출판사

출판신고 1990년 10월 8일 제300-1990-63호

주소 03735 서울시 서대문구 경기대로 88 냉천빌딩 4층

전화 723-8660

팩스 720-4579

이메일 edit@sechangpub.co.kr

홈페이지 http://www.sechangpub.co.kr

ISBN 978-89-8411-727-3 04300

  978-89-8411-350-3(세트)

이 도서의 국립중앙도서관 출판시도서목록(CIP)은 서지정보유통지원시스템 홈페이지(http://seoji.nl.go.kr)와
국가자료공동목록시스템(http://www.nl.go.kr/kolisnet)에서 이용하실 수 있습니다. (CIP제어번호: CIP2017035677)

석학
人文
강좌
82

국가의 철학
─ 한반도 현대사의 철학적 성찰

윤평중 지음

세창출판사

왜 '국가의 철학'인가 ─ '나라다운 나라'를 위하여

I

모든 철학은 자기 시대의 아들이다. 이 책 『국가의 철학』은 21세기 민주공화국 대한민국의 사상과 나라 혼(魂)을 묻고, '나라다운 나라'를 이루는 핵심 이념을 탐구한다. 우리에게 '나라다운 나라'에 대한 관심을 벼락같이 일깨운 중대 사건이 곧 촛불혁명이다. 권력자가 아니라 보통사람인 '나와 우리'가 나라의 주인이라는 사실을 체험한 순간이었다. 촛불은 '제왕적 대통령'을 합헌적으로 파면하는 과정에서 연인원 일천칠백만 명이 참여했음에도 비폭력 평화축제로 일관했다. 국민이 주권자임을 선포한 민주공화정의 헌법정신이 헌정절차를 거쳐 평화적으로 관철된 것이다. 세계가 놀란 명예혁명이었다. 자유시민의 연대의식이 분출한 촛불의 현장을 함께했던 이들은 모두 역사의 행운아라고 할 수 있다.

시민의 힘으로 새로운 역사가 창조되는 한가운데 서서 나는 촛불의 철학적 의미를 깊이 숙고하지 않을 수 없었다. "이게 나라냐"

라는 시민들의 절규가 촛불의 정치철학을 사유(思惟)하게 한 것이다. 그렇다. 촛불은 나라다운 나라를 이룩하려는 소망이다. 촛불혁명은 진정한 공화정을 구현하려는 한국 시민의 공공적 실천인 것이다. 모두가 누구에게도 무릎 꿇지 않는 자유인으로 살되, 민주공화정의 공동 목표와 공통의 이해관계를 공유한 시민들이 함께 만들어 가는 정치공동체가 곧 촛불이다. 공민의식과 애국심으로 무장한 자유시민이 수호하는 국가, 바로 그것이 촛불혁명이 지향하는 바다. 따라서 촛불은 특정한 정치세력이 독점할 수 없는 우리 모두의 자산이다.

철학이 한갓된 개념의 유희가 아니라는 사실을 촛불이 입증하고 있다고 나는 확신한다. 구체적 현실과 보편적 이념을 통합해 구체적 보편성을 만들어 가는 한국의 정치철학자에게 촛불시민혁명은 실천 지향적 이론 형성을 위한 최적의 무대이다. 나라다운 나라를 바라는 국민의 뜻은 우리 시대의 일반의지로 형상화하고 있다. 촛불혁명의 길에서 시민들은 "대한민국은 민주공화국"임을 선포한 헌법 제1조 1항을 함께 결단하고 실천했다. 자유롭고 평등한 시민들의 법치체계가 탄핵과 대통령 보궐선거라는 비상시국을 관통해 효과적으로 작동했다. 궁극적인 헌법 제정권력의 주체인 국민은 헌법절차에 따라 옛 대통령을 파면하였고 새 대통령을 선출하였다. 주권자인 국민의 정치적 효능감이 극대화하면서 집단적 유포리아(행복감), 즉 '공적 행복'이 한국 사회를 감싸 안았다. 국가규범의 정점인 헌법의 근본정신을 현실에서 실천한 시민들의 주인의식이 창출한 행복감이었다.

하지만 우리 스스로 나라다운 나라를 만들어 간다는 촛불의 숭고한 공적 행복감에는 중대한 빈틈이 존재한다. 촛불의 이상주의적 유포리아가 도덕과 힘의 복합체인 국가의 진실을 경시하고 있기 때문이다. 그 공백이 채워지지 않는 한 촛불은 불완전하다. 여기서 '나라'는 '국가'보다 근원적인 우리말이어서 일종의 당위론적 이념형의 측면이 강하다. 시민들이 '국가다운 국가'가 아니라 '나라다운 나라'라는 표현을 선호하는 것도 이런 맥락의 산물이다. 이에 비해 국가는 나라의 이념을 역사현실 속에 구체적으로 투사(投射)한 정치 공동체를 지칭하는 용어이다. 이런 차이점에도 불구하고 앞으로 나는 두 개념을 문맥에 따라 자유롭게 섞어 쓸 것이다. 당위론적인 나라의 이념은 국가의 경험적 구체성 속에 반드시 구현되어야 나라의 실효성(實效性)이 입증된다는 것이 나의 일관된 입장이다.

한스 켈젠은 국가 개념의 다양성을 분석하면서 내가 여기서 전제하는 '나라와 국가의 복합적 동일성'을 "국가는 현실태, 즉 존재(Sein)로서 나타나고 법은 규범, 즉 당위(Sollen)로서 나타난다"고 표현했다.[01] 법규범의 궁극 목표는 정의이며, 그런 의미에서 법 없는 나라는 애당초 나라다운 나라일 수가 없다. 역사상 모든 국가는 아무리 기초

---

01 한스 켈젠, 민준기 역, 『일반국가학』(민음사, 1990), 16쪽.

적인 것일망정 법을 갖추고 있었음은 물론이다. 고조선에도 팔조금
법이 존재했다는 사실을 우리는 명백한 역사 기록을 통해 알고 있다.

　'공정하고 정의로운 나라'의 목표는 그 자체로 언제나 정당하다.
국가가 시혜적으로 정의를 베푸는 게 아니라 '나와 우리'가 정의실
현의 주체이자 나라의 주인이라는 인식은 결정적으로 소중하다. 그
러나 정의의 구호가 촛불의 시대를 풍미하고 시민들의 주권의식이
고양되는 현상과는 달리, 정의로운 나라를 가능케 하는 국가의 원
초적 폭력이라는 진실은 한국 사회에서 과소평가되고 있다. 임계점
을 넘은 북핵 위기가 한반도의 안정과 평화를 파열시키고 있는 오
늘의 현실 앞에서 우리는 국가의 존재론적 의미를 상기하지 않을
수 없다. 한반도에서의 북한 핵 독점이 기정사실이 되어 가고 있는
총체적 위기상황에서 촛불의 '나라다운 나라' 담론은 도덕적 당위론
을 반복하고 있는 듯 보인다.

　촛불정신은 내정(內政) 지향적인 것이지 국가안보나 외교와는 직
접 관련이 없는 것이라는 답변은 자기모순적이다. 촛불 자체가 나
라다운 나라에 대한 응답이기 때문이다. 나라다운 나라를 말할 때
나라라는 물리적 존재의 임무인 국가 수호와 시민안전은 모든 국가
의 필연적 전제일 수밖에 없다. 내란과 외침 위협에 흔들리는 허약
한 국가가 나라다운 나라가 되는 건 거의 불가능한 일이다. 국가의
물리적 생존이 위태로울 때 국민의 자유와 나라의 번영이 온전히
확보될 리 만무하다. 평화정책만으로 한반도 위기를 해결할 수 있

다는 주장은 그 의도의 순수성에도 불구하고 국가의 본질적 요건을 무시한다. 촛불의 이상주의는 도덕을 중시하고 힘을 경시한다. 그리하여 "힘(kratos)과 도덕(ethos)이 하나가 되어 국가를 세우고 역사를 창출한다"[02]는 국가의 영원한 진실을 외면한다.

정치철학의 역사는 줄곧 정의의 원리 위에 굳게 선 이상국가를 열망해 왔다. 플라톤과 아리스토텔레스에서 키케로와 아우구스티누스를 거쳐 롤스와 샌델에 이르기까지 모든 시대의 철학자들은 정의롭지 않은 나라는 제대로 된 나라일 수 없다는 확신을 일관되게 피력해 왔다. 플라톤 자신의 현실정치 실험이 거듭 실패했음에도 불구하고 후대의 정치사상가들은 이상국가의 열망을 포기한 적이 없었다.[03] 하지만 이상국가론의 범람은 현실국가의 불의와 비루함을 증명하는 역설적 지표이기도 했다. 조선왕조의 사례를 비롯해 현대의 신정국가에 이르기까지 국가를 도덕원칙 아래 두려는 고금 동서의 온갖 시도는 참담한 실패를 거듭할 운명이었다.

그럼에도 정의국가론은 공허한 당위론에 머무르지만은 않았다. 사회계약론이 근대국가의 주요 정치사상으로 뿌리내린 이래 국가의 궁극적 정당성은 자유롭고 평등한 시민들의 합의에서 비롯된다고 선언되었다. 정치의 주체가 국가에서 시민으로 이동한 거대한

---

02 F. 마이네케, 이광주 역, 『국가권력의 이념사』(한길사, 2010. 이 책의 원제는 『국가이성의 이념』이다), 58쪽.
03 장동진 외, 『이상국가론: 동양과 서양』(연세대학교출판부, 2004). 서양은 물론이거니와 동아시아 사상의 원형인 고전적 유·불·도가도 이상국가론 또는 정치사상의 측면이 매우 강하다.

패러다임 전환이다. 시민을 정치의 주인으로 선포한 근대 정치철학의 찬란한 부상(浮上)은 멀게는 프랑스 혁명과 미국 독립혁명의 성취, 가깝게는 세계인권선언 선포와 대한민국의 성립과 동행한다. 촛불시민혁명은 시민주권론(인민주권론)의 한국적 성취를 세계만방에 웅변한 현대 한국문명(Modern Korean Civilization)의 정화(精華)라고 할 수 있다. 그런데 정의국가론은 국가가 적나라한 힘(폭력)에 의존한다는 현실주의 국가론과 항상 상호 배리(背理)관계 속에서 모순적으로 공존해 왔다. 나라다운 나라를 탐색하는 정치철학인 '국가의 철학'은 정의에 대한 탐구와 함께 국가라는 이름의 폭력 주체에 대해서도 '동시에 함께' 논의해야만 한다. 그래야만 온전한 '국가의 철학'이 가능하다.

하지만 한국인들은 정의론과 시민주권론을 사랑하는 강도(強度)만큼 국가와 폭력의 본질적 연관성이라는 국가철학의 기초에 대해서는 뼛속 깊은 거부감을 보인다. 역사의 트라우마 때문이다. 군사독재 시대 권위주의적 국가폭력기구의 전횡에 시달려 온 한국인은 폭력 주체로서의 국가의 나상(裸像)을 혐오하기 일쑤다. 냉전반공주의가 키운 거대 괴물로서의 한국 국가는 우리의 마음속에 지우기 어려운 상처를 남겼다. 권력 남용과 시민권 침탈을 일삼던 국가는 사회적 존경의 대상이기는커녕 역사적 적폐로 받아들여지기 일쑤였다. 군인과 경찰같이 국가권력을 상징하는 '제복 입은 자들'은 한국인의 일상에서 존중되지 않는다. 오랫동안 국가 공권력은 두려움의 대상이거나 최소한 멀리해야 할 대상으로 여겨졌다. 한국 근현대사에서 국가권력이 '그들의 것'이 아니라 '우리의 것'으로 여겨진 지는 결코 오래되지 않았다. 촛불이야말로 그러한 패러다임 전환의 가장 극적인 상징물일 것이다.

적나라한 폭력의 담지자로서 국가의 실체를 논하는 학술 담론조차 '촛불의 시대와 어긋난 사유'로 여겨지기 쉬운 배경이 여기에 있다. 국가의 물리적 토대를 부각하는 논변은 독자들에게 냉전반공주의와 안보국가의 악몽을 떠올리게 할 위험성을 감수해야만 한다. 하지만 나는 그런 위험부담을 기꺼이 지면서 국가의 원초적 사실에 직면하려 한다. 한국 현대사의 폐단 가운데 많은 부분이 권위주의적 국가지상주의의 산물이라는 것은 분명한 역사적 사실이다. 그럼에도 나는 촛불의 이상주의가 경시하는 국가의 물리적 기초에 대한 철학적 탐구가 보편사적 중요성을 갖는다고 확신한다. 국가의 물리적 토대야말로 촛불이 딛고 서서 정의로운 나라를 꿈꿀 수 있는 디딤돌이기 때문이다. 이 책의 주제인 '국가의 철학'은 힘과 도덕을 21세기 한반도의 지평에서 결합해 보려는 시도라고 할 수 있다.

나라다운 나라는 공정하고 정의로운 나라일 터이다. 정의로운 국가는 자유롭고 평등한 시민들이 법치를 지키면서 인간다운 삶의 가치를 실현해 가는 정치공동체일 것이다. 하지만 국가는 정의(正義)만으로 만들어지지 않는다. 현실과 당위를 나누어 '현실 위에 선 정치학'을 정립하려 한 마키아벨리가 등장하기 전까지 정치사상과 정치철학의 역사는 곧 정의론의 역사이기도 했다. 주지하다시피 정의론은 가치론의 한 정점이다. 가치와 당위를 과학의 이름으로 배제하려 한 20세기 실증주의 사회과학의 패러다임과 함께 1960-1970년대에 가치론으로서 정치철학의 사망이 거론된 사실도 참고할 만하다. '국가의 철학'은 가치이론이 결코 죽지 않았다는 나의 논변이기도 하다. 정당한 힘인 권력과 부정의한 힘인 폭력을 날카롭게 구별함으로써 나라다운 나라를 폭력 아닌 권력 위에 세우려 한 '공화정의 철학자' 한나 아렌트조차 "압도적인 강제력이 없는 곳에 국가는 없다"는 주류 학설을 시인하지 않을 수 없었다.[04] 지상의 모든 나라는 정의를 표방함과 동시에 특정한 영토 안에서의 독점적 폭력을 내재적 본질로 삼고 있기도 하다.

근대국가론의 본질은 '국가는 폭력을 사용하고, 폭력의 사용을 위협하며, 폭력의 사용을 암묵적으로 의미하는 정치질서'라는 규정이다. 고대·중세국가도 그렇지만 특히 근대국가의 경우에 그런 특징이 이념형적으로 드러난다.[05] 인류역사가 생생히 증명하는 그대로이다. 국가라는 정치 단위가 존재하는 한 미래에도 국가와 폭력의 본질적 상호 연관성은 사라지지 않을 것이다. 다수의 국가들이

04 한나 아렌트, 김선욱 외 역, 『공화국의 위기』(한길사, 2011), 185쪽. 각주 57에서 아렌트는 맥아이버 (R. M. McIver)의 국가에 대한 정의를 인용하고 있다.
05 가야노 도시히토, 김은주 역, 『국가란 무엇인가: 국가의 본질에 대한 역사적 고찰』(산눈, 2010)은 '개념에 의해 국가를 파악하는 작업'을 시도하면서 '정당한 물리적 폭력 행사의 독점'을 국가의 철학적 본질로서 규정한다. 같은 책, 6-36쪽. 도시히토에게 막스 베버의 국가론이 가장 큰 영향을 끼쳤음은 두말할 필요가 없다.

경합하면서 극단적인 무력 사용까지 불사하는 국제정치의 지평에서 전쟁의 가능성이 없어지지 않는 이유가 여기에 있다. 이것은 한가한 탁상공론이 아니다. 북핵 위기가 보여 주듯 우리의 삶과 죽음을 가를 수도 있는 긴박한 현실진단이다.

'국가의 철학'을 논할 때 국가가 무엇을 뜻하는지에 대한 개념 정의가 불가피하다.[06] 서양에서 국가(the state)와 그 유럽 친족어(독일어 Staat, 불어 état, 이탈리아어 stato, 스페인어 estado)는 사물의 상태 또는 사회적 신분을 지칭하는 라틴어 명사 status에서 나왔다. 그리고 status는 라틴어 동사 stare(stand, 서 있다)에서 파생되었다. state의 어원은 확립된 정치질서나 지배·피지배의 정치체제라는 국가의 의미를 선명하게 보여 준다. 또한 status에서 나온 estate는 토지나 신분을 지칭한다. 국가(state)가 재산·신분과 연계된 시민적 의무와 권리체계를 담보하는 정치기구를 지칭하는 연유다. 그리하여 국가는 "역사적 연속성을 가진 인간집단으로서 지배·피지배 또는 명령·복종의 관계가 존재하는 집단"이다.[07] 지배·피지배와 명령·복종을 담보하는 것은 바로 힘이다. 결국 국가는 강대한 독점적 폭력 위에 세워진 지배·피지배의 정치조직이다.

---

06 국가의 어원에 대한 개념사적 설명은 표준적 사회과학 사전류 외에 박상섭, 『국가·주권』(소화, 2008)과 양승태, 『대한민국이란 무엇인가: 국가정체성 문제에 대한 정치철학적 성찰』(이화여자대학교출판부, 2010) 참조. 특히 한국 개념사 총서의 한 권인 박상섭의 책은 국가 개념의 계보학을 고금동서를 종횡하면서 치밀하게 집대성해 놓은 역저다. 국가 개념 설명에만 160여 쪽을 할애하고 있다. 박상섭, 같은 책, 15-179쪽 참조.
07 양승태, 같은 책, 123-124쪽.

동아시아 문명에서 통용되어 온 국가의 어원은 이러한 보편적 사리(事理)를 더욱 분명하게 입증한다. 나라를 지칭하는 '국'(國)이라는 글자는 '에워쌀' □(위) 자와 '일부 있을' 혹(或) 자로 구성된다. 혹 자의 가운데 있는 구(口) 자는 성곽을 지칭하고 그 아래와 위의 일(一) 자는 논밭을 뜻하며 오른쪽의 과(戈) 자는 무력을 상징한다. 국가의 근원이 군사력으로 인민의 생명·재산과 영토를 지키는 데서 비롯했음을 국(國)의 어원 자체가 웅변한다. 국이 가(家)와 이어지는 것은 가를 나라의 기초 단위로 여겼던 동아시아 전통의 소산이다. "가는 효(孝)의 관념을 주축으로 하는 부자간의 불평등관계를, 국은 충(忠)의 관념을 기축으로 하는 군신 간의 불평등관계를 지칭한다"는 일본 학자 오카타 이사무(尾形勇)의 설명이 명료하다.[08] 이는 중국 유교문명권 전통의 천하일가(天下一家) 사상으로 정립된다. 어쨌든 국과 가 모두를 특징짓는 것은 지배·피지배의 권력관계다.

국가와 권력, 국가와 폭력이 본질적으로 이어져 있다는 개념사적 논의는 권력지상주의나 폭력숭배 따위와는 전혀 관계가 없다. 국가와 폭력, 그리고 국가와 전쟁의 상호 연관성을 밝힌 냉정한 객관적 설명일 뿐이다. 이는 정치공동체에서 자유시민들의 공론과 심의를 통해 나라의 정의(正義)를 구현하고 시민주권을 실현하기 위해서도 반드시 직면해야만 하는 국가의 원점이 아닐 수 없다. 예컨대 고대

08 박상섭. 같은 책. 94-95쪽의 각주 94에서 재인용.

아테네 민주정과 로마 공화정 시민들은 자신들이 향유하던 자유와 번영이 시민군의 군사력 위에 근본적으로 터 잡고 있음을 명료하게 인식하고 있었다. 시민적 자유가 내란과 외침에 흔들리는 극한상황에서 정의 담론만으로 국가를 지킬 수는 없다. 키케로가 명징하게 선언한 것처럼 조국(patria)은 내가 태어난 장소를 지칭하는 것이 아니라 시민들의 자유와 평등이 법치와 물리력으로 수호되는 정치공동체를 가리킨다. 따라서 공화정의 지평에서 조국의 반대말은 타국이 아니라 폭정(暴政)이다.[09]

아름다운 평화운동이 현실적 힘을 갖기 위해서라도 국가의 근본을 파악해야 한다. 국가와 폭력의 상관관계에 대한 투철한 현실 인식이야말로 정의를 실현하고 평화를 이루는 필수조건이다. 우리는 정의와 평화를 쟁취하기 위해서라도 국가에 내재한 폭력의 실체를 정확히 알아야 한다. 나라의 철학과 국가론을 탐구하면서 정의와 평화만을 앞세운 채 폭력의 논리를 경시하게 되면 최악의 경우 겉모습만 아름다운 몽매(蒙昧)한 이상주의로 타락한다. 특히 통치자와 지배계층이 이런 이상론의 포로가 될 때 국가적 재앙은 불가피하다. 성리학적 문치(文治)의 관념론과 중화(中華) 사대(事大)의 정의론을 부끄러워하기는커녕 자랑스러워하면서 뼛속 깊이 내면화한 조선왕조가 임진왜란과 병자호란을 잇달아 불러들여 국망(國亡) 반보

---

09 키케로, 김창성 역, 『국가론』(한길사, 2007), 104쪽 및 130-132쪽. 또한 조승래, 『공화국을 위하여』 (길, 2010), 22쪽 참조.

직전까지 갔던 것은 단순한 우연이 아니다. 국가이성을 소홀히 한 채 국가 수호와 외교를 평화원리주의에 종속시킨 지도층과 지식인들이 불러들인 국가적 재앙의 최대 피해자는 항상 민중이었다.

물론 국가의 폭력은 폭력 그 자체에 머무르지 않는다. 국가가 마피아집단과 근원적으로 다른 것은 시민적 동의에 입각해 창출된 국가의 폭력이 정의를 지향함으로써만 궁극적 정당성을 획득하기 때문이다. 따라서 국가의 존재 이유인 정의의 원칙으로 폭력을 통제하는 과업은 현실정치의 영구적 과제다. '공화국 대한민국', 즉 자유시민이 법치주의 안에서 평등한 권리를 누리는 성숙한 정치공동체는 폭력의 토대 위에서 그 폭력을 통제하고 넘어서려는 힘겨운 노력을 통해 탄생한다. 앞서 나는 이를 국가의 본질인 힘과 도덕을 결합하는 노력으로 정의한 바 있다. 정의와 폭력의 모순적 이중주야말로 국가의 철학을 논할 때 만나게 되는 영원한 난제가 아닐 수 없다. 당위와 현실을 잇는 온전한 민주공화정의 국가철학만이 그 난제를 뚫고 갈 현실적 역량을 지녔다는 사실을 논증하는 것이 이 책의 일차적 목표다.

"이게 나라냐"는 촛불의 구호는 한국 시민 모두에게 '나라다운 나라'에 대한 응답을 요청한다. 나라다운 나라의 첫째 과제는 시민들이 자유롭고 평등해야 한다는 것이다. 둘째 과제는 공통 이익을 공유하는 시민참여와 심의로 나랏일을 결정하는 공동의 지배가 법치를 통해 실현되는 정치제도의 건설이다. 국가의 셋째 과제는 자유롭고 평등한 시민들의 나라인 공화정이 내란과 외침으로부터 결연하게 수호되어야 한다는 것이다. 이러한 세 가지 과제는 서로 분리될 수 없다. 국가의 세 과제를 유기적으로 통합하는 것이 나라다운 나라의 공동 목표일 터이다. 사사로운 이해관계보다 공동 목표를 더 중시하는 시민들이 모여 수호하는 자유, 평등, 정의의 정치공동체가 바로 공화국(res publica, 나라·국가·인민 모두의 것)이다.[10] 이 책이 논증하는 '국가의 철학'은 곧 '21세기 공화정의 정치철학'을 의미한다.

II

이 책은 크게 다섯 부분으로 구성된다. 제1장은 '국가의 철학' 시론에 해당한다. 나라, 또는 국가의 본질을 논하는 작업에서 나는 국가이성론을 출발점으로 삼았다. 하지만 국가이성론이 국가지상주의적 국권론(國權論)으로 제한되는 경우에는 반동적이고 위험하다. 시민적 자유와 인권을 침해하고 평화를 해치며 역사를 퇴행시킬 수 있기 때문이다. 따라서 21세기에 걸맞은 국가이성은 시민권을 존중하고 평화를 증진시키는 변증법적 국가이성으로 탈바꿈해야 한다.

---

10 고대 그리스 세계의 群小 폴리스 체제가 경험하지 못했던 '거대 규모의 정의로운 국가'에 대한 로마인의 생각을 가장 투명하게 담아낸 고전은 키케로의 『국가론』이다. 국가에 대한 키케로의 정의는 같은 책, 130-131쪽 참조. 키케로에게 국가는 인민 모두의 것인 res publica이므로 제대로 된 국가는 곧 공화정일 수밖에 없다. 내가 변증법적 국가이성과 통합하려고 하는 현대 공화정의 이념도 정확히 키케로의 통찰을 비판적으로 발전시킨 것이다.

이런 전제 위에서 마루야마 마사오와 헤겔의 정치사상을 비판적으로 독해하였다. 국권과 민권을 유기적으로 통합하는 변증법적 국가이성의 형성은 시민의 참여를 통한 '정치적인 것'의 실천을 통해서만 가능하다. 한국적 맥락에서 촛불은 '정치적인 것'의 잠재력이 극대화해 변증법적 국가이성에 가까이 간 생생한 삶의 현장이었다.

2장 1절에서 묘파한 헤겔의 '주인과 노예의 인정투쟁'은 1장에서 개진한 '정치적인 것'의 이념을 더 역동적인 개념으로 만든다. 자유시민들에게 동등한 존재로 인정받는 동료 시민만이 스스로의 삶과 역사의 주인이 될 수 있기 때문이다. 주노(主奴)의 변증법이 지향하는 상호 인정의 원리를 가동하는 변증법적 국가이성은 국권과 민권의 상호 융합을 더 유기적으로 결합할 추동력을 획득한다. 2장 2절은 일본의 국가영웅인 이토 히로부미가 반동적인 국권주의적 국가이성론자에 불과하다는 사실을 논증한다. 이와 대조적으로 안중근 의사의 동양평화론은 미래 지향적인 변증법적 국가이성론의 모델이다.

2장 3절은 현대 중국의 대국굴기에 직면한 대한민국의 응전 방법론을 변증법적 국가이성론을 통해 궁구해 보는 시도이다. 서양의 제국주의적 사회진화론을 변용시킨 동아시아의 근대화 작업에서 최초의 성공을 거둔 나라는 일본이었다. 그러나 일본의 군국주의적 국가이성론인 국체론(國體論)은 대동아공영권의 망상과 태평양전쟁의 참화를 초래했다. G2로 부상한 21세기 현대 중국도 전략적 이해관계의 중심무대인 동아시아와 한반도에서 중화제국주의의 행태를 숨기지 않고 있다. 근대 중국이 자강론적 호혜관계를 강조했던 것과는 달리 현대 중국은 벌거벗은 사회진화론에 충실한 국가주의적·패권적 국가이성으로 공공연히 이웃나라들을 압박한다. 따라서 상호 평등한 한중관계의 정립이야말로 우리의 명운을 좌우할 수도 있는 긴박한 시대적 과제가 아닐 수 없다. 대한민국의 자존을 지키면서도 번영하는 동아시아를 만들기 위해서는 한국인과 한국문화에 깊숙이 내재한 공중의식(恐中意識)을 넘어서는 게 급선무다. 중국이 갖추지 못한 민권과, 우리를 지킬 수 있는 힘인 국권을 통합한 대한민국의 변증법적 국가이성이야말로 우리를 중국 앞에 당당할 수 있게 만드는 정치사상적 토대일 것이다.

제3장은 북핵 위기로 폭발하고 있는 남북관계와 한반도 문제의 원점을 변증법적 국가이성론으로 해명하는 작업이다. 합리적 남북통일론의 주류인 상호 수렴이론은 남북의 국가이성을 수렴·통합한 제3의 통일국가 수립방안을 강조한다. 하지만 북한 유일체제가 북한식 절대주의 국가이성론을 고집하는 한 남과 북의 국가이성 사이에 접점은 존재하지 않는다. 송두율의 북한철학은 가장 세련된 형태의 남북 수렴이론 가운데 하나이지만 국가이성의 엄중함을 망각함으로써 결국 좌초하고 만다. 남북의 국가이성을 넘나드는 '경계인'을 지향한 송두율의 비전은 애당초 이루어질 수 없는 꿈이었다고 나는 본다. 남북의 진정한 평화공존이 가능하기 위해서는 한

국도 촛불이 외치는 것처럼 정의로운 공화정을 향해 나아가야 하지만, 북한 유일체제도 해체되어 북녘에서 민주적 사회주의의 전망이 가능할 수 있어야 한다. 나는 한반도 평화공존이 확고하게 뿌리내리기 전까지는 섣부른 통일론이 오히려 갈등을 조장할 가능성이 크다고 본다.

제4장은 한반도 현대사 전체를 변증법적 국가이성으로 조망한다. 한반도 현대사의 원점인 남북분단과 6·25전쟁의 본질은 헌법철학과 연결된 국가이성론으로 조명할 때 가장 명료하게 이해 가능하다. 국가최고법인 헌법은 단순한 하나의 국가문서가 아니다. 국가의 기원과 정체성의 근본 규범이 곧 헌법이다. 그런 의미에서 헌법은 국가이성의 핵심이며 공화정의 헌법정신은 변증법적 국가이성에 의해 물질화한다고 요약할 수 있다. 따라서 헌법은 초등학교에서 대학까지 제도교육의 중요 부분으로 격상되어야 한다. 모든 시민을 위한 헌법시민교육이 시민윤리의 핵심으로 다뤄져야 함은 물론이다. 4장 1절의 헌법철학과 2절의 변증법적 국가이성론은 내가 정초하고자 하는 '국가의 철학'의 필요조건에 해당한다.

4장 2절에서는 한반도 현대사를 마키아벨리즘으로 조망함으로써 변증법적 국가이성과 공화정의 접맥 가능성을 탐색한다. 국가에 내장된 힘과 도덕, 폭력과 정의 사이의 길항(拮抗)을 정치사상사에서 본격적으로 사유한 최초의 사상가는 마키아벨리이다. 16세기에 살았던 마키아벨리가 현대 사상가로 판독될 수 있는 이유가 여기에 있다. 그는 세상에서 말하는 것처럼 음험한 권모술수의 달인이 아니며 정치공학 지상주의자도 결코 아니다. 정치적 책략의 대가라는 마키아벨리의 이미지는 피상적 인상비평에 불과하다. 『군주론』과 『로마사 논고』의 통찰을 통합한 공화주의자로서의 마키아벨리야말로 우리의 주목에 값한다. 따라서 4장 2절은 변증법적 국가이성과 공화정의 철학을 통전(統全)해 보려고 하는 흥미로운 사유 실험이기도 하다.

4장 3절과 4절은 공화정의 철학적 토대를 천착해 보려는 시도이다. 이는 내가 논변하는 '국가의 철학'의 학문적 충분조건을 형성한다. 4장 3절은 매킨타이어와 찰스 테일러의 철학을 주로 다룬다. 자유주의가 의존하는 원자적 개인을 비판하면서 시민적 덕성과 공동체를 강조하는 매킨타이어의 공동체주의 정치철학은 현대 공화주의의 단초를 이룬다. 자유주의적인 자유와 사회계약론적 법치의 한계를 넘어서는 공화정적 자유와 법치 이념을 적극 옹호하면서 애국심을 중시하는 찰스 테일러는 공동체주의를 정치적 공화주의로 발전시킨다. 매킨타이어와 테일러에 대한 비판적 독해는 현대 공화주의의 주요 테제인 시민적 덕성과 공공선의 철학적 중요성을 증명한다. 공화주의적 애국심은 인종과 혈통에 대한 충성이 아니라 헌법정신을 실천하는 시민의식에 다름 아니라는 교훈이 입증된다.

4장 4절에서는 본격적인 공화정의 철학을 논구한다. 정치참여의 본질적 가치, 정치가 인간의 자기실현의 핵심 통로라는 사실, 정치의 목표는 정치 실천 자체에 있다는 현대 공화정의 통찰을 주로 한 나 아렌트의 정치사상과 연결시켜 논의한다. 촛불시민혁명의 의미는 이러한 공화정의 철학이라는 맥락에서만 온전히 이해될 수 있다는 교훈을 집중적으로 재조명한다. 동시에 촛불의 이상주의가 내포한 한계는 아렌트 정치사상의 한계와 긴밀히 이어져 있다는 사실을 밝힌다. 나는 시민권과 국권의 통합을 지향하는 변증법적 국가이성은 온전한 공화정의 철학에서만 실현 가능하다고 확신한다.

4장 5절은 공화정의 길이야말로 창대한 대한민국의 꿈임을 선언한다. 그런 의미에서 성숙한 공화정은 21세기의 진정한 한국몽(韓國夢)이다. 우리 정치공동체의 생과 사가 결정될 수도 있는 총체적 위기 앞에 우뚝 선 정치철학은 결코 무력하지 않다. 오히려 나라다운 나라를 탐구하는 정치사상과 국가철학이 현실을 바꾸는 강력한 힘을 발휘할 수 있는 실천의 장(場)이 만들어지고 있다는 것이 내 판단이다. 평범한 한국 시민들이야말로 그러한 실천의 주인공임은 두말할 필요가 없다. '국가의 철학'은 21세기 한반도의 총체적 도전에 대한 철학적 응전이라 할 수 있다.

Ⅲ

'석학과 함께하는 인문강좌' 강연이 이 책의 저본이 되었다. 한국연구재단이 주관한 이 강연은 '국가의 철학: 한반도 현대사의 철학적 성찰'이라는 제목으로 2016년 4-5월에 걸쳐 진행되었다. 시간의 흐름을 담아내기 위해 본문 내용과 틀은 적절하게 수정했지만 이 책 끝부분의 제5장 '종합토론'은 강연 4주차에 시행된 종합토론을 크게 고치지 않고 실었다. 세 번의 강의와 한 차례의 종합토론 자리까지 수백 명의 시민들이 동참한 뜨거웠던 강연 현장은 한국 시민들의 생활세계에서 형성되어 가는 집단지성을 보여 주는 데 부족함이 없었다. 80개에 가까운 청중 질문이 시민들의 진지함을 증명한다. 지정 토론자였던 박명림 교수의 예리한 비평도 나의 논의를 심화시키는 데 도움이 되었다.

동시대를 살아가는 시민들과 함께 대한민국이라는 국가의 철학적 의미를 토론한 것 자체가 참으로 소중한 경험이었다. 하지만 강연이 끝난 후 2016년 말에 불꽃처럼 폭발한 2016-2017년의 촛불혁명을 통과하면서 나는 국가의 의미에 대한 연구를 대폭 확장하고 심화시킬 필요를 절감하게 된다. 특히 촛불에 대한 성찰이 보강되어야만 했다. 내가 책 결론에서 강조하는 공화정의 철학을 떠나 촛불정신이 온전히 이해될 길이 없다는 사실이 너무나 분명해졌기 때문이다. 전체적으로 이 책의 화두는 다음 명제로 압축 가능하다. '국가의 철학'은 정의와 폭력의 통합이라는 국가론의 보편적 과제에 대한 구체적 응답이다. 대한민국이라는 공화국의 힘과 도덕을 통합함으로써 한반도 문제의 정치철학적 출구를 찾고자 하는 작업이다.

국가론 같은 정치사상사의 보편 과제를 탐색하는 데 있어 한 개인의 역량이 턱없이 부족함을 실감한다. 전문 학계에서는 국가론이 낡은 거대 담론으로 여겨지고 있기도 하다. 하지만 나는 유행이나 대세(大勢)에 비판적 거리를 두는 자세가 중요하다고 믿는다. 생동하는 현실을 보편적 개념으로 포착해 내는 작업이야말로 철학의 영원한 과제라고 생각한다. 세계철학사에서 우리가 읽는 고전 정치철학자들의 작업은 아무리 난삽한 것일지라도 그 본질은 당대 현실의 도전에 대한 치열한 학문적 응전이었다. 한반도 현대사의 지평에서 논구한 '나라다운 나라'에 대한 정치철학적 성찰이야말로 한국의 철학자인 내가 꿈꿀 수 있는 구체적 보편성의 철학일 것이다.

『국가의 철학』은 『시장의 철학』(나남, 2016)에 이은 정치철학 후속작이다. 교수로서 정년을 4년 남겨 놓은 지금, 『시민사회의 철학』을 미래의 저술로 기약하려 한다. 그리하여 국가, 시장, 시민사회라는 현대 사회구성체의 세 요소를 해명함으로써 나의 정치철학체계를 퇴임 전에 매듭짓는 것이 내 목표이다. '석학과 함께하는 인문강좌'를 주관하고 책으로 펴내는 데 도움을 준 한국연구재단과 석학인문강좌 관계자들께 감사드린다. 게으른 사람이 한눈팔지 않도록 끊임없이 격려해 준 아내 성숙과 외동딸 하늘은 변치 않는 내 삶의 동행자이다.

한겨울의 동백 서재에서 봄을 기다리며
윤평중

제 1 장

21세기에도
국가이성(國家理性)은
유효하다

1. 21세기 국가이성과 한일관계

이토 히로부미(伊藤博文, 1841-1909)는 원훈(元勳)인가, 원흉인가? 대다수 일본인에게 이토 히로부미는 대일본제국 흥성(興盛)의 원훈이자 근대 일본을 출범케 한 영웅이다. 하지만 대다수 한국인에게 이토는 조선 망국의 원흉이자 한민족의 정체성을 파괴한 흉적(凶賊)일 뿐이다. 같은 인물이 국가에 따라 원훈임과 동시에 원흉으로 여겨지는 현실은 국가이성(Staatsräson, raison d'état)의 폭발성을 드라마틱한 방식으로 증언한다. 그러나 '일본의 국가이성에 이토는 원훈이지만 한국의 국가이성에 이토는 원흉일 뿐이다'라고 대답하는 것은 상식적 설득력을 갖는 만큼 평면적이다. 국가이성 개념이 지나치게 축소되어 한일 두 나라 역사의 화해를 원천적으로 불가능하게 만들기 때문이다.

'이토 히로부미가 원훈인가, 원흉인가?'라는 질문은 '안중근(1879-1910)은 의사(義士)인가, 아니면 테러리스트인가?'의 거울 이미지에 해당된다. 안중근 의사를 테러리스트라고 부르는 일본 고위관료의 '망언'이 때때로 한국 시민들을 격분시키는 실제 사례는 격동하는 한일관계에서 국가이성의 논제가 얼마나 뜨거운 화두인지를 웅변한다. 국가이성의 문제는 이처럼 한일 간의 과거·현재·미래를 관통하는 마그마 같은 존재다. 언제 두 나라 사이의 관계를 흔들지 모를 폭발력을 가진 이슈인 것이다. 나아가 국가 간 상호 충돌의 가능성을 내재하고 있는 국가이성의 뜨거움은 결코 한일관계로 제한되지 않는다. 국가이성의 문제는 한중관계 등의 동아시아 역사와 세계사에서 두루 관찰되는 일반적 현상임과 동시에 이 책의 주제라고도 할 수 있는 남북한 관계에도 결정적 의미를 지닌다.

역사상 국가이성 개념을 독립적인 책 제목으로 채택한 첫 논자는 마키아벨리(N. Machiavelli, 1469-1527)와 동시대인인 보테로(G. Botero, 1544-1617)로 알려져 있다. 흥미 있는 것은 보테로가 마키아벨리를 비판하기 위해 『국가이성론』을 저술했다는 사실이다. 물론 국가이성이란 단어를 직접 사용하지는 않았다 해도 정치사상사에서는 국가·정체(政體)·주권 개념 등을 중심으로 해서 국가이성과 비슷한 이념이 오랫동안 탐구되어 왔다.

플라톤의 『국가론』(Politeia) 이래의 서양전통과 동아시아 춘추백가 이래의 동양전통은 모두 넓은 의미에서의 이상국가론으로서, 국가의 본질과 정치적 삶을 논한 정치사상으로 해석될 수 있다. 다양하게 변주된 국가이성 개념은 크게 보아 정치/도덕 분리론과 정치/도덕 통합론의 두 형태로 주장되었다. 마키아벨리 등장 이전의 정치사상에서 정치/도덕 통합론이 담론의 주도권을 쥐었던 것은 널리 알려진 사실이다.[01]

마키아벨리는 정치/도덕 통합론을 거부하고 정치/도덕 분리론의 깃발을 높이 들어 올렸다.[02] 그의 말마따나 "현실과 당위는 다르므로", 현실정치를 설명하는 데 있어 정치/도덕 분리론이 불가피하다는 이유에서이다. 정치사상사에서 마키아벨리가 음험한 마키아벨리즘(현실지상주의적 정치공학)의 창시자로 등장하는 순간이었다. 그 결과 마키아벨리는 '악(惡)의 교사(教師)'라 불리게 되고 가톨릭 교회는 그의 책을 금서(禁書)로 지정한다.

보테로는 기독교적 윤리와 현실정치의 통합을 외치면서 『국가이성론』을 집필했다. 일반적으로 국가이성론의 사상적 원조로 여겨지는 마키아벨리는 정작 국가이성이란 단어를 쓰지 않았다. 논자에 따라서 '마키아벨리는 마키아벨리스트(권모술수의 주창자)가 아

---

01 국가의 일반이론에 대한 표준적 작업은 다음 3권의 총서로 집약된다. J. A. Hall(eds.), *The State: Critical Concepts* (N. Y.: Routledge, 1994), Vol. 1, 2, 3. 국가 이념에 대한 설명으로는 G. McLennan 외(eds.), *The Idea of the Modern State* (Open Univ. Press, 1984)가 충실한 편이며 김영순 외, 『국가이론』(한길사, 1991), 클라우스 오페, 한상진 편, 『국가이론과 위기분석』(전예원, 1988), 김준석, 『근대국가』(책세상, 2011)는 국가론의 일반적 정의에 도움을 준다. 남경희, 『말의 질서와 국가』(이화여자대학교출판부, 1997)는 국가론과 정치사상을 접합한 연구서이며 박명림·김상봉, 『다음 국가를 말하다』(웅진, 2011)는 국가와 공화국의 관계를 논한 대담집이다. 그 밖에 이중톈, 심규호 역, 『국가를 말하다』(라의눈, 2015)는 국가 문제를 중국사와 연결시켜 조망한 중국 대표 지식인의 흥미로운 저작이다. 국가이론과 관련된 유용한 서양 정치사상사로는 C. Rowe and M. Schofield(eds.), *The Cambridge History of Greek and Roman Political Thought* (Cambridge Univ. Press, 2000)와 T. Ball and R. Bellamy(eds.), *The Cambridge History of Twentieth-Century Political Thought* (Cambridge Univ. Press, 2003).

02 폭력 주체로서의 국가에 주목한 현실주의 정치사상가로서 마키아벨리를 강조한 국내의 대표적 연구서로는 박상섭, 『국가와 폭력: 마키아벨리의 정치사상연구』(서울대학교출판부, 2002)가 있다. 이에 비해 곽준혁의 『지배와 비지배: 마키아벨리의 『군주』 읽기』(민음사, 2013)는 군주론에서 "시민적 자유를 위한 새로운 정치적 상상력을 얻을 수 있음"을 강조한다. 나의 마키아벨리 이해, 나아가 '국가의 철학'은 마키아벨리의 이러한 입체적 얼굴이 21세기의 온전한 공화정의 국가철학을 구성하는 데 있어서 필수적 구성요소라는 사실을 논변한다.

니다'라고 주장하는 것도 가능하다. 어쨌든 국가이성 개념이 반(反)마키아벨리즘의 맥락에서 처음 사용된 사실은 국가이성 개념에 대해 부정적인 선입관으로 일관하는 현재의 관행이 균형 잡힌 태도가 아닐 수도 있다는 가능성을 암시한다. 여기서 나는 국가만능주의나 국권(國權)우월주의와 동의어로 여겨져 온 전통적 국가이성론을 넘어 21세기에 맞게 인류 보편사적 설득력을 지닌 변증법적 국가이성의 가능성을 한일관계를 중심으로 찾아보려 한다.

국가이성론을 체계화한 마이네케(F. Meinecke, 1862-1954)는 국가이성 담론을 다음과 같이 명료하게 요약한다. 그는 『국가이성의 이념』(한글 번역본 제목은 『국가권력의 이념사』)에서 "국가이성은 국가행동의 원리이자 국가의 운동법칙이다"라고 선언한다.[03] 원래 권력과 윤리의 조화 가능성에 대해 낙관적 견해를 가진 합리적 국가주의자에 가까웠던 마이네케는 제1차 세계대전의 참화를 온몸으로 겪으면서 국가의 악마적 양면성에 눈뜨게 된다. 유럽 각국 국가이성의 파괴적 측면이 화산처럼 폭발해 유럽문명을 초토화시키는 인류적 비극 앞에 전율하게 된 것이다. 세계전쟁의 와중에 마이네케는 국가와 국제관계에 내재한 '존재와 당위, 자유와 필연, 일반적인 것과 개체적인 것' 사이의 긴장이 극단적으로 악화되어 총체적 재앙을 가져오는 지옥도(地獄圖) 앞에서 고뇌를 거듭한다.

---

03 F. 마이네케, 『국가권력의 이념사』(한길사, 2010), 53쪽.

그리하여 마이네케는 "각 국가에서 각 순간에 행동의 이상적인 선(線), 즉 하나의 이상적인 국가이성이 존재한다"는 것을 인정하지 않을 수 없었다. 하지만 그는 끝까지 국가 자체의 권력충동에 의한 행동(힘, Kratos)과 도덕적 책임(도덕, Ethos)을 통합시키려고 노력한다. 즉 힘과 도덕이 하나가 되어 국가를 세우고 역사를 만들어 가야 한다고 역설하는 것이다. '빛과 어둠 사이를 끊임없이 오가는 국가이성의 행동'이 고도의 합리성과 합목적성을 요구한다고 말하는 마이네케가 마키아벨리의 국가론에 대해 조심스럽게 열린 태도를 취하는 건 자연스러운 결과이다.

전통적 국가이성 담론에서 국가이성의 특징은 다음과 같이 다섯 가지로 간명하게 요약된다. 첫째, 개인의 이익보다 국가가 상징하는 공동선이 때로는 더 중요하다. 둘째, 국가의 존속 자체가 위협받는 위기상황에서는 국가가 취하는 예외적 수단이 인정된다. 셋째, 국권 수호를 위한 예외적 수단이 일반적 도덕률을 넘어서는 경우가 있을 수 있다. 넷째, 정치공동체 전체의 붕괴가 가져올 더 큰 불행을 방지하기 위해서는 국민의 작은 불행은 용인된다. 다섯째, 국가행동의 원리이자 운동법칙인 국가이성은 정치공동체의 안녕과 국민의 생명 보존이라는 궁극적 목적을 이루기 위한 자율적 논리를 지닌다. 정치와 도덕의 분리 위에 자리 잡은 국가이성론의 논리를 살펴보면 국가행동의 원리 속에 힘과 도덕을 결합시키려 했던 마이네케의 노력이 미완의 것으로 남을 수밖에 없었던 사정을 짐작할 수 있다.

일반론의 수준에서 요약하자면, 전통적 국가이성 개념은 제국주의 시대의 시대착오적 유산으로 폄하되거나 권위주의적인 과거의 유물로 여겨지기 일쑤였다. 국가이성 개념이 강권적 통치 주체로서의 국가권력을 정당화함으로써 민권을 탄압하고, 시민적 자유를 유린했으며, 전쟁의 참화를 불러오는 데 동원되었다는 부정적 인식이다. 만약 국가이성론이 '국가가 시민에 앞서며 국권이 민권보다 중요하다'는 과거의 조악한 단순명제로 압축된다면 민주주의를 당연하게 여기는 21세기 현실에서 국가이성의 정당성을 그대로 받아들이는 것은 거의 불가능하다. 시민적 자유의 이름으로 국가이성에 내재한 국가중심주의를 거부하는 것이 자연스러운 반응일 터이다. 대부분의 한국 시민들이 국가주의에 대해 보이는 반응이 그 실제 사례이다. 보편사적 자연법과 도덕률의 이름으로 국가이성을 단죄하거나, 국제법(만국공법)으로 국가이성을 통제해야 한다는 결론이 나오는 것이 자연스러운 수순이다.

근현대 정치사상의 주류인 자유주의적 사회계약론의 관점에서는 국가 자체가 자유롭고 평등한 개인들의 이익과 안녕을 극대화하기 위해 만든 계약적 결사체에 불과하다. 따라서 자유민주주의자들은 국가를 민주적 다원주의 정치질서의 한 부분으로 상대화시켜 이해한다. 한국 사회에서도 이러한 다원주의 국가론이 교과서적 상식으로 받아들여지고 있는 터에 국가의 중요성을 새삼스럽게 조명하는 국가이성론이 의심쩍게 여겨질 수밖에 없는 실정이다. 현대 다원주의 국가이론의 아버지인 래스키(H. Laski, 1893-1950)의 사상은 영미권 나라들과 시민사회의 일반이론이 되었다고 해도 과언이 아니다. 예컨대 래스키는 국가가 국권의 미명 아래 개인 자유를 억압하는 현상에 대해 "개인을 사회 속으로 분해함으로써 개인 자유를 박탈하는" 시도라고 강력히 비판했다.[04]

개인 자유의 실현을 위한 수단에 불과한 존재가 현대국가이므로 래스키는 국가론의 과잉 자체가 갖는 불순한 실천적 함의에 대해 경계해 마지않는다. 특히 그는 국가중심주의적 국가이론이 의존하는 절대주권론에 대해 노골적인 반감을 감추지 않는다. 정치사상가로서 절대주권론을 분쇄하기 위한 노력이 래스키의 지적 여정을 관통한다. 이런 맥락에서 래스키는 절대주권론을 극복하고 시민권을 보장하기 위해 제도적 권력분배론에 초점을 맞춘 "새로운 국가철학"을 지향한다.[05] 한국적인 거대국가가 전횡을 일삼던 군사독재의 기억이 아직도 생생한 한국 현대사에서나, 제국주의 국가의 공세적 대외 팽창정책이 세계사적 차원의 반인륜범죄를 부른 일본 현대사에서는 래스키류의 자유민주적 국가다원주의와 정면에서 충돌하

---

04 H. 래스키, 김학준 역, 『현대국가에 있어서의 자유』 수정증보판(서울대학교출판부, 1986), 106쪽.

05 H. Laski, *The Foundations of Sovereignty and Other Essays* (Harcourt, Brace, and Company, 1921), 29쪽. 흥미롭게도 다원주의 국가론과 제한주권론을 현대 정치학에서 정초한 래스키의 주권론 3부작은 현대 영미 정치학계에서 더 이상 많이 읽히지 않는다. 학계뿐 아니라 일상에서도 상식적 표준이 되었기 때문일까. 영미권의 이러한 삶의 풍경은 유럽의 국가주의 전통과 상이하며, 강대한 절대국가로 점철된 한국 근현대사와도 선명하게 대조된다.

는 절대주의 국가이성론은 한마디로 시대착오적인 것으로 받아들여진다. 시민주권을 활짝 꽃피운 촛불의 시대인 오늘날 한국에서는 더더욱 그러하다.

이처럼 영미권의 나라들은 국가보다는 사회의 중요성을 더 높이 평가하는 경향이 강하다. 하지만 국가이성론에 대한 영어권 학계의 홀대(忽待)는 국수주의적 국가이성론을 동원하지 않고도 강력한 국가조직을 만드는 데 성공했던 자신들의 특수 경험을 반영하고 있다는 사실을 명념해야 한다. 국가의 중요성을 강조하는 국가이성론은 유럽에서도 통일국가의 형성과정이 영국과 프랑스에 비해 상대적으로 뒤떨어져 있던 독일과 이탈리아 등에서 집중적으로 논의되어 왔다. 독일과 이탈리아 등에서는 '국가 만들기' 자체가 정치공동체의 최대 현안이었기 때문이다. 영국 같은 선발 제국주의와 경쟁하면서 국가적 정체성을 굳혔던 독일과 일본 등의 후발 제국주의 국가에서 국가이성론이 활발했던 것은 우연이 아니다.

이 책의 머리말에서 강조한 국가의 본질을 냉정하게 직시하면 국가이성론의 철학적 의미가 좀 더 선명하게 부각된다. 국가의 본질을 다루는 학문적 규정은 매우 많지만 동서고금을 꿰뚫는 공통의 정의는 "국가란 폭력을 사용하고, 폭력의 사용을 위협하며, 폭력의 사용을 암묵적으로 의미하는 정치질서"라는 규정이다. 베버(M. Weber, 1864-1920)는 "국가란 어느 일정한 영역 안에서 정당한 물리적 폭력 행사의 독점을 실효적으로 요구하는 인간공동체"라고 정의

한 바 있다.[06] 여기서 가장 중요한 것은 '정당한 물리적 폭력의 독점'인데, 이때의 폭력은 결코 추상적 수사(修辭)가 아니다. 인신(人身)의 구속이나 살상, 재산의 압수나 파괴 등의 구체적이면서도 적나라한 물리적 폭력을 지칭한다.

국가라는 정치공동체의 궁극 목적이 정의실현이나 삶의 존재 이유의 구현에 있다고 보는 고색창연한 플라톤과 아리스토텔레스의 정치철학적 관점에서 보면 베버의 주장은 당혹스러울 만큼 직선적이다. 그러나 사실 베버의 진술은 국가의 본질을 날카롭게 짚고 있다. 온갖 폭력이 사회 곳곳에 넘쳐 나지만 오직 군대와 경찰 같은 국가기구가 행사하는 물리력만이 '정당한' 것으로 간주되기 때문이다. 따라서 국가의 폭력은 정치공동체 안의 다른 주체의 폭력 행사를 억제할 수 있을 만큼 강력해야 하며, 일정한 지역에 대한 합리적 지배를 목표로 해야 하고, 자신만이 폭력에 대한 독점적 권리를 가질 것을 실효적으로 요구할 수 있어야 한다. 특히 근대국가의 원리에 해당하는 이러한 입론은 국가이성의 출발점으로 작동한다.

국가와 폭력 사이의 본질적 연관관계는 국가의 어원에서도 재확인된다. 머리말에서 상세하게 밝힌 것처럼 영어 the state와 유럽 각국의 친족어들은 모두 라틴어 status에서 나왔다. 라틴어의 status는 stare, 즉 서다(立, to stand)라는 동사에서 파생된 명사로서 강대한 폭

06 M. 베버, 최장집 편, 박상훈 역, 『소명으로서의 정치』(폴리테이아, 2011), 110쪽.

력 위에 세워진 정치조직의 창설과 공고화를 뜻한다. 예컨대 마키아벨리는 『군주론』에서 stato라는 단어를 115회나 사용하면서 the state 개념을 심화시켰다.[07] 혼란과 폭력이 만연한 내란상태를 종식시키기 위해 더 큰 정당한 폭력 위에 구축된 정치질서로서의 국가 개념을 주창한 셈이다.

동아시아 문명에서 사용된 국가의 어원은 더욱 적나라하다. 國이라는 글자 자체가 '에워쌀' 口(위) 자와 '일부 있을' 或(혹) 자로 이루어졌는데, 國 자의 가운데 있는 口 자는 성곽을 지칭하며, 그 아래와 위의 一 자는 밭을 의미하고, 오른쪽의 戈 자는 무력을 상징한다[『설문해자』(說文解字)]. 원래 國 자는 바깥 테두리가 없는 或 자였는데 후에 口 자를 덧붙여 통치력이 미치는 범위를 뜻하게 되었다. 국가의 본질이 폭력이라는 사실을 단적으로 증명한다. 중국문명 최초의 국가조직인 상(商)나라의 기본 정치 단위는 읍(邑)이었는데, 邑이라는 문자도 갑골문에서 사각형(口)으로 표시되는 성(城)과 그 밑에 무릎을 꿇고 있는 사람(巴)으로 구성되어 있다. 사람을 조아리게 만드는 정치조직(城)의 실체가 물리적 폭력이었음은 물론이다.

영역을 뜻하는 강(疆)의 경우에도 밭(田)과 땅(土)을 지키는 건 활(弓)이다. 國에 家가 따라 붙는 것은 家를 國의 원형으로 보고 國이나 세계(天下)를 家의 확장된 형태로 간주하는 중국 특유의 사상이

07 마키아벨리, 박상섭 역, 『군주론』(서울대학교출판문화연구원, 2011) 참고.

지만(天下一家), 나라에 해당하는 문자들은 모두 예외 없이 군사적 폭력을 함축하고 있는 것이다. 국가 개념의 어원이 증명하는 국가와 폭력의 연관성에는 오늘날 어떠한 본질적 변화도 없다. 국가라는 정치 단위가 존재하는 한 미래에도 국가와 폭력의 상관성은 사라지지 않을 것이다. 규범적 도덕이론으로 환원되지 않으면서 우리의 생사를 좌우하는 국가의 본질을 묻는 국가이성론의 철학적 탐구가 깊은 실존적 의미를 지니는 까닭이 여기에 있다.

2. 마루야마와 헤겔로 국가이성 읽기

현대 일본에서 "학계의 텐노(天皇)"나 "마루야마 텐노"로까지 불렸던 마루야마 마사오(丸山眞男, 1914-1996)를 일본 지성계에 혜성처럼 등장하게 한 논문인 「초국가주의의 논리와 심리」는 국가중심주의적 국가이성론에 대한 근본적 비판을 밑에 깔고 있다. '민권론이 국권론 속에 매몰되는' 과정의 결과로서 출현한 '초국가주의 또는 극단국가주의'에 대한 그의 예리한 지적은 곧 일본 버전의 낡은 국가이성론에 대한 신랄한 비판이다.[08] '윤리와 권력의 완벽한 상호 이입'이 '도덕의 근원임과 동시에 정치적 권위의 중심적 실체'인 천황

---

08 마루야마 마사오, 김석근 역, 「초국가주의의 논리와 심리」, 『현대정치의 사상과 행동』(한길사, 1997), 45-64쪽.

으로 실체화하면서 빚어지는 '무책임의 구조화'야말로 1945년 종전 이전의 제국주의 일본의 폭주(暴走)를 이해하는 키워드라는 것이다.

하지만 나는 국권과 인권을 비교하면서 이를 '권력과 도덕'의 이항 대립으로 여기는 그의 입론은 지나친 단순화라고 본다. 국권과 인권의 "대립적 통일은 무릇 근대국가의 숙명"이라고 마루야마가 정확히 규정하면서도 곧바로 "국가이성의 사상과 근세 자연법사상의 상극"을 말하는 것은 좀 어색한 논리 전개인 것처럼 보인다.[09] 진보적 자유주의자이자 영구혁명론을 주창하는 민주주의자로서의 마루야마의 면모가 선명히 드러나는 대목이다. 그러나 그는 인권과 국권의 대립구도에 대해서는 명징하게 밝혔으나 내가 주목하는 21세기 국가이성에 걸맞은 '인권과 국권의 변증법적 통일'에까지는 나아가지 못했다. 물론 이것은 신성불가침의 천황이 상징하는 일본 특유의 초국가주의에 대항해 외롭게 싸워야 했던 마루야마의 일생을 반영한다. 하지만 그의 이런 '태도 결정'은 마루야마 정치학의 입체성을 훼손한다.

마루야마는 독일 철학자 헤겔(G. W. F. Hegel, 1770-1831)을 높이 평가하면서도 악명 높은 독일의 "군국주의적·권력국가적" 국가이성론의 비조(鼻祖)라며 헤겔을 강력히 비판한다. 그러나 이는 헤겔의 변증법적 정치사상의 복합성을 마루야마가 좁게 이해한 것이어서

09 마루야마 마사오, 「권력과 도덕」, 앞의 책, 459쪽.

헤겔 국가이론의 풍부함을 외면하는 오독에 가깝다. 사실 서구사상사에서 헤겔에 대한 오해는 뿌리 깊다. 예컨대 헤겔의 국가론에 대한 폄하는 버트런드 러셀(B. Russell, 1872-1970)의 다음과 같은 평가에서 절정에 이른다. 러셀은 헤겔이 "참된 자유는 자의적 권위에의 복종이며, 자유언론은 악이고 절대군주제가 바람직하며 프러시아는 당시 존재한 최선의 국가이며, 전쟁은 선한 것이다"라고 주장했다고 비난했다.[10] 불행히도 이런 오해는 헤겔에 대한 피상적 인상비평에 기인한 것이 대부분이다.

내가 보기에 헤겔은 마루야마의 오해나 러셀의 혹평과는 거리가 먼 심원한 국가이성의 사상가이다. 헤겔의 논술에 오해의 소지가 있는 대목도 있으나 정치사상가로서 헤겔의 진면목은 고대의 공동체주의 정치사상과 근대의 자유주의적 개인주의 정치사상을 변증법적으로 종합한 데서 찾아진다. 자유의지에 기초한 개인의 권리를 현대의 핵심으로 인정함과 동시에, 공동체의 해체가 가져온 인간소외 같은 현대의 원심력을 성숙한 정치공동체 만들기를 통해 극복하려 한 것이다. 그 과정에서 헤겔의 논술은 시대적 제약과 절대적 관념론의 외피(外皮)로 모호해지기는 했지만 헤겔 국가론의 합리적 핵심은 시민사회의 연대에 입각한 정치공동체 되살리기와 이성국가 형성으로 모아진다. 헤겔에 의하면, "시민사회의 출현은 현대의 산

---

10 B. Russell, *Unpopular Essays* (George Allen and Unwin, 1950), 22쪽.

물"이다. 그런데 시민사회는 "욕망의 체계"로서, 경제적 번영과 시민적 자유라는 빛이 퇴폐·빈곤·양극화·인간소외라는 그림자와 뒤섞인 "외면적 국가, 즉 필요국가 또는 오성국가"에 불과하다고 헤겔이 역설하는 데 주목해야 한다.[11]

국민경제학의 성과에 정통했던 헤겔은 마르크스(K. Marx, 1818-1883)의 자본주의 시장경제에 대한 비판을 한 세대 앞서 선취했다. 그러나 헤겔은 마르크스와는 달리 자유주의와 자본주의에 대한 총체적 부정으로 과속 질주하지 않는다. 오히려 시민사회에 내재한 보편적 계기가 이성국가를 태동케 만드는 역동적 과정에 주목한다. 시민사회가 착취와 소외의 무대임과 동시에 시민들의 계몽과 자기발전이 이루어지는 해방의 장소로서 성숙한 국가 형성의 본질적 계기라는 차원을 중시한다. 그리하여 헤겔은 이상적 정치공동체를 만들어 가는 데 있어 국회를 비롯한 대의제도와 여론의 기능, 그리고 직업단체(Korporation) 같은 시민사회적 중간집단의 중요성을 높이 평가한다.

헤겔의 말대로 "중간집단에의 소속감은 시민사회의 붕괴를 막는 방파제"이며, 직업단체와 의회는 정치적 교양 형성과 시민교육의 장(場)이다. 특히 헤겔은 의회의 개념을 "보편적 자유의 주관적 계기"라고 정의한다. 국민과 정부 사이를 연결하고 시민사회의 특

11   G. W. F. Hegel, *Grundlinien der Philosophie des Rechts* (Suhrkamp, 1970), 339-346쪽. 앞으로는 헤겔, 「법철학」으로 표기.

수성과 국가의 보편성을 이어 주는 "매개의 체계"가 바로 의회이다. 시민사회는 빈곤과 소외라는 문제를 안고 있지만 생산성 확대와 함께 시민의 자기 교화와 계몽을 가능케 하는 결정적 장소이다. 시민사회 없이 자율적이고 독립적인 근대적 주체성이 뿌리내리는 게 원천적으로 불가능한 까닭이다. 직업단체와 의회, 여론의 매개를 통한 시민의 자기 형성은 개인의 자유가 국가의 공공성과 연결되는 불가결의 근대적 통로라 할 수 있다. 헤겔에게서 성숙한 시민사회 없는 이성국가는 상상조차 할 수 없는 것이다.

마루야마의 표현대로 "군국주의적 권력국가론"의 표어로 간주된 『법철학』258절의 "Es ist der Gang des Gottes in der Welt, Daß der Staat ist"란 문장을 국가지상주의 강령으로만 읽는 것은 헤겔에 대한 균형 잡힌 독해라고 할 수 없다. 전통적인 헤겔 비판론자들의 방식대로 이 명제를 "국가는 세계 속에서의 신의 행진이다"로 옮겨 프러시아 독재체제와 강권적 국가권력에 대한 찬양으로 해석하는 것은 '현대 시민사회론의 선구자 헤겔'의 지평을 차단한다. 이 문장은 자유주의적 사회계약론이 국가를 자의적 계약의 산물로 축소하는 것에 반대해 국가의 원점에 자의적 계약을 넘어서는 국가이성의 고유 논리가 엄존함을 역설하는 '정치적 리얼리즘'의 헤겔적 선언으로 이해되어야 한다. "국가가 존재하는 것은 세계에서의 신의 도리이다"로 번역해 기독교 문명권의 맥락에서 국권과 민권의 변증법적 통일을 지향하는 문장으로 읽어야 우리가 기획하는 국가이성론의 현대적 진화에 도움이 된다.

국가이성론을 둘러싼 헤겔과 마루야마의 대립 또는 대화보다 중요한 것은 엄중한 오늘의 현실로 비추어 본 국가이성의 위상이다. 한반도 근현대사와 일본 근현대사, 그리고 한일 교섭사(交涉史)에 대한 정치철학적 성찰을 위해 국가이성론이 사용될 수 있기 때문이다. 예컨대 한국인의 실존의 핵심에는 대한민국과 조선민주주의인민공화국이라는 국가의 본질 문제가 자리 잡고 있다. 한반도라는 한 영토를 두고 다투는 남북 두 주권국가 사이의 사활적 체제경쟁은 현재진행형이다. 이는 북한 급변론과 결부된 북한체제 붕괴론이 한낱 소망사고에 불과하다는 사실을 보여 준다. 북한 핵무장이 초래한 구조적 불확실성이 극대화하고 있는 한반도의 총체적 위기상황은 국가이성의 실천적 중요성을 사자후로 웅변한다. 나는 남북관계의 원점을 변증법적 국가이성론으로 조명하는 작업을 2장에서 수행할 것이다.

일본 근현대사의 역동적 행로는 국가이성론의 명암을 거울처럼 보여 준다. 국가이성론으로 바라본 일본 현대사에서 메이지 천황(1852-1912)이 중요하다. 중세 봉건제의 유산을 일신해 한 세대 만에 근대 열강의 자리에까지 도달한 일본사의 비약을 이끈 메이지 유신은 고전적인 일본 국가이성의 형성 사례이다. 여기서 내가 주목하는 것은 마키아벨리적이고 헤겔적인 지평에서 21세기적으로 재구성된 "변증법적 국가이성의 철학적 문제의식이 가리키는 일본사의 특정 지점이 과연 존재하는가?"라는 의문이다. 좀 더 구체적으로 이야기하자면 "일본 근현대사의 어느 지점이 마키아벨리적인『군주론』에서『로마사 논고』로의 이행을 담고 있는가?"라는 궁금함이다. 3장에서 본격적으로 다루겠지만 나의 이러한 문제 제기는 마키아벨리에 대한 표준적 해석, 즉『군주론』이 전제군주의 지배를 정당화하는 데 비해,『로마사 논고』는 시민들이 정치공동체의 주인이 되는 공화정을 주장했다는 해석에 입각한 질문이다.

메이지 천황은 근대 일본이 낳은 대표적인 마키아벨리적 군주이다. 하지만 마루야마는 "메이지 시대는 완전한 시민적＝근대적인 순간을 조금도 갖지 못했다"고 단언한다.[12] 메이지 천황이 죽은 후 일본 사회는 '다이쇼(大正) 데모크라시'[메이지의 아들이었던 다이쇼 천황 (1879-1926) 때 민주주의가 잠깐 꽃핀 기간]로써『로마사 논고』로의 이행을 준비하다 좌초한다. 그렇게 본다면 마루야마 마사오가 주목한 다이쇼 민주주의 시대의 사회운동이야말로 헤겔적인 시민사회의 훈련 무대로 해석 가능하다.

마찬가지로 1945년까지 히로히토 천황(1901-1989)의 치세는『로마사 논고』와 헤겔적 시민사회론의 통찰을 거역하는 거대한 역주행으로 규정될 수밖에 없다. 그 결과가 태평양전쟁이라는 재앙이었다. 결국 일본 현대사는 마루야마의 독해와는 반대로 정확히 헤겔

12　마루야마 마사오, 김석근 역, 『일본 정치사상사 연구』(통나무, 1995), 462쪽.

정치사상, 특히 헤겔 시민사회론의 구도를 사용해 명징한 방식으로 해석될 수 있는 것이다. 이런 나의 해석을 채택해야 일본이 자체 내 동력에 의해서가 아니라 국가총력전에서 궤멸적인 패배를 당한 연후에 타력(他力)으로써 현대 민주정치의 장에 수동적으로 진입할 수 있었던 이유도 설명된다.

이토 히로부미는 메이지 시대의 일본적 국가이성에 충실히 복무한 효웅(梟雄)이었다. 그는 서구 패권에 기초한 약육강식의 국제정세를 정확히 읽고서 부국강병의 국가대계와 국체론(國體論)을 결합시켜 구체적 정치현실로 구현한 인물이다. 오늘날 시대착오적이고 반동적으로까지 들리는 '국체' 개념은 사실 일본 지식사회가 국가주권의 이념을 일본어로 번역하는 과정에서 만들어진 것이라고 마루야마는 설명한다.[13] 특히 이토 히로부미는 근대 일본의 정신적 토대인 메이지 헌법의 정초자로서의 위상이 일본과 일본인에겐 더할 수 없이 막중하다. 이토는 한마디로 일본의 국부(國父, Founding Father)에 해당하는 인물이다. 국가이성론과 동행한 '화폐의 정치학'은 그것을 단적으로 증명한다.

이토 히로부미는 1963-1984년까지 일본 시중에서 가장 흔히 쓰이던 지폐인 1천 엔권 화폐의 초상인물이었다. 쇼토쿠타이시(聖德太子, 6세기 말-622)가 1930년 100엔권에 사용되다가 1958년에 1만 엔

13　마루야마 마사오 외, 임성모 역, 『번역과 일본의 근대』(이산, 2000), 136쪽.

권 화폐인물이 되어 1984년까지 54년간 사용된 것도 눈여겨볼 만하다. 쇼토쿠타이시는 일본 역사에서 7세기 초에 등장하는 국가 개념을 처음 입안했을 뿐 아니라 일본 최초의 성문법인 「17헌법」을 만든, 고대 일본 국체의 건설자이자 고대 국법의 창시자이다.

마찬가지로 이토 히로부미는 근대 일본 국체와 헌법의 정초자인 것이다. 1만 엔권 화폐인물로서 1984년부터 쇼토쿠타이시를 대체한 사람이 바로 탈아입구론과 국권론을 결합한 후쿠자와 유키치(福澤諭吉, 1835-1901)인 사실도 흥미롭다. 다른 나라의 경우도 비슷하지만 화폐의 정치학은 곧 일본과 일본인의 '마음의 습관'을 그림처럼 보여 준다. 이런 화폐의 정치학이 현대 한국에서 실현되지 않는 이유, 즉 '민주공화국 대한민국'의 건설자들이 현대 한국의 화폐에 등장하지 않은 채 조선왕조 시대의 인물들만 화폐의 초상으로 사용되는 현상은 '대한민국 만들기'가 미완으로 남아 있는 우리의 현실과 깊은 상관관계가 있다.

쇼토쿠타이시와 후쿠자와 유키치는 일단 논외로 하더라도 일본인들이 확신하는 이토 히로부미의 '일본적 위대함'은 왜 가장 가까이 있는 이웃인 한국인과 중국인의 동의를 전혀 이끌어 내지 못하는 것일까? 우리는 그런 인식의 장벽이 단지 한국인의 민족주의와 중국인의 중화주의의 유산에서 기인하는 것인지 묻지 않으면 안 된다. 청년 안중근의 미완의 작품인 『동양평화론』과 노회한 이토 히로부미의 텍스트들의 장단점을 『로마사 논고』와 헤겔 시민사회론의 시각에서 비교하면서 읽어 보는 것도 흥미로운 작업이다. 일본식 국체의 뿌리인 이른바 만세일계(萬世一系)의 천황이라는 설화의 허구성을 일본인들은 왜 공론 영역에서조차 터부시하는지 외국인들은 이해하기 어렵다. 일본 특유의 천황 담론에 대해 마루야마는 비록 조심스러운 어조를 사용하기는 하지만 "아마테라스의 신칙(神勅)에 의해 일본의 최고통치자가 영원히 정해져 있다는 국가신화"라고 정확히 규정한다.[14]

후쿠자와 유키치 같은 합리적 계몽주의자조차 차츰 보편적 휴머니즘을 버리고 국수주의적 국가이성론으로 퇴행해 가는 과정을 안타까워하면서도 애써 변호하는 마루야마 마사오의 마음의 행로도 흥미롭다.[15] 전전과 전후를 막론하고 마루야마를 포함한 일본의 양심적 진보 인사들에게조차 한반도와 한국인의 신산한 운명이 별 관심을 끌지 못했던 사실이 의미심장하다. 그를 '일본 학계의 천황'으로까지 밀어 올린 문제작 『일본 정치사상사 연구』의 집필과정을 술회하면서 "나는 이 논문을 마치 '유서'라도 되듯이 남겨 두고서 떠났다"고 비장하게 회고하는 마루야마에게 군대 복무의 현장이었던 평양과 한반도는 아스라한 심리적 원경(遠景)에 머물러 있을 뿐이었다. 그의 조국 대일본제국이 노예로 만들어 버린 한반도와 한국인

---

14   마루야마 마사오, 『일본 정치사상사 연구』(통나무, 1995), 69쪽. 이는 이 책에 전재된 「영어판 저자 서문」에서의 언급이다.
15   박홍규, 『마루야마 마사오와 자유주의』(아산서원, 2013), 133-166쪽.

의 비참한 운명은 당대 가장 진보적인 일본 지식인이었던 마루야마에게조차 본격적인 관심을 야기하지 못했다.

일본 진보지식인들의 코즈모폴리턴적 성향과 개인적 선의와는 상관없이 한국과 중국을 비롯한 동아시아 전체가 일본 방식으로 독점한 오리엔탈리즘의 타자에 불과했다는 의심이 생겨날 수밖에 없는 대목이다. 우리가 익히 알고 있는 것처럼 동일자(同一者)와 타자(他者)는 결코 평등한 관계로 만나지 않는다. 일본의 근현대화는 동일자인 서양과 타자인 일본의 대립구도를 정반대로 뒤집어 갑자기 동일자 자리에 오른 일본이 아시아 전체를 타자화해 가는 과정의 연속이었다. 대동아공영권은 이러한 사상 논리의 필연적 결과물에 불과했다. 아베 정권은 동일자·타자의 배타적 논리구조와 퇴행적 감성회로를 안이하게 베끼고 있는 것으로 보인다.

3. 변증법적 국가이성과 '정치적인 것'

민주적 입헌정치에 기초한 주권국가들로 구성된 제2차 세계대전 이후의 현대 세계에서 국가이성론은 더 이상 필요 없게 되었는가? 결코 그렇지 않다는 나의 주장이 '국가의 철학'의 출발점이다. 성숙한 민주국가에서도 정치공동체를 위협하는 국내외적 위기는 계속된다. 국가 간의 각축 현장인 무정부 사회로서의 국제관계에 본질적 변화가 발생했다는 증거는 그 어디에서도 발견되지 않는다. 중대 위기가 구조화한 한반도 상황에서는 더욱 그렇다. 임계점에 이른 북핵 위기는 날것으로서의 국가의 본질을 선명하게 폭로한다. 아베 정부의 우경화가 국제적 우려를 자아냄에도 불구하고 일본 국내에서는 상대적으로 순항하고 있는 상황도 마찬가지다. 일본의 '정상국가화'와 중국의 대국굴기가 긴장의 파고를 높이고 있는 동아시아 상황도 국가의 영속성을 증명한다. 사드 한반도 배치를 둘러싼 미국과 중국의 힘겨루기는 두 제국의 국가이성이 첨예하게 맞부딪치는 살아 있는 현장이다.[16]

결국 복수(複數)의 주권국가들이 존재하는 한, 국가이성의 논제는 결코 낡지 않았다. 낡기는커녕 21세기에도 엄청난 생동감을 지닌 주제라고 할 수밖에 없다. 나는 앞에서 국가이성 개념에 덧입혀진 반동적 이미지를 벗겨 내 그 21세기적 입체성을 성찰해 보아야 한다고 주장했다. 국가이성론의 재구성 작업이야말로 현대 정치사상의 최대 과제 가운데 하나이기 때문이다. 총체적 위기에 처한 한반도 상황이 국가이성의 의의를 웅변하고 있기도 하다. 여기서 가장 긴요한 것은 '정치적인 것'의 개념이다. 그렇다면 왜 '정치'가 아니고 '정치적인 것'인가? 정치적인 것은 민주주의 담론에서 정태적으로 이해된 정치의 한계를 넘어서기 위해 도입되었다. 명사를 대체하는

16 장성민, 『중국의 밀어내기 미국의 버티기』(퓨리탄, 2016)는 미국과 중국의 경쟁구도를 알기 쉽게 해설한다.

형용사적 명사형인 '정치적인 것'은 한 사회의 갈등을 자양분 삼아 정치적 역동성을 최대한 키우기 위해 사용된 개념이다. 한국 현대 정치사에서 정치적인 것의 한 절정을 우리는 2016-2017년의 촛불 시민혁명에서 체험한 바 있다.

현실정치의 형식화는 정치 본연의 생동감을 약화시켜 정치적 실천을 통한 사회 진화의 가능성을 줄였다. 시민들의 정치참여가 줄어들면서 정치공동체가 작동 부전상태에 빠져 국가의 통치 불가능성까지 이야기되는 게 현대 정치의 현실이다. 제도정치에 대한 피로감이 증가하는 것은 우리나라를 포함해 세계적으로 공통된 현상이다. 시민참여를 근간으로 한 민주정치에서 시민의 참여가 줄면 정당과 국가기구 자체가 권력을 독점한 과두세력이 되어 시민들 위에 군림하게 된다. 국권과 민권의 선순환 통로가 막힘으로써 정치공동체의 문제 해결능력이 축소되고 국가는 위기에 빠진다. 이는 현대 정치의 최대 딜레마이자 한국 사회의 중대 현안이 아닐 수 없다. 국권과 민권의 연결 메커니즘이 작동 부전에 빠짐으로써 한국의 국가기구 자체가 통치 불가능성에 직면했던 초유의 위기상황을 민권의 에너지로 일거에 돌파한 역사적 사건이 바로 촛불혁명이었다.

한일관계의 경우, 두 나라의 근현대사를 견인한 국가이성론의 퇴행적 측면을 억제하고 전향적 측면을 살려 가는 과업은 정치적인 것의 활성화와 직결된다. 국가이성론의 변증법적 재구성 작업에서 전제가 되는 것은 통합 지향의 새로운 국가이성과 다원주의적 시민참여가 결코 상호 적대관계에 있지 않다는 인식이다. 따라서 '정치적인 것의 역동성을 국가이성론과 어떻게 접합시킬 것인가'의 문제가 핵심 과제가 된다. 우리는 이를 국가이성과 정치적인 것의 변증법이라 부를 수 있으며 그 결과물로서 출현한 21세기의 보편적 국가이성을 '변증법적 국가이성'으로 부르고자 한다. 정치적 행위자인 현대 시민도 이런 맥락에서 다시 정의 가능하다. 정치적인 것의 지평에서 시민들은 한군데 머물러 있는 주체가 아니다. 시민적 정체성 자체가 능동적 참여 속의 성취와 시행착오로 만들어지는 치열한 자기 형성과정의 산물이다. 정치적인 것은 평범한 시민들이 스스로를 만들어 가는 과정 속에서 모습을 드러낸다. "모든 권력은 국민으로부터 나온다"는 헌법정신을 합창한 촛불의 광휘(光輝)는 한국 시민의 자기 형성을 극적으로 보여 준다.

변증법적 국가이성은 한 사회의 진정한 통합성을 정치공동체 차원에서 추구한다. 국가권력이 위에서 아래로 내려 먹이는 방식이 아니라 시민들이 정치에 성찰적이고 주체적으로 참여하면서 아래에서 위로 나아가는 방식으로 비로소 만들어지는 게 변증법적 국가이성이다. 21세기의 성숙한 국가이성은 정치적인 것의 잠재력이 극대화할 때 생겨나는 시민들의 정치적 실천의 역동적 열매로 규정된다. 국가이성이 대표하는 정치공동체의 통일성과, 정치적인 것이 상징하는 민주정치의 역동적 다원성을 유기적으로 잇는 작업은 현대 정치의 최대 과제 중 하나이다. 여기서 핵심은 현대 민주정치의 근본 틀을 파괴하지 않으면서 시민사회의 역동성을 극대화하는 데 있다.

국가이성과 정치적인 것이 만나는 지평을 확장해 21세기에 맞는 변증법적 국가이성을 창출하는 나의 기획은 정치에 대한 규범적·정치철학적 접근과 현실주의적·정치공학적 접근 사이의 근본적 간극을 메우는 데도 유용하다. 문제의 핵심은 정치와 국가의 본질이 이 두 차원을 모순적으로 포괄하고 있다는 데 있다. 앞서 강조했듯이 국가 자체가 정의와 폭력, 당위와 현실의 간극 위에 걸쳐져 있기 때문이다. 정치와 국가의 본성에 대한 서술은 서로 반대되는 위치에 놓여 있는 것으로 이해되어 온 규범적 정치철학과 현실주의 정치론의 접근을 함께 담아낼 수 있는 통합 패러다임이 되어야 한다. 마루야마가 고뇌했던 권력정치와 이성정치 사이의 이분법적 대립구도를 넘어서는 데도 정치적인 것의 개념은 유용하다.

정치적인 것의 독자적 지평을 탐색하는 데 있어 가장 논란이 많은 사상가는 단연 칼 슈미트(Carl Schmitt, 1888-1985)이다. 그는 "국가 개념 자체가 정치적인 것의 개념을 전제"한다고 주장하면서 정치적인 것의 개념은 적과 동지의 구별에서 출발한다고 강변한다.[17] 그에 의하면, 생사를 건 전쟁을 불가피하게 만드는 우적(友敵)관계의 구별은 국가와 정치적인 것의 개념을 가능하게 하는 근본이념이다.

---

17 C. Schmitt, *Political Theology* (The MIT Press, 1985), 13쪽.

따라서 슈미트의 논리를 극한까지 밀어붙이면 전쟁이 정치의 본질이 된다. 이성적 논증을 초월한 '예외'를 선포할 수 있는 권능을 가진 국가나 최고영도자의 결단에서 정치의 본질적 특성이 발휘된다고 보는 슈미트의 결단주의 정치사상을 자유주의자들은 시대착오적 반동사상이라고 매도해 왔다.

나치에 부역했던 슈미트 사상은 참으로 끔찍하다 아니 할 수 없다. 그럼에도 슈미트의 복합적 함의는 일방적으로 쉽게 내쳐질 성격의 것이 아니다. 그의 문제 제기를 인내심을 갖고 읽는다면 슈미트는 모든 법질서의 출발점에 정치가 자리하고 있으며 정치의 시작은 외침(外侵)과 내란으로부터 특정한 정체(政體, the body politic)를 지키는 데 있다는 냉혹한 사실을 강조하고 있는 것으로 해석된다. 적대국이 우리나라를 무력으로 말살(抹殺)하려 할 때 우리는 과연 어떻게 대응해야 하는가를 짚고 있는 것이다. 슈미트적인 정치신학의 발단 자체가 국가 존립의 근본 근거에 대한 정치철학적 설명이라는 점을 간과해서는 곤란하다. 국가의 정치적 실존 없이 헌법이 있을 수 없으며 정치적 통일성으로부터 나오는 국가주권 없이 민주주의 정치나 시민의 민권 향유 자체가 어렵다는 건 자명한 사실이다.

그의 나치 부역은 혐오스럽기 짝이 없는 사실이지만 슈미트의 문제 제기는 정치사상적으로 심각한 답변을 요구한다. 정치와 국가의 본성에 대한 철학적 분석은 슈미트의 논의를 비판적으로 극복해 넘어가야만 하는 것이다. 국가이성론의 현재적 적실성을 탐구하는 맥락에서는 더욱 그렇다. 슈미트가 국가이성론의 원점을 건드리는 측면이 있음을 부인하기 어려운 것이다. 민주주의적 국민주권과 국가의 정치적 통합성 보존 사이에는 본질적 긴장이 흐르는 게 사실이기 때문이다. 극단화시켜 표현하자면 특정한 정치공동체의 통합성에 대한 고려 없이 국민의 권리만을 강조하면 고대 아테네의 경우처럼 국가는 해체 위기를 맞게 되고, 국가의 통합성만을 강조하면 나치나 일본 제국주의처럼 국민의 권리와 세계평화가 파괴된다.

슈미트는 나치 부역 때문에 비판받는 자신의 처지를, 허먼 멜빌(Herman Melville, 1819-1891)의 동명 소설 속에 나오는 주인공 선장인 베니토 세리노(Benito Cereno)에 비유했다.[18] 반란을 일으킨 흑인노예들의 추대로 어쩔 수 없이 해적선 선장이 된 인물인 세리노에 빗대어 자신의 나치 부역을 합리화하려 한 것이다. 참으로 비열하기 짝이 없는 변명이었다. 슈미트가 사상적으로 파산할 수밖에 없었던 이유는 한마디로 요약된다. 슈미트의 결정적 한계는 모든 정치조직체를 가능케 하는 정치적 통일성의 원칙과, 정치공동체를 정당화할 국민주권 사이의 내재적 갈등을 극단화시켜 정치적 통합성의 미명 아래 시민권을 말살해 버린 데 있다.

슈미트는 정치적인 것의 개념을 주창한 장본인임에도 불구하고 정치적인 것을 권위주의적이고 폭력적인 국가이성론 밑으로 완전

---

18 칼 슈미트, 김효전 역, 「구원은 獄中에서」, 『유럽 법학의 상태』(교육과학사, 1994).

히 종속시켰다. 내가 논변하고자 하는 21세기 변증법적 국가이성과 정면에서 충돌하는 치명적 오류가 아닐 수 없다. 그 결과 나치 제3제국과 대일본제국 모두 국수주의적인 국가이성론의 함정으로 폭주해 들어갔다. 재구성된 변증법적 국가이성론은 이 블랙홀을 우회해 갈 수 있는 출구를 슈미트적이지 않은 '정치적인 것'의 활성화에서 찾아야만 한다. 마루야마 마사오 정치사상의 평생 행로는 슈미트로 환원되지 않는 정치적인 것에 대한 탐구로 압축된다. 사실 「초국가주의의 논리와 심리」는 슈미트적인 국가이성론의 일본적 발현에 대한 촌철살인의 비판이다. 국체의 근본이 곧 천황이고 천황이 진선미의 유일한 기준이 될 때 정치학이 학문으로 존립 가능할 리 없다. 이런 상황에서 '일본 정치학계의 불임성(不姙性)'은 불가피했으며 정치가 곧 "정치적 지배층 내부의 인적 연계망에 정통하는 것"과 별로 다르지 않게 되는 타락상이 만연한다고 마루야마는 본다.[19]

제2차 세계대전 이후 일본 정치학의 출범은 제대로 된 현실정치의 출발과 동행한다. '신비의 장막에 가려져 있던 국가의 핵심이 처음으로 합리적 비판의 대상'이 되는 과정과 비례해 민주적 정치투쟁이 점차 활발해지는 것이다. 이것은 정치학이 그 무엇보다 뚜렷한 '현실과학'임을 뜻하지만 마루야마는 그 정치적 현실의 경계를

---

19 마루야마 마사오, 「과학으로서의 정치학」, 『현대정치의 사상과 행동』(한길사, 1997), 399쪽.

조심스럽게 제한한다. 정치의 과학인 정치학은 정치적 현실에 의해 매개되어야 마땅하지만 정치학이 "정치세력에 직접 결부되어 정치적 투쟁의 수단이 된다는 것은 아니다"라고 확언한다. 정치학이 실증주의적 객관성에 집착하는 것도 일차원적이지만 이데올로기적인 당파성의 포로가 되는 것 또한 천박하다. '과학으로서의 정치학'은 이념과 사실, 가치와 현실의 상호 제약성을 균형 있게 다루어야 비로소 현실과학으로 상승 가능하다고 마루야마는 주장한다.

마루야마의 이러한 정치관은 사상사가로서 스스로의 학문적 정체성을 규정한다. 그가 정의하는 바의 사상사는 고전적 사상가들의 사상을 객관적으로 해설하는 작업과는 거리가 멀다. 사상가들의 이런저런 논의를 빌려 와 자신의 사유를 전개하는 것도 마루야마식 사상사가 아니다. 진정한 사상사가의 작업은 과거의 사상과 미래의 비전을 통합해 현재의 지평 안에 살아 있는 혼연일체로 재창조한 산물이기 때문이다. 표준적 철학사는 흔하지만 마루야마적 사상사는 찾기 어려운 한국 지식사회의 풍경은 수입학문에 빠져 해외 이론의 해설에 머문 비주체적 한국 철학계와 인문학계의 빈곤함을 웅변한다.

널리 상찬되는 마루야마의 학문적 성취가 지닌 진정한 의미는 이 지점에서 확연히 빛난다. 마루야마는 이를 "사상사가의 포부 내지 야심이란 역사 속으로 매몰되기에는 너무 거만하며, 역사를 벗어나기에는 너무 겸허하다"고 압축한다.[20] 현실과 가치 사이에서 지적 긴장을 유지하는 사상사적인 통섭의 시도가 현실정치로 퇴행하지 않는 '정치적 리얼리즘'을 생산한다는 마루야마의 입론은 국가이성과 정치적인 것의 접합 가능성을 높여 변증법적 국가이성에 이르는 하나의 흥미로운 아이디어임이 분명하다.

민주주의를 "특정한 체제를 넘어선 '영원한' 운동"이자 "현재의 매일매일의 정치적 창조의 과제"로 정의하는 그의 실천적 지향성이 주의주의(主意主義)로 타락하지 않는 것은 이런 변증법적 태도 때문이다. 행동을 위한 행동의 맹동주의(盲動主義)에 빠져 일본 급진 학생운동의 자기해체를 불러오고 일본판 '혁명의 시대'를 파멸로 몰고 간 전공투(全共鬪) 학생들의 난동에 대해 도쿄대 강당에서 공개적으로 '경멸'의 뜻을 나타낸 마루야마의 용기 있는 발언도 비슷한 균형 감각의 산물이었다.

헤겔에 대한 신랄한 비판에도 불구하고 정치에 대한 마루야마의 이해와 실천은 철두철미 헤겔적이라 할 수 있다. 급진적 자유주의와 복고적 반동이 날카롭게 충돌했던 당대 프러시아에서 헤겔은 진보로 치장한 감상주의적 행동지상주의와 보수로 가장한 현실 안주 사이의 사이비 대립구도를 크게 경계했다. 현실에 매몰된 일차원적 실천이나 현실과 상관없는 고담준론은 공히 '추상성'의 한계에 묶여 있다. 헤겔에게서 진정으로 학문적인(wissenschaftlich) 인식은 구체성

---

20 마루야마 마사오, 고재석 역, 「사상사의 사유방식에 대하여」, 『사상사의 방법과 대상』(소화, 1997), 40쪽.

에서 시작해 보편성으로 상승한 뒤 다시 구체성의 지평으로 돌아오는 '구체적 보편성'의 산물이다. 헤겔 정치철학의 보고(寶庫)인 『법철학』이 "철학적 법학은 법의 이념, 그리고 법의 개념과 그 실현을 대상으로 한다"고 선언한 것은 이런 맥락에서이다.[21] 개념과, 개념의 구체적 실현이 유기적으로 통합된 결과물이 이념이라는 이야기이다. 헤겔의 이성국가론은 국가 개념과, 개념의 구체적 실현으로 이루어지는 국가의 이념에 대한 정밀한 탐구에 해당한다.

거꾸로 선 헤겔의 관념변증법을 마르크스가 바로 세움으로써 관념변증법을 초극하는 유물변증법을 건설했다고 하는 소문이 무성하지만 나는 오히려 헤겔의 입체적인 시민사회관을 마르크스가 축소해 정치적인 것의 지평을 질식시켰다고 본다. 마르크스주의 국가론과 정치사상의 부재가 가져온 재앙은 그 사상 내재적 귀결이다. 정통마르크스주의 특유의 경제환원론과 토대결정론의 결합은 레닌과 스탈린에 의한 왜곡뿐만 아니라 마르크스 본인에게 책임이 돌아간다. 마르크스적 국가론과 정치사상의 결여가 현실사회주의의 비민주성의 원인이 되어 체제 붕괴를 가져온 것은 물론이다. 결국 헤겔의 정치철학에 대한 마르크스의 비판은 매우 일면적이다. 국가이성론과 '정치적인 것' 사이의 변증법적 상호관계가 좌파의 정치적 상상력에서 거의 사라지고 만 배경이다.

21 헤겔, 『법철학』, 29쪽.

국가이성과 정치적인 것은 혼융되어 움직이면서 더 높은 변증법적 국가이성으로 상승해 간다. 2장에서 살펴보겠지만 안중근 의사의 동양평화론은 내가 변론하고자 하는 변증법적 국가이성론의 선구적 모델로 해석 가능하다. 이처럼 국가이성과 정치적인 것의 유기적 연관성은 구체적 역사현실에서 검증되어야만 한다. 한국과 일본에서 국가이성이 작동해 온 모습을 주로 분석한 까닭이 여기에 있다. 그러나 지금까지의 논의는 일국사(一國史)와 한일관계에 주로 초점을 맞추었다. 국가이성과 정치적인 것을 결합시켜 21세기에 맞는 변증법적 국가이성의 지평을 먼저 탐색하기 위해서였다. 다음에 다루는 인정투쟁의 문제는 한국과 일본의 근현대사나 한일관계사를 넘어서는 인류 보편사의 맥락에서 진행된다. 그것은 마루야마가 밟아 갔던 길을 교훈 삼아 이상주의와 결합한 정치적 현실주의를 작동시켜 헤겔 방식의 구체적 보편성에 이르는 길이다. 한일관계의 교착상태를 풀어 건강한 한일관계의 미래를 탐색하는 작업은 곧 인류 보편사적인 변증법적 국가이성을 탐색하는 노력이기도 하다.

제 2 장

국가주의적
국가이성에서
변증법적
국가이성으로

1. 주인과 노예의 인정투쟁(認定鬪爭)

암울하기 짝이 없는 불확실성이 21세기의 하늘을 배회하고 있다. 현대 민주주의의 표준 문법이 흔들리고 있는 오늘의 포스트 민주주의 시대를 초현실적인 각종 혼란들이 잠식하고 있다. 한 유럽 학자는 이러한 현상을 "거대한 후퇴"라고 명명한다.[01] 세계 곳곳에서 테러리즘이 빈발하는 가운데 세계 보편주의적 문명의 잣대가 공공연히 도전받고 있는 실정이다. 보편주의와 다원주의가 퇴조하는 것에 반비례해서 인종주의적 차별과 국가지상주의의 망령이 번성하고 있다. 인류가 오랫동안 힘겹게 축적한 '정치적 올바름'(political correctness)의 원칙이 급속히 붕괴되고 있다고 해도 과언이 아니다.[02] 21세기 기술문명의 놀라운 성과가 새로운 야만을 증폭시킬 개연성도 증폭되고 있다. 포퓰리즘의 지도자들이 지구촌 곳곳에서 선동정치를 구사하고 있는 사태도 우려스럽다. 현실의 도전에 응전해야 할 임무를 지닌 현대 정치철학에 중차대한 사명이 주어진 셈이다.

---

01 지그문트 바우만 외, 박지영 외 역, 『거대한 후퇴: 불신과 공포, 분노와 적개심에 사로잡힌 시대의 길찾기』(살림, 2017), 13쪽.
02 트럼프 당선이야말로 미국 사회 공론장의 표준이 되어 온 '정치적 올바름'의 붕괴를 상징하는 사태다.

당대의 총체적 도전에 헤겔과 마루야마는 자신들만의 방식대로 대응했다. 19세기의 헤겔과 20세기의 마루야마 마사오의 정치사상은 당연히 '그 시대의 아들'이다. 마찬가지로 '국가의 철학'은 21세기 한반도 문제의 도전에 대한 나의 응전이다. 헤겔과 마루야마의 문제의식이 19세기와 20세기의 한계를 넘어 21세기로 확장 가능한 깊이와 넓이를 지닌다는 점에서 헤겔과 마루야마는 둘 다 치열한 '현대' 정치사상가라고 나는 생각한다. 헤겔과 마루야마의 정치사상을 성찰적인 방식으로 다룸으로써 우리는 21세기의 국가 문제에 직면하는 한 방법을 깨닫게 된다. 인류 보편사적 의의를 지닌 변증법적 국가이성의 이념이 그 결과이다.

　　마루야마의 헤겔 사랑은 뿌리가 깊다. 대학입학 후 독일관념론을 본격적으로 공부한 마루야마는 헤겔의 『역사에서의 이성』을 접하고 '압도적으로 매혹'된다. 『일본 정치사상사 연구』 시절의 그를 지적으로 크게 자극한 것도 헤겔의 『정신현상학』이었다. '거대이론에 대한 타고난 회의'가 헤겔에 대한 그의 경도(傾倒)를 억제했지만 헤겔의 역사철학은 마루야마 정치사상의 여정에 끝까지 동행한다. "내가 헤겔 철학의 진수(眞髓)로 본 것은, 국가를 최고도덕의 구현으로 찬미한 점이 아니라, '역사는 자유의 의식을 향한 진보'라는 헤겔의 생각이다"라고 마루야마는 고백한다. 마루야마에게는 역사철학이야말로 헤겔 사상의 정수인 것이다. 하지만 헤겔의 법철학(정치사상과 국가론)을 배제하고 역사철학을 높이 평가하는 마루야마의 독해법은 설득력이 크게 떨어진다. 총체성의 사상가인 헤겔에게 법철학과 역사철학은 두부 자르는 것처럼 나누어질 수 없기 때문이다. 헤겔『법철학』텍스트의 결론이 역사철학으로 귀결된다는 사실도 양자의 상호 보완성을 입증한다. 사실 헤겔 철학 텍스트를 마루야마와 나 가운데 누가 정확히 읽었는가 하는 점은 그리 중요하지 않다.

내가 강조하고자 하는 논점은, 헤겔을 비판적으로 읽는다고 할 때 적어도 텍스트 읽기의 방식은 상호 정합적이어야 한다는 사실이다. 즉 나처럼 헤겔을 시민사회론에 입각한 변증법적 국가이성론의 사상가로 읽어야만 마루야마를 매혹시킨 자유의 진보 테제가 헤겔 역사철학의 합리적 핵심으로 떠오르게 된다. 헤겔을 권위주의적 국가론자로만 읽는 마루야마의 독해 방식은 자유의 진보가 프러시아적 세계에서만 구현된다는 국수주의적인 헤겔의 역사관과 맞물리는 게 더 자연스럽기 때문이다.

국가이성론과 정치적인 것의 통합을 통한 변증법적 국가이성 패러다임은 자유의식의 진보를 강조하는 헤겔의 역사관을 지남으로써 한층 더 심화된다. 여기서 출발점이 되는 것은 헤겔『정신현상학』의 화두인 인정투쟁(Anerkennungskampf, Struggle for Recognition)의 개념이다. 정신현상학은 가장 저급한 단계인 일상지(日常知)에서 최고의 절대지(絶對知)로 상승해 가는 정신의 노동을 이념형적으로 재구성하는데, 그 가운데 가장 상징적인 부분이 바로 인정투쟁을 중심으로 작동하는 주인과 노예의 변증법이다. 다른 인간에게 동등한

존재로 '인정'받으려는 열망으로 가득한 노예의 꿈을 실현하는 통로는 바로 그의 '노동'이다.[03]

마르크스가 헤겔 철학의 탄생지이자 비밀이라며 찬탄해 마지않았던 주인과 노예의 변증법을 유물변증법의 '부르주아 대 프롤레타리아' 도식으로 해석할 수도 있다. 그러나 마르크스의 이런 편협한 해석 때문에 마르크스 정치사상은 헤겔의 그것보다 훨씬 축소되고 좁아진다. 노예가 힘든 노동을 통해 잃어버린 자유를 되찾고 타인에게 인정받아 주인의 자리로 상승해 간다는 헤겔의 명제는 계급투쟁을 지칭하기보다는 인간이 부단한 자기 형성의 노력을 통해 자유와 존엄성을 가진 타인과 동등한 존재로 높아진다는 철학적 인간학에 가깝다. 더 놀라운 것은 헤겔의 철학적 인간학이 인류 보편주의적 호소력을 지닌 21세기의 변증법적 국가이성론의 엔진 역할을 하게 된다는 통찰이다.

우리가 존엄한 인간으로서, 그리고 고유한 가치를 갖는 존재로서 인정받고 싶다는 열망은 인간존재의 본질적 지향성이다. 따라서 인정투쟁이 한 방향에 그칠 때 그것은 진정한 인정투쟁이라 할 수 없다. 주인과 노예의 처지가 언제든지 뒤집힐 수 있다는 게 정치적 삶의 비밀이기 때문이다. 생사를 건 인정투쟁에서 승리한 주인이 노동하지 않으면서 느긋이 노예가 바친 공물(貢物)을 향유하는 반면

---

03 Hegel, *Phänomenologie des Geistes* (Felix Meiner, 1952), 21쪽.

패배한 노예는 이를 악물고 땀 흘려 노동한다. 역사의 묘미는 적극적으로 노력하는 노예와 수동적으로 즐기기만 하는 주인의 처지가 이윽고 뒤집어진다는 데서 발견된다. 인정받고 싶다는 열망은 그런 점에서 본질적으로 상호 교차적이다. 인정투쟁은 상호 승인을 함축할 수밖에 없는 것이다. 인정투쟁의 동역학이 철학적 인간학을 넘어 정치사상과 역사관으로 확장 가능한 것은 이 때문이다.

일본계 미국 지식인인 후쿠야마(F. Fukuyama, 1952-)는 헤겔의 인정투쟁을 플라톤 영혼론의 패기(覇氣, thymos) 개념과 결합시켜 때 이른 역사종언론을 내놓은 바 있다. 그러나 용감하기는 했지만 논리적 치밀함과는 거리가 멀었던 그의 역사종말론은 현실사회주의의 붕괴라는 세계사적 사건에 너무 쉽게 편승해 헤겔 철학을 속류화했다는 단점을 지닌다. 온갖 역사적 사건들과 국가 간·문명 간 충돌로 가득한 '현실사회주의 이후'의 어지러운 세계가 후쿠야마의 역사종말론이 성급한 것이었다는 사실을 증명한다. 최근 그는 국가의 중요성을 강조하는 국가론으로 다시 돌아가고 있다.[04] 또한 그는 새뮤얼 헌팅턴의 정치발전론을 준거로 삼아 국가성의 본질을 정치사회학으로 재구성하고 인류 보편사의 지평에서 추적한 문제작을 출판했다. 후쿠야마에 의하면 "인정투쟁이라는 현상의 바탕에는 다른 사람, 또는 인간이 만든 규범, 사상, 규칙 등의 본원적 가치를 판

---

04 프랜시스 후쿠야마, 안진환 역, 『강한 국가의 조건』(황금가지, 2005), 22쪽.

단하는 일이 놓여 있다."[05]

따라서 인정투쟁의 논리가 일방적인 것으로 퇴행해 가는 것을 막기 위해서도 승인의 상호성을 확보하는 장치가 필수적이다. 상호 승인의 평등 지향적 교류관계는 승인하는 자와 승인받는 자의 처지가 자유롭게 역전될 수 있음을 전제한다. 이는 기계적 평등주의나 르상티망(ressentiment, 승자와 강자에 대한 패자와 약자의 질투와 원망)을 부추기는 감성적 발언이 아니다. 정치와 역사의 공간에서 우리가 나날이 확인하게 되는 평범한 삶의 진실이다. 인간이라는 존재는 인정투쟁의 상호성을 수용해야만 자유의 의식의 진보가 실제적 자유의 진보로 실현되는 것이 가능하다. 이는 개인의 삶에서나 정치공동체 안에서도 그러하며 국가 간의 관계인 국제사회에도 적용되는 교훈이다.

요즘 자주 거론되는 승인의 정치학이나 차이의 정치학, 또는 정체성의 정치 등이 모두 승인투쟁의 상호성에서 출발한다. 소수파의 권익을 확보하려는 민권운동, 지역차별 타파운동, 페미니즘, 다문화주의 등은 모두 일방통행 방식의 승인 논리의 부당성에 대해 공감한다. 노동운동과 신(新)사회운동뿐만 아니라 동아시아 담론 등도 상호 승인의 역사관과 정치사상에 의해 정당화할 수 있다. 한국 사회에서 시도된 바 있는 유교 민주주의론이나 동아시아적 가치에

---

05 프랜시스 후쿠야마, 함규진 역, 『정치 질서의 기원』(웅진, 2012), 67-68쪽.

대한 발굴 노력은 그 논리의 조잡함에도 불구하고 뿌리 깊은 오리엔탈리즘의 구도를 넘어 상호 교차적 승인 논리를 개발하려는 안간힘으로 해석될 수 있다.

주인과 노예의 변증법과 인정투쟁의 역사관은 한일 양국관계의 감추어진 치부를 날카롭게 건드린다. 실제로 한국은 35년 동안 일본 식민지로 예속되었다. 1910년의 한일합방이 국제법적으로 하자 없는 절차적 정당성을 지닌다고 강변하는 일본 조야에 널리 퍼진 여론은 동등한 존재로 인정받고 싶어 하는 한국인의 영혼을 강타하는 폭력의 언어이다. 일본의 보통시민은 별 관심도 없는 일본 정부의 독도 영유권 주장이 한국과 한국인을 능멸하는 폭언으로 여겨져 미래 지향적 한일관계를 일그러뜨리는 것은 독도 문제의 근원이 제국주의 시대의 불평등관계로 소급되기 때문이다. 지배와 피지배의 대립구도는 동등한 존재로 인정받고 싶어 하는 인간존재의 열망을 일깨운다. 한일 두 나라 사이에서 벌어지는 과거사 논쟁의 뿌리에 인정투쟁의 동역학이 자리하고 있는 것이다. 한일 과거사 문제를 정부 간에 최종적으로 타결했다고 안이하게 자임했음에도 불구하고 위안부 문제와 징용 근로자 문제가 다시금 불거질 수밖에 없는 보편적 배경이다.

다툼이 벌어질 때 가장 필요한 것은 역지사지의 지혜이다. 문명의 시작에서 훨씬 앞서간 중국대륙에 대해 고대 일본이 가졌던 선망은 일단 논외로 하자. 한반도에서는 고구려·백제·신라를 비롯한 고대국가가 기원전 1세기 이전부터 부족국가의 형태로 형성되기 시작해 서기 3-4세기에 중앙집권국가로 진화한 데 비해 왜(倭) 열도에서는 서기 4세기 중엽에야 호족 연합체인 야마토(大和) 정권이 들어섰다. 서기 7세기 후반에 가서야 일본이라는 중앙집권국가가 건립된다. 서기 7세기 초반 견당사(遣唐使)로 중국과 직접 교류하기 전의 고대 일본에 끼친 한반도의 영향력은 그만큼 막대한 것이었다.

　가까운 관계를 유지한 백제와 가야의 멸망 이후 고대 일본열도의 최대 과제는 한반도의 자장(磁場)에서 벗어나 홀로 서는 것이었다. 고대 왜인들이 현실의 후진성(後進性)을 상상 속의 선진성(先進性)으로 바꿔치기하기 위해 총력을 기울여 서술한 일본 최초의 정사(正史)가 바로 『일본서기』다. 이는 한반도로부터의 정신적 독립을 선언함으로써 비로소 자신들의 국가적 정체성을 만들 수 있었던 일본의 '국가신화'이기도 하다. 이는 일본 역사에서 국(國)이란 말이 처음 사용된 문헌이 『일본서기』였다는 사실과 직결된다. 역사 서술을 통한 나라 세우기 작업이 왜에서 일본으로의 나라이름 바꾸기와 같이 한 것은 물론이다. 진구황후(神功皇后)의 전설이 임나일본부설(任那日本府說)로 변용되어 정한론(征韓論)의 토대로 악용되어 가는 일본 특유의 역사왜곡의 사다리에는 고대 한반도에 대한 자신들의 열등감을 상상 속의 우월감으로 바꿔 심리적으로 보상받으려는 일본인의 집단심리가 개입되어 있었다.

2. 안중근의 동양평화론은 변증법적 국가이성의 모델이다

우리는 국가이성과 정치적인 것을 통합하고 인정투쟁의 역사관을 보태 보편적 호소력을 지닌 21세기의 변증법적 국가이성을 창출하려고 노력해 왔다. 국가이성이 권위주의적 국가지상주의로 퇴행하는 것을 막기 위해 정치적인 것의 역동성을 극대화시키고 상호 인정의 지평을 확보하려 했다. 국가이성과 정치적인 것의 관계를 국권·민권의 대립구도로 보는 대신 양자의 역동적 상호관계로 다시 설정하려고 했다. 정치공동체의 통일성과 시민의 자유를 동시에 확보해 가는 정치적 실천과정은 21세기 버전의 변증법적 국가이성을 만든다. 변증법적 국가이성은 무엇보다도 정치 주체들 사이의 상호 승인을 가능케 하는 인정투쟁을 적극 수용하며, 국가이성의 민주적 정당성에 대한 상호 검증 앞에 열린 태도를 보인다. 헤겔과 마루야마 마사오는 우리가 밟아 왔던 21세기 버전의 변증법적 국가이성을 찾기 위한 여정에서 자기 성찰적 동반자가 되어 주었다.

2015년, 무려 4년 만의 단독 한일정상회담이 이루어지고 한일 위안부 협정이 '최종적이고 불가역적으로 타결'되었다고 양국 정부가 선언한 지 몇 년이 지났어도 한일관계는 여전히 경색되어 있다. 두 나라 사이의 역사 인식의 괴리가 갈등의 밑바닥에 깔려 있음은 물론이다. 한국 정부가 미래 지향적으로 대범하게 나아가야 하겠지만 일본 정부도 불필요한 긴장을 낳는 행보를 삼가야 마땅하다. 정부 간 공식관계보다 훨씬 중요한 것은 시민들의 생활세계다. 양국 정부 차원에서 아무리 최종적이고 불가역적인 해결을 외친다 해도 한국과 일본 시민들의 삶의 지평에 상호 이해가 뿌리내리지 않는 한 문제는 풀리기 어렵다. 타인을 이해하는 첩경은 역지사지와 함께 상대방의 말을 경청하는 데 있다. 한일 양국의 전문가들이 동참한 역사교과서 함께 쓰기 같은 협동 작업이 더 많아져야 한다. 한일 두 나라는 민주적 생활양식과 자유시장경제의 기본 가치를 공유한다. 두 나라의 미래관계를 만들어 가는 데 있어 시민들의 근본 가치보다 더 중요한 것도 드물다.

'전 세계에서 한국보다 더 일본을 깔보는 나라는 없다'는 촌평에는 일말의 진실이 있다. 스포츠 국가대항전에서 한일전이 유독 한국 국민의 관심을 끄는 현상이나 일본과의 대결에서는 무조건 승리해야 한다고 믿는 한국 국가대표 선수들의 잠재의식이 흥미롭다. 현대 일본에 대한 한국인의 집단감성 밑바닥에는 일본에 대한 미묘한 복합감정이 자리하는 것처럼 보인다. 그러한 콤플렉스는 국력을 총동원해 『일본서기』를 편찬하고 스스로의 정체성을 세움으로써 우월한 한반도를 따라잡으려 했던 7세기 고대 일본인들의 심리 기제를 거울처럼 닮았는지도 모른다.

인정투쟁의 공식을 오늘의 현실로 번역할 때 중요한 잣대는 세 가지이다. 평범한 시민들이 삶의 현장에서 누리는 경제적 풍요, 사회문화적 다원성, 정치적 자유 등이 '내가 남에게 동등한 존재로 인정받는 것'을 판단하는 기준이다. 21세기 한국과 일본 두 나라의 시민들은 이런 보편적 잣대를 향해 건실하게 나아갈 수 있는 역량을 갖추고 있다. 자존감을 지닌 건강한 인간은 한 동전의 양면인 지나친 열등감이나 과도한 우월감에 빠지지 않는다. 국가 사이에도 비슷한 교훈이 적용된다.

19-20세기 제국주의 시대에 한일 두 나라의 국가이성에 몸을 던진 안중근과 이토 히로부미의 행보는 21세기적 잣대로 재조명되어야 한다. 나는 특히 안중근 의사의 동양평화론이야말로 21세기의 변증법적 국가이성의 모델이라고 판단한다. 안중근과 이토 히로부미의 동양평화론 가운데 어느 것이 인류 보편사적 설득력을 지니는지를 한국과 일본 시민들뿐만 아니라 세계 시민사회에 물어보아야 한다. 한·중·일 3국의 상호 인정과 호혜 평등으로 번영하는 동아시아를 꿈꾼 안중근과, 패권국가 일본이 아시아 여러 나라들을 종속시키는 동양평화를 지향한 이토 히로부미 사이의 격차는 너무나 선명하다. 이토의 야망이 21세기에 재현될 수 없고 미래 비전으로서 퇴행적이며 반동적인 데 비해, 안중근의 꿈은 현실의 차원에서 실현 가능하고 미래 비전으로서 전향적이며 보편적이다.

안중근은 1909년 10월 26일 아침 하얼빈 역에서 이토를 사살했다. 심문하는 일본 검찰관에게 안중근은 의연한 자세로 「이토 히로부미의 죄상 15개조」를 웅변하였다. 이토를 죽인 게 사사로운 개인적 감정에서 비롯된 게 아니라는 당당한 논변이었다. '명성황후를

시해하고, 한국 황제를 폐위시켰으며, 5조약(을사조약)과 7조약(정미조약)을 강제로 체결해 정권을 빼앗았으며, 무고한 한국인들을 학살했고, 교육을 방해하고 신문 읽는 걸 금지시켰으며, 교과서를 압수하여 불태워 버린' 등의 범죄를 저지른 이토 히로부미를 법정에서 당당하게 탄핵하였다.[06] 안중근은 그 가운데서도 '동양평화를 깨트린 죄'야말로 이토가 저지른 최악의 범죄라고 비판했다.

흥미롭게도 이토는 천황의 의뢰로 만주 일대를 순방한 1909년 10월 19일 중국 다롄의 관민합동 환영회에서 "청일 양국과 러시아가 협력해 만주의 발전을 도모하고 극동의 평화에 공헌해야 한다"고 연설한다. 결과적으로 마지막이 된 연설에서 일본적 군주법치국가의 초석을 닦았다고 자부한 스스로의 일생을 동양평화의 완성자로까지 높였다. 10월 25일 뤼순에서 열린 환영회에서는 "전쟁은 국가에 불이익이 될 뿐만 아니라, 인도(人道)에도 바람직하지 않다"고까지 강조한다. 나중에 대동아공영권이라는 일본 제국주의의 초석을 깐 이토는 1905년 제발 "입장 바꿔 생각해 보라"고 호소하는 고종을 윽박지르면서까지 "청국과 대한제국이 일본과 동일한 주의를 택하고, 상호 협력해 … 자강(自強)의 길을 걸어야 동양사람들도 생

---

06 안중근 옥중 집필, 『안중근 의사 자서전』(범우사, 2012)은 안중근 사상의 원자료를 모두 모아 놓았다. 안 의사 자서전인 『안응칠 역사』를 포함해 부록으로 「동양평화론」, 「인심결합론」, 「옥중 서신」, 「최후 공판 기록」 등이 함께 실려 있어 매우 유용하다. 여기서는 「최후 공판 기록」 참고, 같은 책, 174-185쪽.

존"할 수 있다고 강변한다.[07]

서양입헌주의와 천황제를 결합시킨 이토의 일본이 주창한 동양평화론은 제국주의 시대 일본제국의 국가이성을 집약한 것이었다. 러일전쟁과 청일전쟁의 승리 이래 동아시아 전역의 치안을 일본이 맹주가 되어 이끌겠다는 의도를 분명히 했다. 이토 히로부미의 많은 논설뿐만 아니라 1910년 8월의 이른바 「한국병합에 관한 조약」에서조차 일본은 "한일 양국 상호의 행복을 증진하여 동양의 평화를 영구히 확보하게 하는 것"이라는 논리를 편다. 당시 수많은 일본 국민들이 '난국에 대처하고 동양평화의 큰 근원을 확정'한 '이토 공(公)의 위업'을 높이 평가한 것은 물론이다.

일본이 동아시아의 맹주가 되어 무력으로 다른 국가들을 노예 삼으려는 일본 버전의 동양평화론과, 한·중·일이 서로를 인정하는 속에 상호 번영을 추구한 청년 안중근의 동양평화론은 이처럼 극단적으로 대조된다. 사실 안중근의 『동양평화론』은 사형이 집행된 1910년 3월 26일의 2, 3일 전까지 초를 다투며 집필되었음에도 서문과 전감(前鑑)만을 남긴 채 끝을 맺지 못한 짧은 작품이다. 하지만 그의 자서전인 『안응칠 역사』와 법정 신문과정의 문답을 기록한 「청취서, 살인범 피고인 안중근」, 그리고 수많은 공판 기록들이 발굴되어 안중근의 평화관을 재구성하는 데 도움을 준다.

07　강조는 내가 표시한 것임. 이토 본인이 천황에게 직접 보고한 『한국봉사기사적요』(韓國奉使記事摘要). 미로시 도루, 이혁재 역, 『史傳 이토 히로부미』(다락원, 2002)에서 재인용. 같은 책, 629쪽.

안중근 동양평화론의 핵심 주장으로는 단연 천부인권론과 문명론을 들 수 있다. 이토의 죄상 15개를 비판하는 글에서 안중근은 "하늘은 사람을 낳아 모두 형제로 한다. 각자 자유를 지키고 생을 좋아하며 죽음을 싫어함은 모든 사람의 상정(常情)이다"라고 단언한다. 인간 모두가 동등하며 자유와 평화를 원한다는 안중근의 천부인권론은 당시 중국과 일본에서 크게 유행했던 사회진화론과도 결을 달리한다. 사람의 평등에 더해 국가와 문명 간의 대등한 호혜관계를 역설한 안중근과, 약육강식의 논리를 정당화하면서 천부인권론에 회의적이었던 중국과 일본의 사회진화론자들은 너무나도 다르다. 나아가 한·중·일 3국뿐만 아니라 오늘의 태국과 미얀마까지 동양의 범주에 집어넣음으로써 안중근의 동양 인식은 현대 한국학계의 동아시아 담론보다 그 지평이 넓다고 할 수 있다.

안중근은 동양평화에 대해 "모든 나라가 자주독립할 수 있는 것이 평화다"라고 정의한다. 동아시아와 동남아시아 각국이 자주독립하고 서로를 대등하게 인정해야 동양평화가 이루어지게 된다. 따라서 안중근은 일본중심주의를 비판할 뿐 아니라 "예로부터 청국인은 스스로를 중화대국이라 일컫고 다른 나라를 오랑캐라 불러 교만이 극심했다"고 역설하면서 전통적인 동아시아 평화관인 중국 중심의 조공체제를 정면에서 부인하는 과감한 주장을 편다.[08] 일본 맹

08 안중근, 『안중근 의사 자서전』에 실린 「동양평화론 전감(前鑑)」, 124쪽.

주론과 중화주의를 동시에 부정한 기초 위에 동양평화론을 펼친 것이다. 나아가 안중근은 "한·중·일 3국이 서로 상화(相和)하여 번영하고, 나아가서는 구주 및 세계 각국과 함께 평화에 진력하면, 여러 나라의 시민들이 안도하게 될 것"이라며 국경을 넘은 세계 시민의 이념까지 암시하기에 이른다. 엄혹한 제국주의 시대 약소국의 한 청년이 이룬 놀라운 독창적 사유가 아닐 수 없다.

안중근이 동양평화를 이룰 수 있는 구체적 방안으로 제시한 조치들도 의미심장하다. 그는 일본의 한국국권 반환, 중국 뤼순 반환을 전제로 해서 한·중·일 3국 사이에 일종의 '동양평화회의체'와 그 회의체를 뒷받침해 줄 '공동 군단'(3국 연합군)을 만들 것을 제안한다. 오늘의 유엔과 유엔군을 연상케 할 정도로 시대를 앞서가는 생각이다. 3국 사이의 외교협의체와 군사적 협력에 더해 안중근은 3국 공동화폐 발행을 위한 은행을 설립하는 데 드는 비용을 '민중의 신용'을 기반으로 3국 국민들의 회원제로 할 것을 제안하는 등 민중을 주체적이고 능동적인 존재로 여겼다. 국경 없는 유럽이라는 현대 유럽연합(EU)의 성취를 상기하게 하는 대목이다.

안중근의 깨어 있는 사고는 동양평화와 세계평화를 이루기 위한 장기적 방안으로서 각국의 경제협력에 더해 상호 이해를 앞당기는 학교교육과 시민교육의 중요성을 강조하는 데까지 이른다. 혁명가이자 사회사상가임과 동시에 교육자였던 그의 불꽃같은 삶을 반영하는 통찰이다. 우리가 보기에 가장 중요한 안중근의 덕목은 그가 문무(文武)를 겸비한 혁명적 사상가였다는 사실이다. 안중근은 결코 창백한 책상물림의 이상주의자가 아니었다. 군사력의 중요성을 깊이 이해했으면서도 폭력지상주의자도 아니었다. 명포수임과 동시에 깊은 독서력으로 국제정세를 꿰뚫은 그는 무력의 의미를 알면서도 물리력을 넘어서는 평화를 지향한 이상주의적 실천가였다.

1979년 안중근의 동양평화론과 관련 책자들이 세상에 알려진 이후 '안중근 사상'에 관심을 갖게 된 일본의 학자들조차 안중근의 동양평화론을 칸트(I. Kant, 1724-1804)의 영구평화론과 비교하기 시작한 것도 자연스러운 일이다.[09] 모든 나라의 자주독립과 상호 공존관계를 외친 안중근의 지론은 1919년 「기미독립선언서」에 '동양평화, 세계평화, 인류행복'을 함께 가리키는 '공존동생권'(共存同生權)으로 이어지며 대한민국 상하이임시정부 정강(政綱)의 '민족평등, 국가평등 및 인류평등'으로 계승된다.

대한민국 제헌헌법 또한 비슷하다. 제헌헌법 전문(前文)은 "민주독립국가를 재건해 … 항구적인 국제평화의 유지에 노력하며 우리들과 우리들의 자손의 안전과 자유와 행복을 영원히 확보할 것을 결의"하고 있는데, 우리의 헌법정신과 안중근 사상과의 문헌적 연

---

09 안중근 사상의 현대적 의미를 연구한 한·중·일 학자들의 연구 성과는 적지 않다. 특히 2008년 이래 각종 국제학술회의에서 발표된 중요 논문 15편을 집대성한 아래 책이 안중근 연구와 관련한 풍부한 서지(書誌)자료와 함께 매우 유용하다. 이태진 외, 안중근·하얼빈학회 편, 『영원히 타오르는 불꽃: 안중근의 하얼빈 의거와 동양평화론』(지식산업사, 2010). 특히 이 책은 안중근 동양평화론과 칸트 영구평화론을 직접 비교한 한일 학자들의 중요한 논문을 싣고 있다. 칸트의 영구평화론에 대해서는 임마누엘 칸트, 이한구 역, 『영원한 평화를 위하여』(서광사, 1992) 참조.

계성은 더 구명되어야겠지만 그 사상적 연관성은 너무나도 뚜렷하다. 대한민국의 헌법철학을 발전시키는 데 있어서도 안중근의 정치사상은 아주 풍요한 자원인 것이다. 특히 내가 앞으로 다루게 될 대한민국의 헌법철학과 공화주의적 국가 만들기의 연관성이라는 시각에서도 안중근 동양평화론의 잠재적 의의는 결코 적지 않다.

인간은 과거에 의해 영향받지만 현재의 노력과 미래 비전으로 과거에 대한 해석을 크게 바꿀 수 있는 존재이다. 새롭게 재해석된 과거는 현재의 삶을 일신해 미래 자체를 변화시킨다. 결국 중요한 것은 인류 보편사적인 타당성을 가진 미래 비전에 의해 견인된 현재일 것이다. 안중근의 동양평화론은 소박한 이상주의에 머물지 않는다. 현실적합성을 갖는 이상주의의 건설이야말로 현실정치의 영원한 과제이기도 하다. 이토 히로부미와 안중근이 각기 펼친 동양평화론에 대한 나의 성찰적 점검은 이러한 삶의 진실을 투명하게 보여 준다.

한일 간의 과거·현재·미래를 꿰뚫은 국가이성을 21세기에 맞는 변증법적 국가이성으로 진화시키려는 나의 기획은 '사상가 안중근'의 선구적 통찰에 크게 빚지고 있다. 안중근의 동양평화론은 물론 시대적 한계가 있고 미완의 것으로 남았다. 하지만 그 여백을 변증법적 국가이성의 이념으로 채워 21세기의 인류 보편사적 국가철학으로 진화시킬 수 있는 현실적 가능성은 생생하게 살아 있다. 현재와 미래의 한일관계를 이끌 변증법적 국가이성은 '우리가 어디 서 있으며, 어디로 가야 하는가'에 대한 투명한 인식을 요구한다. 한일 두 나라 시민들은 그러한 인식을 공유함으로써 상호 선린과 호혜 융성의 미래를 함께 준비할 수 있을 터이다.

3. 사회진화론과 한중관계

국권주의적 국가이성론과 변증법적 국가이성론을 비교함으로써 바람직한 한일관계를 탐구해 온 지금까지의 논의는 미래 지향적 한중관계에도 그대로 적용 가능하다. 다만 한반도와 함께 근대 중국도 일본의 제국주의적·국권주의적 국가이성에 의해 참혹한 희생양이 되었던 사실을 먼저 감안해야 한다. 한중관계를 사회진화론의 동아시아적 변용이라는 맥락에서 다룰 때 훨씬 깊이 있는 이해와 전망이 가능하다.

주지하다시피 다윈의 진화론은 과학이론으로 제시되었다. 그러나 역사의 흐름과 함께 진화론은 생물학의 한계를 넘어 사회 현상 전반을 다루는 보편적 일반이론으로 변화해 갔다. 이것은 진화론의 강점인 강력한 설명능력에 기인한 것이기도 하지만 칼 포퍼(Karl Popper)가 경고한 것처럼 특정 이론의 방대한 설명력이 그 이론의 과학성을 오히려 위협할 수도 있다. 과학이 과학 바깥의 정치적 이해관계와 결부되어 이데올로기화함으로써 최악의 과학 스캔들로 변질되는 대표적 사례 가운데 하나가 바로 사회진화론의 궤적이다.

19세기 후반에서 20세기 초반에 걸쳐 서구에서 유행한 사회진화론은 자연선택이나 적자생존 같은 주장의 외연을 인간의 사회적 삶과 국제정치 영역에까지 무차별적으로 확장시켰다. 과학이론으로 포장된 사회진화론이 강자의 지배를 옹호하고 비정한 약육강식의 현실을 정당화했던 것이다. 그 결과 사회진화론은 대내적으로 지배계급의 기득권을 합리화하고 대외적으로 제국주의적 강대국의 패권을 미화하는 사이비 논리로 변질되었다. 중요한 것은 이런 이데올로기가 과학의 미명 아래 유포되었다는 사실이다. 사회진화론과 패권주의적 국가이성론이 친연관계를 맺는 것은 이런 맥락에서이다.

한 이론의 정합성을 평가하는 데 있어 이론 내재적 맥락에 매몰되지 않고 그 기원과 현실연관성을 두루 감안한다면 사회진화론에 대해 호의적인 평결을 내리기는 거의 불가능한 일이다. 그러나 나는 사회진화론을 시대착오적인 반동적 이념으로 미리 정죄하고 내팽개치는 것보다는 그 중의성(重義性)을 조심스럽게 탐색하는 것이 더 생산적이라고 본다. 반동적이었던 서양적 사회진화론에 비해 일종의 현상 타파론으로 작동하기도 한 동아시아 사회진화론의 전개 양상을 돌이켜 볼 때 사회진화론의 입체성에 대한 재평가가 필수적이다.

초기 자본주의가 극단적 양극화와 사회모순을 양산했음에도 불구하고 자유지상주의자들은 아랑곳하지 않았다. 그들은 자유방임과 자본주의적 생존경쟁을 자연적 사실로 간주하고 우승열패(優勝劣敗)의 과정을 자연법칙에 비유했다. 자유지상주의의 맥락에서는 사회 불평등과 빈부격차도 적자생존법칙의 구체화에 지나지 않게 된다. 무한경쟁에서 승리해 부와 권력을 축적하는 것이 강자의 미덕으로 칭송된다. 노동자에 대한 억압, 중소기업에 대한 대기업의 횡포 등도 약자에 비해 능력과 자격이 우월한 강자가 승리하는 자연스러운 우승열패로 간주된다.

물론 진화론의 핵심 이념을 사회진화론으로 악용하는 데 대해 다윈 자신에게 직접적 책임이 있는지에 관해서는 오랜 논란이 존재한다. 하지만 자연법칙과 차별화되는 인간과 사회의 지평까지 진화론을 사용해 '자연화'하려는 의도에서 다윈 자신이 자유롭지 않다는 사실까지는 부인하기 어렵다. 사상사적으로 볼 때 스펜서(Herbert Spencer)의 유기체적 사회생물학은 사회진화론이 본격화하는 데 중요한 징검다리가 되었다. 자신의 사회철학을 정립하면서 다윈의 이론을 빌려 오는 데 주저하지 않은 스펜서는 생물학적 조직과 사회 조직 사이에 선명한 유비관계를 설정한다.

작은 유기체인 생명체가 원시적 단계에서 고등한 단계로 진화하는 것처럼, 일종의 거대 유기체인 인간사회도 자연선택과 적자생존을 거쳐 단순하고 열등한 수준에서 복합적이고 우월한 단계로 이행해 간다는 것이 스펜서의 주장이다. 만약 스펜서의 논리가 수용된다면 자본주의 시장경제에서 당연시되는 자유경쟁 과정이 생물학적 자연도태 과정과 유사하다는 결론이 불가피하다. 따라서 한 사회는 부단히 스스로에게 해로운 구성요소들을 탈락시키고 자신의 존속에 도움이 되는 요소들을 확대함으로써 발전해 가는 것으로 서술된다. 스펜서에게서 우리는 다윈 스스로는 명시화하지 않은 진화론의 사회적 함축을 극대화하는 전형적 사례를 발견하게 된다.

사회생물학과 연계된 사회진화론이 시간의 흐름과 함께 인종주의와 결합하는 것은 거의 필연이었다. 원래 유럽에서의 인종주의는 신화적 배경을 갖거나 아니면 정치적 이유에서 개진되었지만, 사이비 생물학 지식이 인종주의 담론에 부가됨으로써 본격적인 인종주의가 출현하게 된다. 인종주의의 의사(擬似) 과학적 특징은 우생학의 등장에 의해 한층 보강된다. 두개골의 특성이나 지능의 차이 등 과학의 외양을 갖춘 그럴싸한 정보들을 단장취의(斷章取義) 하여 여러 인종들 사이의 본질적 격차를 정당화하는 담론이 번성하게 된다.

이때 당연히 백인종은 우월하며 유색인종, 특히 흑인은 열등한 인종으로 치부된다. 그 결과 우월한 백인종이 지배하고 열등한 유색인들이 복속하는 세계사적 위계구조도 자연법칙에 기초하는 것으로 상정된다. 나치 제3제국의 특정 인종 말살정책, 게르만족의 우위와 순수혈통에 대한 폭력적 강조 등은 사회진화론적이고 우생학적인 인종주의가 도달한 논리적 결론이지만, 나치의 몰락 이후 정상화되었다고 자처해 온 현대 문명세계와 서양문화의 무의식에 어른거리는 사회진화론의 그림자는 결코 완전히 사라지지 않았다. 21세기 세계의 거대한 퇴행과정에서 번성하고 있는 인종차별주의는 그 단적인 사례일 터이다. 사회진화론의 자취가 서양인 자신들뿐만 아니라 비서양인들에게도 원형적 트라우마로 엄존함을 우리는 나중에 확인하게 된다.

인종주의가 문화적이고 정치적인 헤게모니 이론과 결합하는 현상을 우리는 동아시아 전통에서도 찾아볼 수 있다. 모든 이민족들을 열등한 야만인으로 간주했던 중화주의는 그 전형적 실례일 것이다. 흥미로운 것은 한반도의 선조들도 소중화(小中華)를 자처하면서 문화적 인종주의를 재생산했다는 사실이다.[10] 이는 전통적으로 문명국가의 존재 자체가 도덕주의적이고 정치적인 맥락의 인종주의 생산 기제와 분리되지 않았다는 사실(史實)을 선명하게 보여 준다. 오늘날 제3국 출신 노동자들에 대한 한국인들의 뿌리 깊은 차별의식도 그 연장선에 놓여 있다. 그러나 서양적 인종주의의 악마적 성격은 인종차별 담론이 보편적 세계설명 이론을 자임한 근대 자연과학의 외피를 쓰고 구사되었다는 점에 있다. 과학이 객관적 진리와 동일시되는 근대 이후의 상황에서 과학으로 포장된 인종차별주의적 사회진화론에 귀속되는 설득력의 정도가 현저히 높아질 수밖에

---

10 우리 선조들이 전통적으로 일본을 멸시해 온 사례는 말할 것도 없거니와 조선에 표류한 양인(洋人)들을 대하는 조선인의 반응은 음미할 가치가 있다. 파란 눈과 금발에 털이 무성한 화란인들이 '과연 우리와 같은 사람인지, 아니면 동물인지' 의아해하는 기록이 정사(正史)와 야사(野史)에 두루 남아 있다.

없었다.

지금까지의 간단한 논의로도 서양적 사회진화론의 반동적 성격을 입증하는 데는 부족함이 없다. 사회진화론은 만인의 평등이라는 민주주의의 기본 원리를 부정하고, 인류 보편사의 성취를 배반하며, 제국주의(강대국중심주의)의 횡포를 합리화한다. 소수자나 타인종의 인권을 거리낌 없이 침해하며 힘이 최고라는 무력숭배를 일반화시킨다. 무슨 수단을 쓰더라도 살아남는 편이 곧 유능한 사람이며, 살아남는 자가 곧 옳은 자라는 사회진화론의 논리에서 보면 보편적 휴머니즘은 허구에 불과하다. 인권을 중시하는 합리적 법치주의와 세계 시민사회의 비전도 웃음거리가 되고 만다. 결국 객관적 과학이론으로 꾸며진 서양적 사회진화론은 반동적이고 퇴행적인 데다 반인권적인 사이비 학술 담론의 전형이다.

과학으로 포장된 사회진화론은 제국주의 시대 서양의 자기정당화 담론으로 작동했다. 하지만 서세동점의 세계사를 합리화하는 이론적 도구였던 사회진화론은 제국주의적 경략의 희생양이었던 나라들에서는 매우 상이한 역할을 맡게 된다. 일종의 역사적 아이러니라고 할 수 있는 이런 현상은 동아시아 3국의 경우에서 역력히 드러난다.[11] 사회진화론의 동아시아적 변용과정을 일본, 중국, 한국의 사례를 들어 구체적으로 살펴보면 국가이성의 행로나 미래 지향

11　전복희, 『사회진화론과 국가사상』(한울아카데미, 2007)과 박성진, 『사회진화론과 식민지 사회사상』(선인, 2003) 참조.

적 한중관계의 비전도 더 선명해진다.

동아시아에서 가장 적극적으로 서구 제국주의에 대응했던 일본은 제국주의의 충격에 대해 일본적 사회진화론의 형성이라는 방식으로 응전하였다. 결정적인 전환점은 1868년의 메이지 유신이었다. 서구 열강의 함포외교에 굴복해 맺은 10년 전의 굴욕적 개국의 경험 덕분에 일본 조야는 서구 제국주의 세력에 대항할 수 있는 국력 배양의 긴급성을 통감하게 된다. 이것은 막부개혁과 메이지 정부 출범과정과 동행하는데, 부국강병과 문명개화의 기치가 만들어진 맥락이다. 강력한 중앙정부가 주체가 된 서양 따라잡기가 거국적으로 추진되었고 이때 근대화의 길을 받쳐 준 논리가 다름 아닌 사회진화론이었다. 다윈의 진화론이 과학이론으로 일본에 본격 소개되기 이전에 정치사회 이론으로서의 사회진화론이 먼저 도입된 것은 이런 배경에서였다.

스펜서의 사회생물학은 자연스럽게 일본 지식인들의 주목을 끌게 된다. 특기할 만한 것은 스펜서의 이론과 함께 일본적 사회진화론에 가장 큰 영향을 끼친 구미 사상 가운데 하나가 독일 국법학 전통의 국가론이었다는 사실이다. 이는 유럽 열강 중에서는 상대적으로 통일국가 형성이 늦었던 독일이 지체된 발전을 만회하기 위해 권위주의적이고 집단주의적이며 엘리트주의적인 발전전략의 핵심으로서 국가유기체설을 전폭적으로 수용한 것과 연관된다. 전통적 국가이성론이 국가유기체설과 친연관계를 맺게 되는 것은 너무나 당연한 일이었다. 당대 일본 정부와 지식인들은 독일의 경험을 일본의 근대국가 만들기와 관련해 의미심장한 교훈으로 받아들였다.

유신 초기의 혼란상을 일거에 정리한 계기가 1889년 「대일본제국헌법」의 반포인데, 이로써 메이지 정부는 천황절대주의가 추동하는 군국주의로의 길을 활짝 열게 된다. 일본판 국가유기체설은 정치공동체의 핵으로서의 천황의 위상을 굳건히 하고 일본 특유의 '가족국가' 이념에 입각한 권위주의적 관료지배체제를 완성하게 된다. 앞 장에서 밝힌 것처럼 마루야마 마사오의 정치사상사가 선명하게 요약한 과정을 충실하게 밟았다. 사회진화론의 일본적 변용은 이윽고 엄청난 성공을 가져온다. 일본 버전 동도서기(東道西器)의 빼어난 성취가 서구 제국주의와 정면 승부할 수 있는 일본 제국주의의 출현을 가능하게 하는 것이다.

중국 조야가 사회진화론에 본격적으로 개안하게 된 계기는 일본의 욱일승천하는 기세에 놀라면서부터이다. 청일전쟁(1894-1895)의 참담한 패배는 중국인들에게는 중화주의의 허상을 다시 만방에 드러낸 뼈아픈 경험일 수밖에 없었다. 1860년대부터 서양 제국주의의 압력 밑에서 중체서용(中體西用)의 기치로 전개되어 온 양무운동(洋務運動)이 실패로 돌아감에 따라 1890년대 중반부터는 서양의 기술뿐만 아니라 정치제도의 도입까지 주창한 변법운동(變法運動)의 방향으로 중국적 자강운동의 중심축이 이동한다.

보종(保種)과 보국(保國)을 지향한 중국 지식인들은 날로 강성해지는 서구 열강과는 정반대로 청나라가 몰락하게 된 이유를 탐구하고 조국이 어떻게 해야 살아남을 수 있을지 고심하였다. 사회진화론이 근대 중국인의 갈증을 푸는 대안으로 등장한 것은 자연스러운 일이었다. 그리하여 사회진화론은 자연과 사회의 보편적 발전법칙을 해명하고 중국의 재생과 부활의 방안을 이끌 수 있는 철학적 원리로 수용되게 된다. 사회진화론을 중국에 소개한 선구자인 옌푸(嚴復, 1853-1921)는 헉슬리(T. H. Huxley)의 『진화와 윤리』를 『천연론』(天演論)이라는 제목으로 번역(1897년)하면서 스펜서에 대한 주해와 결합시켰다. 결국 생존경쟁과 우승열패의 논리는 청조 말기를 천하대란의 소용돌이에 빠트린 국제정치의 본질을 명쾌하게 조망하는 탁견으로 인정되고 중국의 위기를 돌파하는 철학적 기초로 수용된다.

중화질서의 일패도지(一敗塗地)는 천하일가적 중화세계관의 안전망 속에 고착되어 있던 우물 안 개구리 형편의 조선 지식인들에게도 큰 충격을 주었다. 한말의 대혼란과 열강의 압력, 일본의 무력 진출이 초래한 정세 변화 덕분에 몇몇 뜻있는 지식인들은 개화사상을 기치로 한 사회진화론을 불가피한 것으로 수용한다. 원래 1870년 대경 일본에서 수입된 개화라는 용어는 실학사상과 북학파의 저변에 힘입어 점차 수구에 반대되는 말로 정착하게 되며 개화는 근대화를 뜻하는 말로 뿌리내린다. 개화사상과 사회진화론의 연결은 유길준(1856-1914)에게서 선명히 드러난다. 예컨대 유길준이 미국과 유럽 국가들을 돌아보고 후쿠자와 유키치를 원용해 펴낸 『서유견문』

⟨西遊見聞⟩은 유교적 상고주의 역사관을 넘어 진보사관을 설명하는 가운데 '개화'를 곧 서구의 문명화에 근접하는 것이라고 정의한다. "개화한 자는 천만 가지 사물을 연구하고 경영하여, 날마다 새롭고 또 날마다 새로워지기를 기약한다."[12]

사회진화론의 한국적 수용을 대표하는 논객은 단연 단재 신채호다. 앞서 우리는 국가유기체설과 결합한 사회진화론과, 독일과 일본 버전의 국가이성론 사이의 근친관계를 언급했는데 신채호는 이를 적극 빌려 온다. 그리하여 단재는 역사 자체를 "아(我)와 비아(非我)의 투쟁"이라고 선언하면서 부국강병의 민족정신을 고창(高唱)하였다. 강토와 물리력으로 보위되는 집합적 혼인 민족정신을 되살리기 위해서는 일제에 대한 무력투쟁이 불가피하다고 주장한 신채호는 세계를 무한 경쟁과 투쟁의 장으로 보고 스스로의 힘을 키워야 국가가 존속할 수 있다고 역설했다. 민족정신을 고양시켜 제국주의의 시대에 대항해야 한다고 본 점에서 단재는 조선 버전의 사회진화론이자 저항적 국가이성론의 길을 갔던 것이다.[13]

서구의 사회진화론이 반동 일변도의 길을 갔던 것과는 달리 사회진화론의 동아시아적 수용은 이처럼 복합적 양상을 보인다. 이것도 일본, 중국, 한국의 경우가 각기 다르다. 일본은 사회진화론의 논리를 능동적으로 소화해서 사회진화론 담론과 국가이성론의 피해자

---

12 유길준, 『서유견문』(서해문집, 2004), 394쪽.
13 신일철, 「신채호의 근대국가관」, 『현대사회철학과 한국사상』(문예출판사, 1996), 249-250쪽.

에서 가해자로 신속하게 이동했다. 일본 제국주의의 팽창사를 절정으로 이끈 대동아공영권 레토릭은 이러한 변환과정을 담론의 차원에서 극적으로 보여 준다. 사회진화론 작동 논리의 피동적 객체에서 능동적 주체로 상승한 일본의 경우는 사회진화론의 이데올로기적 성격을 투명하게 입증한다.

이에 비해 사회진화론의 근대 중국적 수용은 일본의 반동적 경험을 상당 부분 회피할 수 있었던 것처럼 생각된다. 중국의 경우 적어도 공산화 이전까지는 사회진화론이 국권 회복을 지향한 저항적 자강 논리에 전념했을 뿐 아니라 봉건왕조를 극복한 입헌민주제 정립의 노력을 보여 주었기 때문이다. 근대 한반도의 경우도 마찬가지이다. 사회진화론의 한국적 수용은 강자에 맞서 약자의 자기 보위를 목표로 하는 저항 담론으로 대부분 작동했다. 이는 사회진화론이 때와 상황에 따라 진보적으로 기능할 수도 있다는 희귀한 가능성을 보여 준다. 사회진화론의 사유와 운동이 언제나 제국주의적인 반동 담론의 성격을 갖는 것은 아님을 확인할 수 있는 대목이다.

그럼에도 사회진화론이 실제로 긍정적 방식으로 작동한 경우는 매우 드물었다. 사회진화론의 기본 논리가 대내적으로 구사될 때도 강자와 기득권 세력의 일방통행이 거의 불가피해 보인다. 사회진화론과 연계된 민족주의가 국제관계에서 작동하는 방식을 돌이켜 보면 사회진화론의 명암이 더욱 선명해진다. 침략적 민족주의와 저항적 민족주의의 경계는 종이 한 장 차이인 것이다. 외적의 위협 앞에 나라를 지키고 국민을 통합하며 민족적 자존감을 북돋는다는 저항적 민족주의가 강성해질 때 타국을 위협하는 공격적 민족주의로 돌변하는 것은 순간이다. 또한 순혈주의적 민족주의는 대내적으로도 소수자를 차별하거나 독립적 시민의 자유를 침해하는 경우가 많다. 도광양회(韜光養晦)의 꺼풀을 벗어던지고 G2 대국굴기의 근육질을 과시하는 현대 중국의 난폭한 모습이야말로 사회진화론에 내재된 반동성이 폭로된 전형적 사례라 할 수 있다.

현대 중국에서는 근대 중국 버전의 겸허한 사회진화론 수용은 더이상 찾아보기 어렵다. 오히려 패권적이고 국권주의적인 중화중심주의적 국가이성론이 중국 조야에 범람한다. 21세기 중화제국주의의 부활이라는 국제적 비판에도 전혀 아랑곳하지 않는다. 국제상설중재재판소(PCA)에서 중국이 일방적으로 패소한 남중국해 영유권분쟁이 대표적인 사례일 것이다. 재판 당사국인 베트남의 입장을 차치하고라도 국제법과 해양법의 원칙, 세계 시민사회가 모두 중국의 행보를 비판하지만 중국의 힘자랑은 유아독존이다. 신(新)실크로드 전략인 일대일로(一帶一路) 정책에 입각해 자국의 영향력을 세계로 팽창시키려는 국가대전략에서 중국은 세계 사회의 보편적 합리성을 결연히 거부한다.

남중국해 문제보다 우리에게 긴박한 현안은 단연 사드(THAAD, 고고도미사일방어체계) 한국 배치 문제가 부른 한중 갈등이다. 사드 문제에서 한국을 압박하는 중국의 고압적 태도는 한말의 악몽을 떠올리기에 충분하다. 주지하다시피 구한말 위안스카이(袁世凱, 1859-1916)는 마치 섭정왕 같은 횡포를 일삼았다. 20대 청년이 주차조선총리교섭사의(駐箚朝鮮總理交涉事宜)라는 거창한 직함을 달고서 청나라의 실질적 조선총독으로 한반도에 군림한 바 있다. 무장한 채 궁궐 안에까지 가마 타고 들어와 고종 임금에게 삿대질하기 일쑤였다.

사드를 빌미로 연일 한국을 옥죄면서 전면적 경제보복을 강행하고 있는 중국은 '감히 소국이 대국에 대드느냐'는 언사를 관영 매체를 통해서 쏟아붓고 있다. 중국의 거친 조치들은 중국 스스로 선포한 세계 자유무역과 호혜 경제의 원칙과도 정면충돌한다. 사드의 본질이 미중 패권경쟁이라는 것을 세계가 다 아는데도 중국은 미국에 대해서는 별말을 하지 못한다. 사실 사드 문제와 관련한 중국의 대(對)한국 보복조치는 주권국가 간의 평등한 외교관계가 용인할 수 있는 수준을 훨씬 넘어섰다. 미국의 아시아 회귀정책(Pivot to Asia)에 대한 중국의 전략적 우려에는 일리가 있지만 지금처럼 난폭하게 한국을 몰아붙이는 중국의 모습에는 중화제국주의의 오만이 가득하다.[14] 중국의 과잉반응은 정작 사드 배치보다 훨씬 중요한 한중관계의 본질을 성찰케 한다. 중국이 과연 대한민국을 동등한 주권국으로 존중하고 있는가의 문제가 그것이다.

---

14 이춘근은 국가이성이 격렬하게 부딪치는 상황임에도 불구하고 사드 배치 문제 등에서 우리가 중국을 설득할 수 있다는 우리 사회 일각의 안일한 믿음을 "국제정치학적 비상식"이라고까지 단언한다. 이춘근, 『미중 패권 경쟁과 한국의 전략』(김앤김북스, 2016), 391쪽.

근대 이후 세계는 '평등한 주권국가들의 평화공존'을 정초한 1648년 베스트팔렌 조약에 의해 인도되었다. "베스트팔렌 원칙들은 현존하는 세계질서의 기초로서 유일하게 보편적으로 인정받는다."[15] 베스트팔렌 조약 이후에도 전쟁이 그치지 않았다는 사실을 반례로 들면서 베스트팔렌의 허구성을 입론하는 수정주의 학자들도 있지만 이 조약이 근현대 국제질서의 조정자 역할을 했다는 기본적 사실까지 부인할 수는 없다. 양차 세계대전의 파국 위에 건설된 국제연합의 세계질서가 베스트팔렌 조약의 현대적 성취라고 나는 본다. 유럽연합(EU)도 베스트팔렌 질서를 현대의 지역동맹체 형태로 확장한 결실이다. 미국문명은 유럽에서 나온 베스트팔렌 질서를 아메리카식으로 재구성한 미국적 세계질서(팍스 아메리카나)를 이끌고 있다. 오늘날 베스트팔렌 질서와 미국적 세계질서의 최대 경쟁자는 이슬람적 세계질서와 중화적 세계질서이다. 이슬람문명을 잠시 논외로 한다면 동아시아에 사는 우리의 최대 관심사는 중국적 세계질서일 수밖에 없다. 하지만 '평등한 다수 국가들의 평화공존'이라는 베스트팔렌 이념은 중국문명에는 완벽하게 낯선 것이었다. 중국의 천하(天下)관은 중국 통치자를 하늘 아래 만물을 지배하는 초월적 존재로 보았다. 우주의 중심인 중국이 문명과 야만을 나누는 절대기준이었다. 제국의 이론가인 뮌클러는 이를 "아시아

---

15 헨리 키신저, 이현주 역, 『헨리 키신저의 세계질서』(민음사, 2016), 15쪽. 이 책의 원제는 *World Order* 이다.

에서는 제국이 종속국들을 화환처럼 둘러싸는 정치질서가 나타났다"고 표현했다.[16] 한반도, 특히 조선왕조는 이런 중화질서의 자장(磁場) 안에 중국의 이웃나라 가운데서도 가장 적극적으로 녹아든 사례였다.

그러나 21세기에 이렇게 시대착오적인 중화질서의 복원은 불가능하다. 베스트팔렌 세계질서가 중화질서와는 비교 자체가 어려운 인류 보편사적 호소력과 정당성을 갖기 때문이다. 앞서 예시한 것처럼 중국이 강변하는 남중국해 일대(一帶)의 국제법적·세계 시민사회적 영유 근거는 처참하게 무너졌다. 중국의 패권주의적 국가이성의 벌거벗은 힘만 남았다. 국제상설중재재판소에서 패소한 남중국해 중국영유권 주장은 동남아시아에서 중화질서의 현대적 복원이 불가능함을 웅변하는 사건이라고 나는 본다. 중국이 사드를 앞세워 우리에게 베스트팔렌 질서 대 중화질서 사이의 양자택일을 강요하는 중이라고 해석될 수밖에 없는 실정이다. 하지만 주권국가들의 상호 존중에 입각한 평화공존은 세계질서의 초석이다. 한국을 속국(屬國)으로 보는 조포(粗暴)한 중화주의는 중국이 진정한 대국(大國)에 아직 이르지 못했음을 증명한다.

우리 선조들은 제국 중국이 설정한 중화질서를 진심으로 받아들였다. 선진문화 흡수와 약소국 생존을 위한 실용적 방편의 차원을

---

16 헤어프리트 뮌클러, 공진성 역, 『제국: 평천하의 논리』(책세상, 2015), 17쪽.

훨씬 넘어선 적극적 수용이었다. 중국을 문명의 표준으로 여겨 사대(事大)하면서 소중화(小中華)임을 자랑스러워하기까지 했다. 특히 1644년 명나라 멸망 이후 우리의 소중화 의식은 '작은 중국'의 자화상까지 낳았다. 중국 주위의 비한족(非漢族)이 자신들의 전성기에 세계의 중심을 자처하며 황제를 자칭했던 것과 달리 우리는 스스로를 동국(東國)이라 부르며 자발적으로 제후국에 머물렀다. 한반도의 골수(骨髓)에 맺힌 중국 짝사랑이었다.

그러나 옛 한반도의 '중국 짝사랑 DNA'를 오늘에 재현하는 건 시대착오적이며 오히려 건전한 한중관계 정립에 방해가 될 뿐이다. 한국이 이룬 민주화와 산업화의 동반 성취는 중국에겐 불가능한 꿈에 가깝다. 중국의 민주화가 제국 중국의 해체를 낳을 가능성이 크기 때문이다. 따라서 경제적 이해관계를 제외한다면 현대 한국이 중국을 일방적으로 짝사랑해야 할 까닭은 전혀 없다. G2 중국의 세계전략을 한국인 특유의 감성적 소망사고로 굴절시켜 해석하는 것은 위험천만한 일이다. 일본의 보통군사국가화에 분노하는 감정적 반응에 비해 중국의 군사굴기에 대해서는 당연한 것으로 여기는 우리의 정서는 한국인에게 국가이성론에 입각한 전략적 사고가 태부족하다는 사실을 입증한다. 현대 현실주의 국제정치학의 대가인 미어셰이머는 "중국의 이웃에 있는 나라들에 대해 가장 중요한 질문은 그들이 미국과 힘을 합쳐 중국에 대항하는 균형(balancing)을 이루려 할 것인가 혹은 부상하는 중국에 편승(bandwagon)할 것이냐에 관

한 것"이라며 사태의 핵심을 짚고 있다.[17]

7세기 삼국통일은 21세기 한중관계의 길을 비춰 주는 모델이다. 국제정치적 현실주의로 역사적 비전을 이끌어야만 한중관계의 미래가 있다. 그러한 정치적 현실주의의 기본 전제는 제국 중국이 한반도 운명의 순간에 무력 개입하기 일쑤였다는 사실이다. 7세기에 이어 16세기 임진왜란, 17세기 병자호란, 19세기 청일전쟁, 20세기 6·25전쟁이 대표적 사례이다. 하지만 고구려·백제 멸망 후 한반도 전체를 지배하려 한 당(唐)에 담대히 맞선 신라의 대응은 아주 달랐다. 유연한 외교와 결연한 전쟁으로 한국사의 결정적 순간을 스스로 창조해 냈다. 한반도에서 당을 무력으로 쫓아낸 신라 자신의 비르투(virtù, 역량)에 토번(吐蕃)의 북방침공이라는 포르투나(fortuna, 행운)가 더해져 당대 최강의 당제국조차 통일신라의 독립성을 인정하지 않을 수 없었다. 신라의 성공 요인을 구대열은 당대 최대 제국인 "당의 정책을 정확히 이해하고 이를 이용한" 신라 국가경영의 대전략 덕분으로 귀속시킨다.[18]

물론 현대는 과거와 상이하지만 약육강식의 무법상태로 전통적 국가이성이 발호하는 국제정치와 역사의 본질은 크게 바뀌지 않았다. 미국이건 중국이건 제국에 대한 짝사랑으로 우리 자신의 손으

---

17 존 J. 미어셰이머, 이춘근 역, 『강대국 국제정치의 비극: 미중 패권경쟁의 시대』(김앤김북스, 2017), 516쪽.

18 구대열, 『삼국통일의 정치학』(까치, 2010), 462쪽.

로 대한민국의 국가전략을 침식시키는 건 참으로 위태로운 일이다. 중국의 국가대전략에는 상응하는 대전략으로 대응해야 우리의 생존을 담보할 수 있다. 무엇보다도 중국 짝사랑 DNA를 벗어던져야 한국은 비로소 성인(成人)이 될 수 있다. 이때 가장 중요한 것은 변증법적 국가이성의 이념이다. 대한민국은 국가이성이라는 물리적 기초 위에서 '정치적인 것'의 에너지를 가동함으로써 국권과 민권의 시너지를 극대화한 변증법적 국가이성을 지향하는 나라가 되었다. 국가가 정치적인 것을 억압하고 강대한 국권 앞에 민권이 질식상태인 현대 중국의 국가주의적 국가이성과는 견주기조차 어려운 위대한 성취이다. 한국이 중국 앞에 더욱 당당해져야 할 정치철학적 이유가 여기에 있다.

만약 북핵 위기 와중의 세계 정치에서 미국이 계속 쇠퇴하고 중국이 지속적으로 강력해진다면 동아시아에서 한국의 전략적 위험은 가중되며 국가적 선택지가 축소되는 것은 명백한 국제정치적 현실이다. 설령 그렇다고 해도 중국의 동아시아 패권을 수용하고 중국에 국가안보를 의탁하는 선택은 한반도의 핀란드화(Finlandization)이자 한국이 중국의 속국이 되는 길이다. 이는 한국 국가이성의 자기부정이자 한국이 중국 국가이성에 패배를 인정하고 스스로 복속하는 길일 것이다. 한국 진보진영에서 한반도 평화와 동북아 안정이라는 미명 아래 이 방안을 선호하는 것처럼 보이는 현상은 모순적이다. 보편적 자유와 인권을 외치는 한국 진보가 자유와 인권에 본성적으로 적대적인 중국의 패권적 국가이성을 수용하는 것이기 때문이다.

이와는 달리 주로 보수진영이 관심을 갖는 한국의 대안은 자체 핵무장을 통해 자력 생존하는 길인데, 개방경제체제인 우리로서는 최후의 극단적 옵션에 불과해 현실성이 크게 떨어진다. 한국의 마지막 대안은 비슷한 민주국가인 일본과 전략적으로 연대해 독재국가 중국에 버티는 방법이다. 이는 중국이 동아시아의 단일 패권국으로 우뚝 설 때 한국 민주주의를 지킬 수 있는 거의 유일한 현실적 대안이지만 한국 내의 반일감정이라는 결정적 걸림돌을 넘어야만 가능한 시나리오이다. 민주주의와 시장경제를 공유하는 한일 양국에서 변증법적 국가이성의 미래 지향적 개발 가능성을 제1장에서 타진해 본 것은 국가의 생존을 담보하고자 하는 국가대전략에 입각한 심모원려의 측면도 있었다.

중국이 미국을 추월해 세계 최강대국이 된다는 유행 담론이 최근 급격히 퇴조하고 있다는 사실도 흥미롭다. 되살아나는 미국경제에 비해 중국경제는 주춤거리고 있는 게 현실이다. 부정부패와 빈부격차, 버블경제와 사회 분열로 중국 내부는 용암처럼 들끓는 중이다. 2018년 현재, 중국의 경제력은 미국에 미달하며 군사력은 미국의 10분의 1에도 못 미친다. 비록 중국이 강대국이긴 해도 법치주의와 책임정부, 자유와 인권이 부재하다는 사실이 현대 중국으로서는 가장 치명적인 약점이다. 후쿠야마의 예리한 지적처럼 "위대한 세계

문명 중 하나인 중국에는 법치주의가 없었다."[19]

　한국의 국력은 중국에 현저히 못 미칠지 몰라도 대한민국이 국권과 민권을 결합한 변증법적 국가이성에 다가가고 있는 데 비해 패권적 국가이성에 발목 잡힌 현대 중국이 가까운 장래에 세계의 지도국가가 되는 것은 거의 불가능한 일이라고 나는 본다. 무엇보다도 중국은 소프트 파워의 매력 유인(誘因)을 결여하고 있다. 한국이 변증법적 국가이성으로 튼튼히 무장한다면 중국과 미국을 포함한 그 어떤 강대국도 우리를 함부로 다루지 못할 것이다. 스스로에게 당당해야 남 앞에서 당당할 수 있다는 교훈은 언제나 참이다. 지구적 전략의 차원에서 중국의 부상이 갖는 의미를 해석하는 키신저는 동아시아의 패권을 두고 미국과 중국이 물리적으로 다투는 파멸적 상황을 우려하면서 중국과 미국 사이의 공진화(共進化)를 희망한다.[20] 어쨌든 미중관계는 열린 미래이므로 우리는 국가의 생존과 발전을 위해 모든 경우의 수에 치밀하게 대비하는 국가대전략을 수립하고 집행해 가야 마땅하다. 그러한 국가전략의 기초에 내가 논변한 대한민국의 변증법적 국가이성이 자리하고 있음은 물론이다.

19　프랜시스 후쿠야마, 『정치질서의 기원』(웅진, 2012), 326쪽.
20　헨리 키신저, 권기대 역, 『헨리 키신저의 중국 이야기』(민음사, 2012), 629쪽. 원제는 *On China*이다.

.

제 3 장

변증법적
국가이성으로
남북관계를
조망하다

1. 국가철학으로서의 국가이성론

국가의 본질을 철학적으로 사유(思惟)하는 '국가의 철학'에는 궁극적으로 서로 겹치는 두 가지 길이 있다. 그중 하나는 국가의 주권성을 법적으로 구현하는 최고법인 헌법의 본질과 함의를 성찰하는 방법인데, 우리는 이를 4장에서 다룰 예정이다. 또 하나는 '국가이성'의 이념과 실천을 통한 분석이다. 하지만 1장에서 살펴본 대로 오늘날 국가이성에 대한 일반적 이미지는 부정적이다. 국가이성 개념 자체가 권위주의의 유산으로 각인되거나 강권적 통치력을 앞세운 국가권력을 정당화해 온 것으로 여겨졌기 때문이다.

국가이성론이 서구 제국주의에 의해 악용된 사례도 그렇거니와, 특히 독일이나 일본 같은 후발(後發) 민족주의 국가가 국가이성론을 동원해 세계사적 재앙을 부른 경험은 국가이성론의 현대적 적합성에 근본적 의문을 갖게 만든다. 국가가 전횡을 휘두른 군사독재의 상처가 낫지 않은 한국 현대사에서도 국가이성은 오해되기 쉽다. '민주화 이후 민주주의'의 시대에조차 한국적 거대국가 현상에는 큰 변화가 없다. 그렇다고 해도 '아이를 씻은 물과 함께 아이까지 버릴 수는 없다'고 나는 본다. 지금까지 국수주의적 국가이성의 문제점을 비판하면서 인류 보편사적 호소력을 지닌 변증법적 국가이성의 타당성을 논증하려고 노력한 이유이다. 비록 미완의 것으로 남았지만 안중근의 동양평화론은 국권과 민권의 통일을 지향하는 변증법적 국가이성의 한 모범 사례임이 분명하다.

변증법적 국가이성은 권위주의적 국가이성의 한계를 뛰어넘는 이론적 의의와 현실적 함의를 갖는다. 민주적 입헌정치를 채택한 현대 주권국가들에서도 국가이성의 현실 설명력은 전혀 줄어들지 않았다고 나는 본다. 성숙한 민주국가에서도 국가의 정체성을 흔드는 국내외적 위기가 계속된다. 하지만 나는 국가이성에 대한 철학적 조망은 한반도 현대사의 맥락에서 볼 때 특히 깊은 의의를 지닌다고 확신한다. 우리의 과거·현재·미래를 관통하는 핵심에는 대한민국이라는 국가의 본질 문제가 자리하기 때문이다. 국가이성론으로 대한민국을 논할 때 한반도 전체의 정통성을 두고 경합하는 상대인 조선민주주의인민공화국의 존재를 빠트릴 수 없다. 지금은 북한의 체제 위기와 동행해 절정으로 치닫는 중인 북핵 위기가 정전체제의 약한 고리를 통타(痛打)하면서 한반도의 현상 변화를 재촉하는 거대한 전환기라고 할 수 있다.

체제의 만성적 불안정성에서 비롯한 위기의식 탓이겠지만 제2차 세계대전 이후 타국에 대한 핵 선제공격 가능성을 지금의 북한 정부처럼 국제 외교무대에서 공공연히 장담하는 국가는 일찍이 없었다. 하지만 미국과 중국의 세계전략, 남북한과 동아시아의 구조역학은 제2의 한반도 전면전쟁 발발 가능성을 희박한 것으로 만든다. 만에 하나라도 한반도에 다시 전쟁이 발생한다면 그것은 1950년 김일성의 군사적 모험주의가 민족사적 재앙을 가져왔던 것과는 비교 자체가 불가능한 인류사적 대참화가 될 게 분명하다. 상상만으로도 끔찍하기 짝이 없는 핵전쟁 시나리오 탓이다. 한민족 전체의 사멸을 불러올 수도 있고 동아시아 국제전쟁이나 제3차 세계대전을 일으키는 방아쇠가 될 수도 있는 엄중한 문제가 아닐 수 없다. 미국의 대북 선제공격이나 예방전쟁이 공공연히 거론되고 있을 정도로 격랑이 휘몰아치고 있는 21세기의 한반도 상황이 국가이성의 실천적 중요성을 웅변하고 있는 셈이다.

한반도 위기의 배경에는 미국과 중국의 세계전략 게임이 상수(常數)로 자리하고 있다. 이런 큰 그림을 감안하면 오늘의 북핵 위기가 임계점까지 커진 후 갑작스럽게 대화와 협상기류로 바뀔 가능성도 상존한다. 세계전략의 대가 키신저가 제안한 것처럼 미국과 중국이 주도한 북핵 동결과 평화협정의 상호 교환이 이루어질 가능성도 배제하기 어렵다. 나아가 북한이 현재의 핵무기를 인정받으면서 평화협정을 통한 미북 수교와 불가침조약을 체결해 자신들의 국가전략 목표를 이룰 개연성까지도 중·장기적으로 커지고 있는 실정이다. 한반도 전략 게임의 주도권을 핵을 가진 북한이 이끌고 우리는 속수무책으로 끌려가는 악몽의 시나리오가 현실화할 수도 있다는 사실을 깊이 생각하면서 북한 문제를 다루어야 마땅하다.

설령 지금의 위기상황이 지나간 후 대화 분위기가 되살아난다고 해도 대한민국은 북한이라는 국가가 던지는 근본 질문을 결코 회피할 수 없다. 한반도 정전체제가 평화체제로 전환된다고 해도 해소되기 어려운 근원적 문제가 남기 때문이다. 북한이라는 나라는 우리에게 어떤 존재인가? 반만년 역사에 비추어 보면 잠시 떨어져 살고 있는 데 불과하므로 꼭 통일해 공존공영의 길을 함께 가야 할 한 민족인가? 아니면 북한은 우리를 호시탐탐 넘보는 적(敵)의 성격이 더 강한가? 같은 역사를 공유한 한 민족의 속성과 서로 상대방을 멸망시키려 했던 두 적대국가의 특성이 서로 만날 수 있을까? 이는 하나의 민족과 두 개의 적대국가가 한반도에서 모순적으로 교차하는 특수관계로 규정될 수 있는가? 북한체제와 인민을 구분해야 남북관계에 대한 온전한 이해가 가능한가? 그리하여 북한 사회주의 체제는 극복 대상이지만 북한 인민의 삶은 우리의 시민적 삶과 공존할 수 있는 것인가? 남쪽의 자유와 북쪽의 평등을 조화시킨 제3의 통일 민족국가 수립이 우리가 가야 할 궁극 목표인가?

　국가보다 민족을 앞세우는 경향이 있는 이상주의적 통일 담론은 변증법적 국가이성론이 제기하는 이러한 질문들에 반드시 응답해야만 한다. 국가의 철학, 즉 국가이성론과 헌법철학을 빠트리고 인종과 혈통을 앞세우는 민족우선론만으로는 현실적으로 균형 잡힌 통일방안을 창출해 낼 가능성이 거의 없다. 변증법적 국가이성론은 '평화와 통일 가운데 어느 것이 앞서는가?'의 난제(難題)에 대해서도 분명한 실마리를 제공한다. 통일이 성취되면 저절로 평화가 따라올 것이라는 논의는 너무나 조잡하다. 통일 한반도의 미래를 닦기 위해서라도 한반도 평화를 뿌리내리는 일을 최우선 과제로 삼아야 마땅하다. 한반도의 평화 정착 없이 제대로 된 통일의 지평이 열릴 가능성은 없다. 파열음으로 가득한 오늘의 남북관계가 이런 진실을 증명한다.

남북 사이의 평화공존을 이루기 위해서도 먼저 국가이성론으로 남북관계의 사상적 원점을 살펴보아야 한다. 대한민국과 조선민주주의인민공화국의 국가이성에 대한 엄정한 해부와 상호 비교가 전제되어야 남북 사이의 현실성 있는 평화를 비로소 말할 수 있다. 한반도 평화의 길을 닦기 위해서는 먼저 민족통일 담론의 맹목성을 교정해야 하며, 변증법적 국가이성의 현실적합성을 생동감 있게 되살려야 한다. 민족에 대한 공감대를 결여한 국가론은 공허하지만 국가에 대한 사상적 이해가 없는 민족 담론도 맹목적이다. 제3장의 주된 목표는 21세기의 변증법적 국가이성 개념을 동원해 남북관계의 본질을 냉정하게 분석하는 데 있다. 변증법적 국가이성으로 들여다보는 평화 담론만이 반석같이 단단하다. 차가운 현실을 직시하는 지적 용기만이 온전한 미래를 만들어 낸다.

국가이성론이 부각된 배경은 단연 북핵 위기라 할 수 있다. 북한 핵미사일 실전 배치가 현실이 되었기 때문이다. 북한이 기습적으로 우리를 핵으로 타격할 수 있는 데 비해 대한민국으로서는 그것을 막을 독자적 방어수단이 없다는 사실은 '북한 문제'의 결정적 심화를 의미한다. 여기서 북한 문제란 조선민주주의인민공화국의 존재가 한국 현대사에 던지는 온갖 문제들의 집합을 지칭한다. 따라서 북한 문제는 한반도 현대사 최대의 도전이다. 북한 문제의 근원은 대한민국과 조선민주주의인민공화국이 국가 탄생의 출발점부터 총체적으로 서로를 규정했으며 한때 상대방을 국가 멸망 직전까지 몰고 간 사실에서 비롯된다. 헤겔의 말마따나 "국가의 본질이 개체이며, 한 국가의 개체성 속에는 타자에 대한 부정이 포함되어 있다"는 국가의 적나라한 실체를 6·25전쟁으로 폭발한 남북관계의 원점보다 더 뚜렷하게 폭로하는 사례도 드물다.

북한 문제에 대한 이론(異論)은 한반도 현대사에 관한 엇갈리는 해석을 낳는다. 북한 문제가 '하나의 사회, 충돌하는 여러 해석'으로 이어지면서 극한 대립의 원천이 되고 있다. 그 결과 한국 사회의 분열이 갈수록 커지고 사회적 긴장이 높아지고 있는 실정이다. 사드 배치와 북 핵무장에 대한 대응을 둘러싼 진영 대립 기저에는 한반도 현대사에 대한 근본적 관점 차이가 깔려 있다. 북한 핵무기 시스템이 완성된 후 미북 대화가 본격화하는 것과 함께 평화협정이 사회적 의제로 부상한다면 한국 사회의 균열은 극대화할 것이다. 북한은 '한반도에서의 핵 독점'을 기정사실화한 토대 위에 군사적으로 한국을 압도하는 위치에서 남(南)에 대한 대대적 평화공세를 펼 것으로 예상된다. 한반도 평화라는 이름으로 북한의 구조적 우위를 인정해야 한다는 논의가 우리 사회에서 분출할 가능성도 있다. 궁극적으로 대한민국은 '핵전쟁이냐, 아니면 북한에 종속되는 평화냐'라는 최악의 이분법적 선택지의 인질로 전락할 수도 있다.

2. 남북 국가이성의 통합은 불가능하다

분단체제를 극복한 통일 한반도의 꿈은 이 시대 한국인 모두에게 너무나 소중한 과제이다. 통일 한반도로 나아가기 위한 정치철학을 탐색하는 것도 자연스러운 일이었다. 양심적 통일주의자들은 남북의 현 체제가 모두 문제가 있기 때문에 두 체제가 각기 변화하는 과정 가운데 더 고양된 상호 접점을 찾아야 한다고 주장해 왔다. 남의 자유민주주의와 북의 주체사회주의의 통합을 목표로 삼는 입장이다. 통일주의자들은 통일 한국이 일원화 모델이 아니라 남북의 이념이 수렴되는 상호 공존체제여야 한다고 주장한다.

수렴이론적 통일 담론은 일견 아름답고 합리적인 주장으로 생각된다. 하지만 의도의 순수함이 이론의 튼실함과 실천적 정합성을 낳는 것은 아니다. 수렴이론적이고 통합주의적인 통일 담론은 민주공화정과 자유민주질서를 핵심으로 하는 대한민국의 국가이성과, 유일사상체계와 주체사상을 중핵으로 하는 조선민주주의인민공화국의 국가이성 사이에 철학적 접점이나 정치적 만남의 지점이 있는지를 증명해야만 한다. 제4장에서 살펴보겠지만 송두율은 국가이성론으로 남북관계를 들여다보는 작업에 대해 경계인 레토릭을 앞세워 침묵으로 일관했는데 그럴 수밖에 없었던 사상적 이유가 있다.

다시 강조하거니와 북한이라는 국가의 본질에 대한 철학적 질문은 한국 시민 모두가 필연적으로 맞닥트려야 하는 주제이다. 제1장에 정리한 국가이성론의 궤적을 감안하면 북한, 즉 조선민주주의인민공화국의 국가이성을 논하는 것은 자연스러운 논리 전개다. 주권국가인 북한 국가이성의 정수는 단연 주체사상이라고 할 수 있다. 북한 국가행동의 원리이자 운동법칙을 투명하게 규정한 이념이 주체사상이며 그 가운데서도 핵심이 유일사상체계 확립 10대 원칙이다. 즉 북한의 국가이성은 주체사상과 유일사상체계 10대 원칙으로 압축된다. 따라서 남북한 국가이성의 실상을 이해하기 위해서도 북한 국가이성의 실체를 투명하게 드러내야 한다.

앞서 말했듯 통일 담론의 정형(定型)은 남북한 모두에게 있어 전부 아니면 전무라는 제로섬 게임(전쟁과 상호 파멸)은 수용 불가능하다는 사실을 전제한다. 양쪽 체제의 이념을 서로 부분적으로 양보해서 상호 수렴이 가능한 쪽으로 접근해 가야 한다는 주장일 것이다. 남북의 두 국가이성을 수렴해서 제3의 통일국가적 국가이성을 지향해야 한다는 논리는 통일 한국의 이념적 통합 작업에서 주체사상이 한 당사자가 될 수밖에 없다는 전제를 깔고 있다. 진보적 역사해석을 한반도에 적용해서 주체사상을 사회민주주의 방식으로 변용시키는 게 가능하다는 논리이다.

수렴이론적 남북통합론은 주체사상의 출발점인 '세 개의 원리성 기술(statement)'을 적극적으로 재해석한다. 주체사상의 '인간 중심의 철학, 인민대중 주체설, 인민대중 자주성과 창조성에 대한 테제'를 보편이론의 시각에서 재구성할 수 있다고 보는 입장이다. 이런 재구성 작업에 의하면 첫째, 주체사상의 인간중심주의는 보편사적 휴머니즘과 뿌리가 같다. 둘째, 인민대중 주체설은 기존 사회주의 이론의 계급환원주의를 넘어 사회적 주체의 다양성을 수긍함으로써 평범한 보통사람을 역사의 주인으로 상승시킨 커다란 성과로 해석된다. 셋째, 인민대중의 자주성·창조성 테제는 마르크스의 인간중심주의와 결합해 현대 민주주의 이론과 실천의 핵심인 인민주권론으로 승화될 수 있다는 주장을 편다.

남북의 두 국가이성을 합쳐야 한다고 역설하는 통합주의적 통일론자들은 주체사상의 세 개의 원리성 자체가 민주사회주의의 주장에 접근하기 때문에 주체사상과 민주사회주의의 접목이 가능하며 그것이 바로 통일 한반도의 이념적 토대라고 주장한다. 통합주의자들이 주체사상의 원리와 대응한다고 보는 민주사회주의의 원리는 인도주의와 인간해방 강조, 계급독재와 일당영도체제 폐기, 폭력배제와 사회법치국가의 실현으로 요약된다. 따라서 민주사회주의가 주체사상과 유사하다는 게 이들의 해석이다. 하지만 주체사상과 민주사회주의의 만남 가능성을 부각시키는 통합주의 통일 담론에는 치명적 결함이 엄존한다. 주체사상의 실상을 전혀 파악하지 못하고 있기 때문이다. 주체사상 이론과 실천에 대한 이해의 빈곤은 자유민주주의 국가이성과 주체사회주의 국가이성의 만남이란 통합론의 목표 자체를 모호하게 만든다.

북한 국가이성의 핵심인 주체사상은 "사람의 운명 개척의 근본 방도를 정확히 밝혀 주는 혁명적 세계관인 주체철학에서 핵을 이루는 것은 주체의 수령관"이라고 선언한다. 이때 중요한 것은, 모든 것의 주인이며 동시에 자주적이고 창조적이며 의식적인 사람이라는 존재가 바로 "당과 수령의 령도를 받는 인민대중"과 주체사상 체계 안에서 동의어라는 사실이다. 사람의 자주성과 창조성이 "수령의 교시로만 의식화"되기 때문에 수령의 영도를 거부하거나 반대하는 이들은 주체사상 안에서는 '사람'이라고 할 수조차 없다. 보편사적으로 널리 승인되고 있는 기본 인권조차 북한이 인정하지 않고 반체제사범에 대해 필설로 형언하기 어려울 정도로 잔혹한 조치를 마다하지 않는 철학적 이유이다.

하지만 보편사적 인간중심주의는 그 인간이 개체이건 공동체적 존재이건 간에 그 존재가 자기결정의 주체임을 뜻한다. 영도자에 의해서만 '사람'으로 승인되는 주체사상의 인간중심 테제는 보편적 휴머니즘과 날카롭게 충돌한다. 인민대중 주체설과 인민대중의 주체성·창조성 테제도 수령론과 사상적으로 공존할 수 없다. 인민이 자신의 주인이고 역사의 주체이며 창조적인 존재라는 주장과, 결코 오류를 범할 수 없는 수령의 지도에 의해서만 인민이 사람으로 간주될 수 있다는 주장이 철학적으로 어떻게 화해할 수 있겠는가? 한마디로 불가능한 일이다.

인도주의·민주주의·자유·공정성·상조를 뼈대로 하고, 계급독재와 일당체제를 비판하며, 폭력혁명노선을 거부하고, 민주적 법치국가를 지향하는 민주사회주의는 서구에서 실행되었다. 반면 민주사회주의를 혁명의 배반자로 이단시했던 정통마르크스주의는 레닌주의와 스탈린주의에 의해 실행되면서 소련·동구의 현실사회주의 국가에서 구체화되었다. 사회주의의 이런 역사로 보아도 주체사상과 민주사회주의는 화해가 불가능하다. 우리는 북한체제 안에서 사람이 모든 것의 주인이라는 명제와 인민의 역사적 주체성과 자주성·창조성이라는 주체사상의 테제가 얼마나 구현되고 있는지 물어야 한다. 북한의 현실은 주체사상의 본질이 사람중심론이 아니라 수령중심론임을 증명한다. 통일 한반도의 정치사회사상을 모색하는 데 이런 기초적 반성이 필수적이다. 국가이성론의 성찰을 결여한 '한국 자유민주주의와 북한 주체사회주의의 통합' 구호는 공허한 수사(修辭, rhetoric)에 불과하다.

현대 정치의 근본은 사실과 당위를 냉철히 구분하는 데서 시작된다. 북한 국가이성의 본질을 객관적으로 해명하는 것은 북한 문제의 핵심에 접근하는 선결요건이다. 북한 문제는 한반도의 현재와 미래를 성찰하는 모든 자유시민의 실존적 문제이다. 국가이성론으로 조망해 본 북핵 위기는 한반도를 둘러싼 진짜 문제가 무엇인지를 극명히 보여 준다. 현재의 위기상황은 강대국들의 국제관계와 동북아 패권다툼의 만화경에 의해 확산되고 있기도 하지만 위기의 뿌리에는 대한민국과 조선민주주의인민공화국의 국가이성의 사활적 대립이 자리하고 있는 것이다. 국권과 민권의 통합을 지향하는 대한민국의 변증법적 국가이성은 이 대립구도를 투명하게 드러낸다.

　주체사상의 세 원리에 대한 정확한 평가는 국제공산주의운동과 마르크스주의의 역사라는 포괄적 맥락에서만 가능하다. 사실 이론적 엄밀성과 깊이, 사상체계의 정합성이라는 잣대로 보자면 주체사상의 논술 수준은 초라하기 짝이 없다. 내가 보기에 주체사상은 이론 자체적 의의보다는 북한체제의 성립과 북한 현실과의 연계라는 실천적이고 역사적인 구도에서 더 중요성을 갖는다. 마오쩌둥의 실천론과 모순론이 이론 자체의 심오함보다는 중국 현실과의 구체적 연관성 때문에 중요한 것과 비슷하다. 주체사상의 사람중심론, 인민대중 주체설, 인민대중 자주성·창조성 테제는 마르크스주의 이론구도 속에서 보면 객관주의적 경제결정론과 대극(對極)을 이루었던 주관주의(또는 주의론, voluntarism)의 극단적 변형이다.

　주체사상에 대한 통합주의 통일 담론 방식의 선택적 독해는 주체사상의 바람직한 측면과 북한 현실을 연결하는 데 실패한다. 주체사상의 세 원리와 민주사회주의의 기본 강령들을 접합하려 하는 일체의 시도는 주체사상의 실천이 민주사회주의와 거리가 너무나 멀다는 사실 앞에 좌초하고 만다. 둘 사이의 유사성이 문자형식상의 유사성에 국한되기 때문이다. 주체사상의 사람중심론을 민주사회주의적 인민주권론과 연결시키는 모든 시도는 엄혹한 북한체제의 현실을 호도(糊塗)하는 함정에 빠지고 만다.

북한에 의하면, "조선로동당은 오직 위대한 수령 김일성 동지의 주체사상, 혁명운동에 의해 지도"되며, "유일사상체계를 세우는 것을 … 기본 원칙으로 삼는다." 당 규약보다 "당의 유일사상체계 확립의 10대 원칙"이 상위에 자리한 근본 원리라는 것이다. 북한이라는 주권국가를 이끄는 당 규약 위에는 유일사상체계 확립의 10대 원칙이 있다. 결국 북한의 국가이성은 유일사상체계 확립의 10대 원칙으로 귀일한다. 10대 원칙은 주체사상의 정수 그 자체인 것이다. 이 10대 원칙은 김일성 유일통치를 동어반복으로 외치는 명제들의 집합이어서 일체의 철학적 정당화 과정을 무시한다. 한마디로 김일성·김정일 통치의 "절대성"에 대한 거듭된 재확인과 "무조건적" 복종을 요구하는 국가종교의 대(大)정치율법이자 사회 10계명이다.

유일사상체계 원칙 3은 "위대한 수령 김일성 동지의 권위를 절대화하여야 한다"고 주장하며, 원칙 5는 김일성의 교시가 "무조건적으로 집행되어야 한다"고 강조한다. 그 결과 주체사상은 인간의 존엄성과 인간의 기본권을 옹호하는 민주주의의 철학적 기초를 부정하면서 수령 개인숭배를 정당화한다. 더 중요한 것은 유일사상체계 확립 10대 원칙이 국가운영뿐 아니라 북한 인민의 생활에서 현지 교시나 생활총화 등으로 관철되어 왔다는 사실(史實)이다. 김정은 정권에서 10대 원칙은 김정은의 정통성을 지키기 위해서 더 교조적인 방식으로 적용되고 있는 실정이다. 북한의 2인자이자 김정은의 후견인이었던 장성택 숙청은 정치적 돌발사태가 아니라 10대 원칙의 필연적 발현에 지나지 않는다.

'김일성 헌법·김일성 민족·김일성 조선'이라는 법적 표현은 10대 원칙을 정리한 것에 불과하다. 핵무장을 정당화하는 북한 국가이성의 논리를 정확히 이해하기 위해서도 유일사상체계 원칙이 중요하다. 유일사상체계의 출발점인 원칙 1은 "당의 유일사상체계를 세우는 사업을 끊임없이 심화시키며 대를 이어 계속해 나가야 한다"고 명시한다. 결론인 원칙 10은 "위대한 수령 김일성 동지께서 개척하신 혁명과업을 대를 이어 끝까지 계승하며 완성해 나가야 한다"고 강조한다. 주체사상의 핵심이자 권력 3대 세습의 정당화 논리인 수령론과 후계자론의 결합은 10대 원칙에 의해 일찌감치 정초되었다. 외부세계의 회의적 시각과는 달리 수령의 아들에 이어 손자만이 수령의 자리를 이을 수 있었던 것은 북한 국가이성의 논리적 귀결이다.

1974년 김정일은 김일성의 전폭적 지지를 등에 업고 권력 승계를 합리화하기 위해 유일사상체계를 최고규범화했다. 3대 세습이 공고화한 오늘까지 북한 사회를 규정하는 이 핵심 원리에는 본질적 변화가 없다. 유일사상체계의 폐쇄성과 자기완결성도 더 심화되었다. 더 중요한 것은 역사상 누구도 꿈꾸기 어려웠던 절대권력을 얻은 김정일이 북한이라는 국가와 인민의 삶 전체를 유일사상체계에 맞추어 재편했다는 사실이다. 그 결과가 바로 오늘의 조선민주주의인민공화국이다. 여기서 김정일은 그 어떤 통치자도 가지 못했던 길을 갔으며 3대 후계자 김정은은 아버지의 궤도 위에서 이탈하지 않고 있다. 아니 이탈할 수 없다는 것이 더 정확한 지적일 터이다. 김정은은 수령에 대한 '절대성, 무조건성, 신조화, 신념화', 즉 '충실성의 4원칙'을 생활화시켜 대를 이어 혁명과업을 수행할 후계자론을 북한 국가이성의 뼈대로 삼고 있다.

2014년 발간된 5권짜리 최신의 『주체사상 원리해설』도 정확히 같은 논리를 구사한다. 이 책은 "김일성 동지는 전 인류를 위해 주체사상을 내놨고, 김정일 동지는 무성한 숲으로 가꾸었다. 오늘 주체사상은 김정은 동지에 의해 시대적 요구에 맞게 심화 발전되어 나가고 있다"며, "경애하는 김정은 동지께서 선대 수령들의 사상과 위업을 100% 계승해 자주·선군·사회주의 길로 인민을 이끄시는 한 사회주의강국 건설의 미래는 창창하다"고 주장한다. 결국 "핵무기를 포함한 대량살상무기 능력을 계속 확장시켜 나라를 보위하라"는 김정일의 유훈은 북한이라는 국가와 유일체제를 동일시하는 김씨 일가가 독점한 북한 국가이성의 발현이다. 핵무장이야말로 북한의 본질인 유일체제를 지키는 최후의 안전판이라는 인식이다. 외교협상과 경제교류로 북핵 폐기가 가능하다는 평화 담론이 북한 국가이성의 엄중함과 논리구조를 경시한 주관적 소망사고에 불과했던 근본적 이유가 여기에 있다.

3. 송두율의 북한철학, 국가이성을 망각하다

2003년 9월 송두율은 오랜 해외유랑을 뒤로한 채 한국으로의 귀국을 감행한다. 그 결과는 참혹했다. 그는 실정법에 의해 처벌되기 전에 '해방 이후 최대의 간첩'으로 여론재판에 의해 정죄된다. 그 후 9개월 가까이 수형생활을 하고 2심 재판의 집행유예 판결로 독일로 출국한다. 그리하여 세상을 떠들썩하게 한 37년 만의 귀향은 미완의 것으로 남았다. "기존의 경계선을 허물어 이쪽과 저쪽이 모두 숨쉴 수 있는 틈을 만드는 사람"인 '경계인'으로 자신의 소명을 정의한 송두율은 날카롭게 맞선 남북 국가이성의 대결구도를 넘어선 통일론자로서 스스로를 자리매김하려 했다.[01] 그의 철학적 자화상을 이

---

01 여기서 다루는 송두율의 책으로는 『계몽과 해방』(한길사, 1988), 『소련과 중국』(한길사, 1990), 『현대와 사상』(한길사, 1990), 『역사는 끝났는가』(당대, 1995), 『미완의 귀향과 그 이후』(후마니타스, 2007) 등이 있다.

해하고 변증법적 국가이성론과의 관계를 파악하려면 송두율의 북한 담론을 먼저 살펴보아야 한다.

송두율 북한철학의 발전사로 본다면 그를 유명하게 한 '내재적 접근법'의 연원은 독일유학 때 박사논문 주제였던 유럽 사상가들의 동양왜곡에 대한 반발로 거슬러 올라간다. 군사독재의 모순이 격화되던 1960년대 중반 한국을 떠나 독일에 간 청년 송두율을 맞은 것은 구미 사회를 달군 '6·8사태'의 현장이었다. 당시 유럽에 불붙기 시작한 학생운동은 전통과 관습에 급진적 의문을 던지고 있었다. 송두율은 변화의 중심지였던 프랑크푸르트 대학에서 하버마스(J. Habermas, 1929-)의 지도로「헤겔과 마르크스와 베버의 동양세계관」을 주제로 27세인 1971년에 박사학위를 받는다.

『계몽과 해방』이라는 이 처녀작의 문제의식은 송두율의 학문세계를 근원적으로 규정한다. 서양이 생산한 오리엔탈리즘 담론의 정점에 서 있는 세 사상가가 헤겔, 마르크스, 베버인데, 동양에서 서양의 한가운데로 건너와 '세계 속의 나'를 찾고자 한 송두율이 이들과 사상적으로 대결한 것은 자연스러운 선택이었다. 독일관념론의 완성자인 헤겔은 자신의 역사철학에서 아시아를 '역사 없는 역사'로 규정했다고 송두율은 비판한다. 역사를 역사답게 만드는 운동과 변화가 부재하고 인민의 자유를 꿈꾸지 못했으며 정체되어 있는 역사가 바로 '동양적 전제주의'의 역사라며 헤겔이 서술했다는 것이다. 송두율이 요약한 헤겔 역사철학의 구도 안에서는 동양이 가장 낮은 자리에 놓이는 게 불가피하다.

　헤겔의 관념변증법을 뒤집은 마르크스는 아시아의 특징인 동양적 전제주의의 원인을 '미분화된 자연경제' 속에서 '생산과 재생산의 자체목적을 벗어나지 않은 촌락공동체' 생산양식의 영속화, 즉 아시아적 생산양식에서 찾는다. 토지 사유가 금지되고 농업과 가내수공업만이 있는 '촌락체제'에서 자급자족적 촌락공동체들은 살아남기 위해서 관개시설 건설에 필요한 대규모 집단노동에 동원된다. 후에 비트포겔(K. A. Wittfogel, 1896-1988)이 묘사한 동양적 전제정이 그 결과이다. 나아가 헤겔의 관념론과 마르크스의 유물론을 모두 비판한 막스 베버는, '왜 아시아에서는 근대 자본주의가 출현할 수 없었나?'를 종교사회학의 과제로 삼는다. 자본주의의 맹아를 가능하게 한 프로테스탄트 윤리와는 다르게 아시아적 종교성에서는 전체론적 질서관, 주술적 전형화, 비전문적 교양인에 의한 국가통치, 혈연공동체의 한계 때문에 '前 자본주의적이고 前 시민적인 비합리성'이 지배할 수밖에 없었다는 것이 베버 학설의 요점이라고 송두율은 본다.

　송두율은 이들 세 대가의 동양관을 함께 비판한다. 헤겔의 약점은 동양이 변증법적 역사철학의 '개념 속에서, 그리고 유럽을 위해서'만 설정됨으로써 동양 전체가 타자화·식물화된다는 점이다. 베버의 진단을 따른다면 동양이 운명적 질곡을 벗어나기 위해서 자본주의적 합리성을 채택하는 수밖에 없기 때문에 동양은 결코 능동적 주체가 될 수 없다. 이에 비해 마르크스는 아시아적 생산양식을 지리적으로 규정하는 대신, '半개화된' 아시아와 자본주의적 서양 사이의 비판적 상호 작용 속에서 아시아가 주체화될 수 있는 가능성을 열어 놓음으로써 동양에 대한 헤겔과 베버의 결정론을 넘어선다고 송두율은 높이 평가한다. 『계몽과 해방』의 1985년 추고(追稿)는 송두율의 이런 사상적 출발점을 선명하게 보여 준다.

혜겔–마르크스–베버를 관통하는 계몽의 흐름이 인류 보편사적 시각에서 아시아의 후진성을 진단하고 계몽의 해방적 기능을 설명한다는 점을 송두율은 인정한다. 하지만 송두율은 곧 "계몽이 하나의 새로운 식민화를 가져오고 주체성을 파괴한다면 도대체 그 계몽은 누구를 위한 계몽인가?"라고 묻는다. 계몽과 해방이 '보편성과 주체성을 통일'시키는 데 기여하지 않으면 진정한 계몽과 해방일 수 없다는 주장이다. 이는 보편과 특수의 만남에 대해 숙고했던 동양 출신 유럽 지식인으로서의 송두율의 변경(邊境)적 위치를 반영한다. 이런 경계인적 자의식은 지속적으로 송두율의 학문세계를 규정한다. 코즈모폴리턴적 민족주의자임을 자임하는 송두율의 지적 노력이 이를 증명하며 그 생생한 실례가 바로 북한에 대한 내재적 접근법이다. 하지만 건강한 아시아적 길에 대한 송두율의 집착은 물신화된 서양과 비주체적 남한체제의 대안이라고 그가 확신한 듯 보이는 주체사회주의에 대한 짝사랑을 낳았다. 그리하여 사상가 송두율은 민족의 아름다움을 과대평가하는 만큼 보편적 민주주의와 변증법적 국가이성의 중요성을 경시하는 함정에 빠진다.

사회주의와 공산주의에 대해 당시 제시된 학문적 분석의 기본틀은 냉전적 대치상황의 산물인 '전체주의 이론'이었다. 현실사회주의의 특징을 공산당의 권력 독점, 제도화된 테러와 숙청, 통제경제, 단일 이데올로기의 지배 등으로 보는 입장이다. 그러나 이런 분석틀은 자유민주주의를 이미 절대적 가치체계로 전제하면서 사회주의를 극복 대상으로만 여기는 한계가 있다는 것이 송두율의 입장이다. 예시된 전체주의적 속성들이 자유세계에 속한 나라들에서도 눈에 띈다고 그는 주장한다. 이에 비해 1960년대 이후 제기된 탈이데올로기적 체제 '수렴이론'은 자유민주주의와 공산주의의 평화공존과 기능주의적 접근을 말함으로써 전체주의론보다는 진일보했으나 여전히 현실사회주의의 독자성을 무시했다는 것이 그의 입장이다.

　송두율의 '내재적 접근법'은 전체주의 이론과 수렴이론을 모두 넘어서기 위한 제안이다. 즉 "사회주의의 이념과 현실을 안으로부터 분석하고, 사회주의가 이룩한 성과를 그 사회가 설정한 이념에 비추어 검토해야 한다"는 주장이다. 내재적 접근법은 동독 연구가인 루츠(P. C. Ludz)와 사회주의 비교연구가인 바이메(K. v. Beyme)가 창도했고 송두율의 1982년 교수자격논문인 「소련과 중국 사회주의 비교연구」라는 학문적 성과를 낳았다. 송두율은 이 분석틀을 사상 최초로 북한에 적용해 북한 연구의 지평을 크게 확장시켰다. 북한에 대한 내재적 연구는 반드시 다른 사회주의 국가와의 비교연구를 전제해야 한다고 그는 역설한다. 북한 사회주의가 보편적인 계급모순과 특수한 민족모순의 해결이라는 두 과제를 동시에 안고 있기 때문이다. 두 모순의 "동시적 해결 과제가 북한 사회주의의 내재적 이념인 주체사상으로 표현되고 있다"는 게 송두율의 핵심적 주장이다.

주체사상에 대한 송두율의 내재적 판독법은 크게 보아 다섯 가지로 요약된다(「북한사회의 내재적 비교연구」, 『역사는 끝났는가』). 첫째, 철학적으로 주체사상의 '사람이 모든 것의 주인이며 모든 것을 결정한다'는 '인간의 자주성, 창조성, 의식성' 테제는 결코 주의주의나 유아론으로의 퇴행이 아니며 역사유물론이나 마르크스주의로부터의 일탈도 아니다. 오히려 그것은 위대한 사회주의적 전통을 북한의 현실에 맞게 재창조한 것이다. 둘째, 북한 사회주의 정치사상의 핵인 수령의 영도는 북한에 국한된 현상만은 아니고 구소련이나 동구권에서도 당의 영도적 역할에서 발견된다. 당의 영도의 본질을 수령의 영도에서 찾는 주체의 정치사상도 북의 현실에 실천적으로 대응하는 북한 버전의 '카리스마적 지배양식'이다. 송두율에 의하면 "수령의 유일적 영도체계는 나아가 혁명과 건설에서 노동계급의 당과 대중을 연결시키는 데서도 핵심적 문제로 파악되고 있다."

셋째, 사회주의 경제는 소유 문제, 경제관리 문제, 상품과 화폐관계가 중심인데, 이 문제들에 대한 북한의 독자적 대응인 북한의 '자립적 민족경제'는 한동안 상당히 의미 있는 성과를 거두었다는 것이다. 송두율은 이를 "북한의 독특한 주체적 발전노선"이라고 평가한다. 넷째, 주체사상의 국제정치적 시각은 우리식 사회주의의 견결함에 대한 변함없는 충실성으로 대변된다. 다섯째, 남북통일 문제를 바라보는 주체사상의 시각에서 핵심은 '자주성의 실현' 여부이다. 좀 더 구체적으로는 "남한을 자주화하는 것이 자주적 통일을 위한 전제이며 담보"인 것으로 설명된다.

북한 사회주의 이론과 현실에 대한 내재적 접근의 키워드는 자주성으로 압축된다. 따라서 주체사상의 철학적 핵심 명제인 "인간의 자주성, 창조성, 의식성이 개체성의 관점보다는 인민 또는 민족의 집단적 주체를 보다 강조하고 있다"는 송두율의 언명은 정곡을 찌른 지적이다. 주체사상의 화두는 결국 북한 민족주의의 자주성과 존엄성에 대한 강조로 압축된다. 북한이 나라의 독립과 민족의 존엄을 거듭 강조하는 이유가 선명해진다. 결론적으로 송두율은 "수령·당·인민대중이라는 하나의 사회적 유기체로서 큰 가정을 이룬다는 주체사상이 … 현재 북한이 처한 여러 난관을 돌파하는 강력한 무기로서 그 생명력을 보여 줄 수 있을 때, 통일 한반도의 역사 속에서는 물론 인간해방을 위한 인류의 모든 사상적 노력의 좌표 위에도 정당한 평가에 따른 주체사상의 위상은 기록될 것이다"라고 마무리한다.

송두율의 북한철학을 정확히 평가하기 위해서나 북한의 주장을 '내재적으로' 읽기 위해서도 민족주의가 한국인에게 갖는 일반적 의의를 돌아보아야 한다. 국가의 쇠망과 일제 식민통치의 경험, 분단과 전쟁의 비극으로 상징되는 한반도 근현대사는 근대 민족주의의 핵심인 통일 민족국가 수립을 한민족 전체의 거족적 소망으로 승격시켰다. 열강에 휘둘려 온 우리의 역사 때문에 민족의 자주성 테제가 국민적 애정의 대상인 것도 자연스러운 현상이다. 민족을 위해 온몸을 바친 김구 선생이 수많은 한국 시민들의 사랑을 받는 까닭이다. 그리하여 민족주의는 남북을 막론하고 성스러운 이름이 되었다.

민족주의는 많은 장점과 호소력을 가진다. 삶의 터전을 지키고 주권을 수립하며 공동체의식을 높인다. 민족적 정체성에서 오는 '우리 의식'이야말로 문화적 자긍심의 원천이기도 하다. 반만년 역사에 빛나는 단일 민족의 후손이라는 한국인의 정체성은 역경 속에서 나라를 지탱해 온 최후의 근거였다. 한국 민족주의의 특성 가운데 하나는 우리가 한민족을 인종과 혈통의 잣대로 수용해 인종적 순혈주의로 받아들이는 경우가 많다는 사실이다. 인종적 순혈주의와 결합한 민족의식은 특히 외침(外侵) 같은 고난의 시기에 엄청난 힘을 발휘한다. 그 결과 한국 역사에서는 인종적 순혈주의와 저항적 민족주의가 뗄 수 없이 얽히게 된다.

주로 저항적 민족주의로 작동해 온 우리 역사 때문에 민족주의의 순기능은 과대평가된 데 비해 역기능은 간과되어 왔다. 양날의 칼인 민족주의는 때로 개인의 자유를 억압하고 시민적 비판의식을 억누르며 국제평화를 해칠 수 있다. 우리와 남을 나눈 후 우리만의 단결을 지향하는 닫힘의 논리 때문이다. 상상의 공동체인 민족이 이데올로기적 실체로 바뀌면서 생기는 부작용도 크다. 저항적 민족주의와 침략적 민족주의의 경계선도 선명하지 않다. 지나치게 뜨겁고 배타적인 민족감정은 열린 사회와 다원주의를 위협할 수 있으며 시민적 자유와 인권을 침해할 수도 있다. 민족주의가 인종적 순혈주의로 왜소화할 때 나타나는 부작용이 가장 심각하다. 역사는 공세적인 민족주의가 인종적 순혈주의와 결합할 때 온갖 비극을 초래했음을 보여 준다. 파시즘은 그 최악의 사례일 것이다.

한반도에서 나타난 후발 민족주의의 최대 문제점은 국가의 중요성을 소홀히 한다는 데 있다. 국가이성에 대한 적절한 고려가 부족한 민족주의적 감성은 맹목적이다. '국가보다 민족이 중요하다'는 민족주의적 열정만으로는 현실정치의 난제를 해결하는 것은 불가능하다. 국가이성론의 철학적 탐구, 특히 변증법적 국가이성의 탐색에는 민족주의의 과잉을 치유하고자 하는 목표도 있다. 세계 곳곳에서 발견되는 민족주의의 폐해는 한반도에서 되풀이된다. 그러나 이런 난점에도 불구하고 한반도의 지정학은 민족주의적 감성을 한국인들에게 거의 운명적인 것으로 만든다. 따라서 민족주의의 장점을 살리면서 그 폐쇄성을 넘어서는 지혜가 중요하다. 그 첫걸음은 민족과 국가 개념의 긴장에 주목함으로써 민족주의를 균형 잡힌 것으로 만들어야 한다는 것이다. 안중근의 동양평화론이 표현한 변증법적 국가이성은 열린 민족주의의 모범 사례이기도 하다.

주체사상과 같이 가는 북한 민족주의에서는 민족주의의 그림자가 빛을 압도한다. 국가의 철학에 대한 인식이 없는 송두율의 내재적 접근법은 북한 민족주의의 빛은 부풀리고 그림자는 축소시킨다. 그 결과 북한의 현실에 대한 엄정한 접근이 방해를 받는다. '경험적·비판적 이론'으로서의 내재적 접근법에서 비판적 요소를 찾기 어려운 것도 기이한 일이다. 송두율식 내재적 접근법의 한계는 먼저 철학적이고 정치사상적인 차원에서 드러난다. 가장 핵심적인 난점은 모든 것의 주인이며 자주적이고 창조적이며 의식적인 사람이라는 존재가 "당과 수령의 령도를 받는 인민대중"과 동의어라는 사실이다. 여기다 수령 무오류설이 더해지면서 사태가 악화된다.

철학적으로 인민의 주체성·창조성 테제는 그 주체가 어떤 존재이든 자기결정적 존재임을 의미한다. 수령의 지도에 의해서만 사람이 될 수 있다는 수령론과 논리적으로 공존하기 어렵다. 수령·당·인민대중의 유기체적 성격에 대한 강조는 이런 딜레마를 빠져나가기 위한 논리적 장치일 것이다. 하지만 철학적 궤변에 가까운 이런 논법은 보편적으로 정당화될 수 없다. 보다 심각한 것은 주체사상이 인간 중심의 철학과 인민의 주체성·창조성의 테제로 시작하지만 그 실질적 내용을 배반하는 형태인 수령절대주의로 북한 사회에서 실행되고 있는 현실이다. 철학적 정당화에 실패한 내재적 접근법은 체제변호 이데올로기로 퇴행해 간다.

북한의 우리식 사회주의 경제, 국제정치, 통일관도 문제가 많다.

수십만~수백만 인민이 아사한 1990년대 중후반 고난의 행군이 증명하는 북한경제의 현실은 주체경제의 무능과 비효율성에 대해 역사가 내리는 실패 선고에 가깝다. 수령절대주의 사회에서 절대적 지도자가 인민과 국가에 대해 지는 책임도 절대적일 수밖에 없다는 사실을 감추려는 어떤 시도도 정당화되기 어렵다. 비록 고난의 행군 이전에 쓰인 글이긴 하지만 송두율은 "스스로가 민주화되지 못한 조건에서 상대방의 민주화를 요구하는 모순은 말할 것도 없고, 사회보장을 최고의 정책기준으로 설정한 상대편(북한 – 인용자)에 비하여 … 사회복지정책을 충분히 수행하지 못하는 조건에서 상대방에게 인민을 더 이상 '착취'하지 말라고 요구"하는 한국을 오히려 꼬집는다. 고난의 행군으로 폭발한 북한의 경제 위기가 이미 1970년대부터 쌓여 왔다는 사실을 감안하면 '북한전문가 송두율'이 드러낸 인식의 지체는 새삼 놀랍다.

이제 우리는 송두율의 북한철학에 대한 근본적 질문에 이르렀다. '자주성과 주체성이 언제 어디서나 타당한 명제인가?'라는 질문이 그것이다. 계몽과 해방이 자주성을 해치면 온전한 계몽과 해방이라 할 수 없듯이 계몽과 해방을 배제한 자주성도 불구의 것일 수밖에 없다. 내재적 접근법이 정당화하려는 주체사상과 북한 민족주의의 경우는 이 딜레마를 극명히 보여 준다. 주체사상의 우리식 사회주의를 구원하려는 송두율의 필사적 노력은 한계에 부딪히고 만다. 계몽과 해방이라는 보편 논리에 대한 반대 항으로서의 자주성 테제에 집착한 나머지 자주성의 긍정적 측면까지 상실할 위험성에 직면한다.

주체사회주의에 대한 내재적·비판적 접근법은 '북한 민족주의가 지키려 애쓰는 자주성이 인민 개개인의 자주인가? 아니면 수령의 자주인가?'라는 의문에 대답해야 마땅하다. 물론 인민의 자주성과 수령의 영도는 유기적 동일체라는 준비된 답변이 다시 돌아오겠지만 위에서 분석한 것처럼 이는 철학적으로 정당화되기 어려운 대답이다. 이 질문은 결국 '민족주의의 이름 아래 인민이 노예화한 북한의 현실을 어떻게 설명할 것인가'라는 난제로 연결된다. 즉 민족 자주성의 미명 아래 인민의 주체성이 박탈당한 이율배반적 상황을 철학적으로 어떻게 정당화할 것인가의 난문(難問)으로 이어진다.

철학자 송두율의 내재적 접근법은 이런 질문들에 철저히 침묵한다. 철학적 해명 자체가 거의 불가능했기 때문일 것이다. 2003년 송두율의 한국으로의 귀국 자체가 이런 질문들에 대한 우회적 답변으로 해석될 수 있다고 나는 본다. 귀국 이래 거듭된 그의 모호한 발언은 결국 자신이 평생 잡고 씨름한 북한 민족주의의 정당성이라는 화두의 치명적 균열을 인정할 수도 없고, 또한 인정하지 않을 수도 없었던 스스로의 난감한 상황을 반영하는 것처럼 보인다. '경계인 송두율'은 대한민국 국가이성과 북한 국가이성의 준엄한 구별이 갖는 사활적 의미를 아직도 직면하지 못한 경계선상의 존재인 것이다.

'송두율 사태' 후 한국을 떠난 그는 자신의 경험을 담은 『미완의 귀향과 그 이후』(이후 『미완의 귀향』)로 한국 사회의 '야만적인' 현실을 고발한다. 자신을 속죄양으로 삼았음에도 그걸 깨닫지 못하는 한국 사회의 '침묵과 망각의 카르텔'을 깨트리려 시도한다. 역사적 기록물이자 고해서인 『미완의 귀향』은 국가보안법을 통렬히 비판하면서 시작한다. 그의 표현에 의하면 '17세기적 기준'에도 미치지 못하는 희대의 악법이 짓누르는 우리 사회의 암울한 풍경을 고발한다. 나는 동시대의 수많은 사람들이 동의하고 송두율이 역설하는 것처럼 국가보안법이 반문명적이고 반인륜적이라는 데 동감한다. 그를 차가운 감방 안으로 몰아넣은 국보법이 악법이라는 사실은 명백하다.

동시에 이 책은 통일철학자 송두율의 절박한 자기변호의 문건이기도 하다. 『미완의 귀향』은 반독재투쟁의 선봉에 서서 탄압받아온 양심적 지식인이자 남북한과 고금동서를 회통(會通)하며 주유(周遊)했던 경계인의 명성을 뒤로한 채, 하루아침에 '위선적인 기회주의자'이자 '회색분자'이며 '사상적 간통'을 범한 '두더지'로 희롱당한 자신의 존재 이유를 한국 공론장에서 되살리려는 개인적 호소문이다. 모든 책은 저자가 지향하는 공적·사적 목표에 함께 봉사한다. 아무리 내밀한 기록이어도 일단 출판되면 공적 성격을 지니며, 지은이의 내면을 투영하기 마련이다. 『미완의 귀향』도 마찬가지이다. 송두율은 이 두 목표를 일체화시키려고 애쓰지만 그의 이런 노력은 성공하지 못했다고 나는 본다. 거기에는 중대한 철학적 이유가 있다.

나는 지식인의 존재 이유가 지식생산과 권력비판에 있다고 생각한다. 송두율은 내재적 접근법으로 북한 이해의 지평을 넓혔고 반독재민주화 투쟁이라는 권력비판가의 임무도 수행했다. 하지만 지식인의 사회적 정체성을 의미 있게 하는 가장 중요한 지표는 자기정합성(정직성, integrity)인데, 『미완의 귀향』이 펼치는 변론은 이 잣대를 충족하지 못한다. 자기정합성이 지식인에게 중요한 이유는 자명하다. 지식인은 자신의 주장을 변론하는 존재이며, 스스로의 논변에 대한 공론장의 비판과 반(反)비판 앞에 열린 사람이다. 스스로의 입장에 변화가 있다면 그 이유를 정당화할 수 있어야 하며 그러한 변화가 자신의 삶에서 갖는 의미를 설명할 수 있어야 한다. 자기정합성이 결여된 지식생산과 권력비판은 공허하거니와, 최악의 경우에는 한낱 거짓으로 타락할 수도 있다.

지식인으로서의 자기정합성을 물을 때 송두율에게 가장 아픈 부분이 북한의 조선노동당 입당 문제이다. 여기서 나는 국보법과 형법 같은 실정법 위반 여부에 대해 말하는 것이 아니다. 국보법은 그의 주장처럼 사라져야 할 반문명적 악법이기 때문이다. 정작 문제는 딴 데 있다. 송두율은 조선노동당 입당에 대해 계속 비밀로 해오다가 2003년 국정원 조사에서 그 사실을 처음으로 시인했다. 송두율의 답변에 의하면, 1973년 최초 입북 시에 필요한 '통과의례'로 생각했고 그 후 이 문제를 한국 귀국 때까지 '잊고 지냈다'는 것이다. 송두율의 고백을 그대로 수용한다고 해도 조선노동당 입당이 지식인 송두율의 자기정합성을 뒤흔들 정도로 심각한 문제라는 사실은 바뀌지 않는다. 당이 국가를 지배하는 당·국가체제인 현실사회주의와 북한체제에 대해 누구보다 밝은 현실사회주의 전문가로서 조선노동당 입당이 갖는 무거운 의미를 그가 몰랐을 가능성은 극히 희박하다.

문제의 핵심은 조선노동당에 입당함으로써 그가 국가체제로서의 북한을 '선택'하게 되었다는 정치적 귀결에 있다. 송두율은 조선노동당 입당으로 한국의 국가이성에 대적(對敵)하는 북한의 국가이성을 선택한 셈이다. 남과 북 사이 경계인을 자임해 온 실천적 지식인에게 이 정치적 선택의 결과는 돌이키기 어렵다. "남이냐 북이냐하는 양자택일의 논리가 아니라 남과 북이 공유하는 관계를 중시하는 논리"를 스스로의 존재 이유로 내세운 통일철학자 송두율의 철학적 타당성 근거는 이로써 무너지고 만다. 아무리 아름다울지언정 민족의 논리만으로 국가이성의 엄중함을 해소하기는 불가능하다. 송두율의 북한철학은 국권과 민권의 통일을 지향하는 변증법적 국가이성의 문제의식을 모호한 방식으로 회피하고 있을 뿐이다. 송두율의 사상적 결산서라 할 수 있는 최근의 자서전도 국가이성의 문제에 대해서 철저히 침묵한다.[02] 때로 침묵은 웅변보다 더 많은 것

---

02 송두율, 『불타는 얼음: 경계인 송두율의 자전적 에세이』(후마니타스, 2017)는 자신의 인생행로를 상세히 술회하고 있는 매력적 저작임에도 불구하고 조선노동당 입당 문제에 대해서는 완전히 침묵한다. 조선노동당 입당은 자유세계에서 정당에 입당하는 것과는 완전히 다른 성격의 문제다.

을 말하기도 한다. 국가이성의 문제를 회피하는 송두율의 사유체계에서 변증법적 국가이성의 지평이 가능할 리 없다.

4. 변증법적 국가이성 없이 한반도 평화도 없다

북한은 인도·파키스탄·이스라엘에 이어 NPT(핵 확산 금지조약) 체제 바깥의 '실질적 핵 보유국'(real nuclear power)이 되었다. 그런데 인도·파키스탄·이스라엘 3국은 모두 NPT에 가입한 적이 없는 나라다. NPT에 가입했다가 탈퇴함으로써 핵 보유국이 된 국가는 역사상 북한이 유일무이하다. 게다가 북한은 2017년 9월 수소폭탄 실험과 ICBM 발사 성공으로 지금까지 미국·러시아·중국·영국·프랑스의 핵5강(强)이 독점해 왔던 실질적 전략핵국가의 지위를 획득했다. 이는 전후 세계질서를 규정해 온 NPT 체제의 중대 균열을 뜻할 뿐만 아니라 1994년 미북 제네바 합의 이후 30년 가까이 지속된 한반도 비핵화 시도의 완전한 종말을 뜻한다. 협상으로 북핵 문제를 풀려는 모든 노력이 북한의 핵 보유의지 앞에 최종적 파탄을 맞고 만 것이다. 돌이켜 보면 2012년 4월의 개정헌법 서문에 핵 보유를 김정일의 최대 업적으로 명기한 북한이 2013년 1월에 외무성 성명으로 "비핵화 논의 자체를 거부한다"고 선언했던 것은 너무나 당연한 수순이었다. 핵과 관련된 북의 진정한 의도를 둘러싼 논쟁에도 종지부가 찍혔다.

북이 핵 개발을 포기하는 대가로 경제지원을 원한다는 해석은 오판(誤判)으로 판명됐다. 한반도 정전협정이 평화협정으로 바뀔 때 핵을 폐기하겠다는 북의 공언(公言)도 허언(虛言)으로 드러났다. 핵이라는 절대무기의 존재와 유일체제 보위(保衛)가 뗄 수 없이 얽혀 있다는 북한 문제의 진실이 폭로되었다. 따라서 북한 문제, 특히 북핵 위기의 핵심은 국가이성론의 관점에서 보아야 전모가 드러난다. 국가이성의 관점에서 사태를 조망해야 주관적 소망사고를 넘어 객관적 사실성에 입각한 엄정한 독해가 가능한 것이다.

모든 국가적 어려움과 인민의 희생을 무릅쓰고 북한이 핵무장에 매진한 데는 북한 김정은 정권 입장에서는 나름의 논리가 있다. 북한의 시각에서 볼 때 자신의 힘과 도덕을 주체적으로 통합해 자국(自國)의 안전을 확보한 후 한반도 패권경쟁과 역사전쟁의 주도권을 획득하고자 한 것이다. 바꿔 말하면 북의 시각에서 볼 때는 핵무장이야말로 조선민주주의인민공화국 국가이성의 발현이다. 북한 문제의 핵심은, 이러한 북한의 국가이성을 대한민국의 변증법적 국가이성과 국제사회의 합리성이 받아들일 수 있는가 하는 점이다. 북한에 대한 송두율 방식의 내재적 접근법에서는 북한의 선택에도 일리가 있다고 주장할 가능성이 다분하다. 우리는 한국 진보진영에서도 북한 입장을 이해해 보려는 시도를 가끔 발견한다.

하지만 대한민국이 지향하는 변증법적 국가이성의 관점에서 볼 때 북한의 국가이성에는 치명적 결함이 엄존한다. '조선민주주의인민공화국의 주권자인 근로 인민'의 입장이 빠져 있다는 점이다. 민주주의의 내용인 '인민의, 인민에 의한, 인민을 위한 정체(政體)'를 북한은 부정한다. 북한의 일반의지를 육화한 수령(治者)과, 수령에게서 정치적 생명을 부여받은 인민(被治者)의 동일성을 강변하는 북한의 논리는 비대한 김정은과 피골이 상접한 인민과의 비교 앞에 공허하게 들린다. 치자와 피치자의 선험적 동일성으로 민주정체의 본질을 다루는 논법은 피치자에 의한, 피치자를 위한 정치의 지평을 민주주의에서 빠트린다.

북한 기근의 정치경제학은 1995-1998년 수십만-수백만 명이 굶어 죽은 반인륜적 대참사가 국제사회의 제재나 자연재해에 기인한 게 아니라 유일체제의 구조적 결함 때문임을 시사한다. 대량아사로 상징되는 북한경제의 만성적 위기상황은 근원적으로 북한 국가이성의 한계에서 비롯되었다고 볼 수밖에 없다. 남북의 사활을 건 체제경쟁에서 북한에 의한 한반도 핵 독점상황은 씨름으로 치면 시종 불리한 전세를 막판에 역전시킨 한판 뒤집기와 다름없다. 김정은이 독점한 북한 국가이성의 시각에서 보자면 핵무장은 남북경쟁의 불리함을 일거에 상쇄한 북한 유일체제의 경이적인 성공(?)으로 치부될 것이다. 그러나 이는 시민권과 국권을 결합한 대한민국의 변증법적 국가이성으로서는 수용 불가능한 주장이다. 북한 핵무장이 국가로서의 북한의 쇠락과 북한 인민들의 형언하기 어려운 고통을 대가로 얻어진 것이기 때문이다. 핵무장을 위해 북한은 인민의 인권을 멸절시키고 김씨 일문이 독점한 국권을 무한 팽창시켰다. 세계 시민사회가 볼 때도 무법국가 북한이 여섯 번째 전략핵국가로 등장했다는 사실은 세계평화와 동북아 안정에 거대한 암운을 드리우는 중대 사태이다. 북한의 후견국인 중국과 러시아를 포함해 거의 전 세계가 북한의 폭주를 비난하고 있는 현실이 이를 선명하게 입증한다.

비록 극단적인 가정이긴 하지만 때로 한 정치체제가 세습을 할 수도 있고 강권통치를 해야 할 사정이 있을 수도 있으며 핵무장을 할 수도 있다는 논리 전개가 아주 불가능한 건 아니다. 그러나 거기에는 기본적인 전제가 있다. 세습과 독재 아래서 성숙하고 자유로운 삶까지는 아니더라도 국민이 대량으로 굶어 죽지는 말아야 한다는 점이다. 두말할 필요도 없이 이는 국권과 민권의 통합을 지향하는 변증법적 국가이성의 핵심이다. 하지만 김씨 일문에게는 수십만, 수백만 인민의 생명보다 유일체제의 존속이 더 중요하다. 고난의 행군조차 체제 보위의 관점에서 북한 지도부가 통제한 자취가 선명하다. 시장통제 조치나 화폐개혁 실패 등은 통제경제의 기본인 식량 공급조차 포기한 정권이, 살아남기 위해 몸부림치는 인민의 발목을 잡는 형국이다. 과감한 개혁·개방만이 북한에 숨통을 틀 수 있겠지만 개혁과 개방은 유일체제를 위협할 게 분명하다.

유일통치의 딜레마는 북한이라는 국가가 살기 위해서는 체제를 개혁해야 하지만 개혁하면 유일체제가 위태로워질 수 있다는 점에 있다. 나는 이를 유일체제에 내재된 반(反)국가성의 징표로 해석한다. 즉 유일체제는 조선민주주의인민공화국이라는 주권국가에조차 해롭다. 북한이 시도했던 해외투자 유인책과 개방정책이 미봉책에 머무를 수밖에 없었던 근본적 이유가 여기에 있다. '종심이 짧은 북한'에서 중국식의 해안지역 우선개발정책을 펴기 어려운 까닭도 있지만 보다 중요한 이유는 유일체제의 기안자이자 집행자인 김정일·김정은이 북한의 덩샤오핑이 될 수 없었기 때문이다. 대국으로 떠오르는 중국의 기세도 마오의 통치 동안에는 출발조차 어려웠다는 교훈을 상기할 필요가 있다. 햇볕정책은 그 합리성과 설득력에도 불구하고 북한 유일체제의 본질을 경시했다고 나는 본다. 김대중 전 대통령은 북한 버전 국가이성의 단호함을 제대로 이해하지 못했다. 마오와 스탈린의 개인숭배도 대단했지만 그들은 자식 문제에서만은 담백했다. 마오의 큰아들은 한국전쟁에서 전사했고 독일군에게 포로로 잡힌 스탈린의 장자(長子)도 포로 교환을 거부한 아버지 때문에 자살했다.

유일지배체제에 입각한 3대 세습과 핵무장의 최대 결함은 반국가성과 동행한 반인민성에 있다. 즉 유일체제는 평범한 북한 인민의 이해관계와도 서로 충돌한다. 국가가 인민을 제대로 먹이지조차 못하는 상황에서 카스트제도가 무색할 계급사회를 고착시키고 강제수용소가 상징하는 공포와 억압으로 유지되는 체제가 북한이다.

국가적 자원을 총동원해 핵무장을 완성함으로써 한반도 전쟁 위기를 극대화시키고 세계평화를 위협하고 있는 북한체제의 국가이성은 한마디로 반인륜적이고 반문명적이다. 북한 인민의 총체적 고통을 동반한 북 핵무장은 북한 국가이성의 반이성적 성격을 증언하는 생생한 지표와 다름없다.

국권과 민권의 통합을 지향하는 변증법적 국가이성의 관점에서는 북한 유일체제의 국가이성을 승인할 방도를 찾는 것이 불가능하다. 오늘의 북한은 국권의 미명 아래 민권을 파괴하고 있을 뿐 아니라 북한이라는 국가의 주권 자체가 수령의 사유물로 전락한 상태이기 때문이다. 뜨거운 철학적 결의와 냉엄한 정치현실이 교차하는 한반도의 위기상황은 국가이성의 실체를 비장한 방식으로 증언한다. 결국 한반도에 살고 있는 모든 인간은 시민이거나 아니면 인민으로서 정치적 삶을 영위한다. 변증법적 국가이성론의 시각에서 볼 때 시민과 인민의 경계를 어른거리는 '경계인'의 존재는 원천적으로 불가능하다. 국가의 '밖'이 아니라 그 '안'에서 살 수밖에 없는 정치적 존재로서의 인간의 운명은 그만큼 무겁다.

통일 한반도의 이상은 아름답고 찬란하다. 자유롭고 풍요로우며 성숙한 통일 한반도 주민의 삶이라는 비전보다 우리 가슴을 뛰게 하는 꿈도 드물다. 하지만 북한 핵무장으로 인한 한반도 정세의 질적 변화는 이 모든 장밋빛 전망을 일거에 바꿔 놓았다. 국가이성론의 성찰을 건너뛴 어떠한 평화정책도 온전한 것이 되기 어렵거니와 통일 담론의 경우에는 더욱 그렇다. 변증법적 국가이성론이 보기에 남북관계에서 가까운 미래에 기대할 수 있는 최대치는 남북 두 주권국가의 제도적 평화공존 정도일 것으로 여겨진다. 북한 핵무장의 충격을 통해 한반도 통일에 관한 주관적 희망사고는 모두 허망한 것으로 판명되었다. 이제야 우리는 통일에 대한 섣부른 기대보다 남북한 두 국가의 평화공존이 훨씬 중차대한 역사적 과업임을 냉철하게 이해할 수 있게 되었다.

변증법적 국가이성은 한반도의 평화 정착이야말로 통일보다 훨씬 중차대한 역사적 과업이라고 주장한다. 민족주의적 열정만으로 해결할 수 있는 현실정치 문제는 존재하지 않는다. 국가의 중요성을 주의 깊게 성찰하는 변증법적 국가이성 없이는 제대로 된 한반도 평화를 이루는 일 자체가 무망한 일이다. 단호한 용기와 지적·실천적 정직성이 전제되어야 비로소 남북 국가이성의 대립적 본질을 직시할 수 있다. 국가주의적 국가이성으로 폭주한 끝에 마침내 전략핵국가가 되는 데 성공한 북한이 대한민국의 생존 자체를 위협하고 있는 게 적나라한 현실이다. 사실 어떤 방식으로든 한반도에서의 북한 핵 독점이 해소되지 않고서는 남북 평화공존의 전망조차 지극히 불투명하다고 보아야 한다. 대한민국이 나라다운 나라로서 살아남기 위해서라도 국권과 민권을 통합한 변증법적 국가이성의 중요성이 재조명되어야 마땅하다.

제 4 장

한반도 현대사의
철학적 성찰

1. 분단과 전쟁의 헌법철학

우리는 이제 한반도 현대사 전체를 변증법적 국가이성의 눈으로 조망한다. 한반도 현대사에 관한 정치철학적 성찰인 셈이다. 한반도 현대사의 원점인 남북분단과 6·25전쟁의 본질은 헌법철학과 연결된 국가이성론으로 조명할 때 가장 명료하게 이해 가능하다. 헌법은 국가라 불리는 정치결사체의 근원적 통치질서를 규정한 최고 기본법이다. 대륙법 법문화 속에서 헌법과 행정법 등을 통틀어 국가법(또는 국법학, Staatsrecht)이라고 부르는 경우가 있는 것은 이 때문이다.[01] 헌법에 대한 학문적 탐구는 국가론과 분리될 수 없다. 둘을 굳이 나눈다면 국가라는 현상을 체계적인 방식으로 분석하여 국가의 발생 기원이나 궁극적 존립 근거를 주로 따지는 국가론과는 달리, 헌법은 "국가적 공동체의 존재 형태와 기본적 가치질서에 관한 국민적 합의를 법규범적인 논리체계로 정립한 국가의 기본법"으로 정의된다.[02]

정치적 조직체가 법을 필수적으로 요구하며 언어를 사용하는 이

---

01 허영, 『헌법이론과 헌법』(박영사, 2001), 3쪽.
02 권영성, 『헌법학원론』(박영사, 2002), 4쪽.

성적 인간이 존재론적으로 법과 정치를 필요로 한다는 것이 정치존재론의 주장이다. 국가와 법에 관한 정치존재론의 통찰에서 과도한 형이상학적 부담을 덜어 낸다면, 공동체적 질서의 시현인 법이 없는 나라가 있을 수 없다는 기초적 사실이 인정될 수 있다. 그 연장선상에서 보자면 근대 이후 모든 국가는 그 내실에 상관없이 헌법을 보유한다. 이것은 앞서 정의된 바의 헌법이 근대 국민국가 출현 이후 비로소 가능해졌다는 사실을 시사한다.

서양의 경우 국가의 기원은 고대 그리스의 폴리스로 소급된다. 그리스의 도시국가들이 종언을 고하자 로마 시대의 국가는 시민적 인민공동체(civitas 또는 res publica)로 다시 정의되었다. 로마가 도시국가의 틀을 벗어나면서 확대된 지역적 국가의 통치권이라는 의미에서 제국(imperium, empire)이라는 말로 국가를 지칭하게 된다. 그러나 머리말에서 상세히 밝힌 것처럼 근대적 의미의 국가(State, Staat, Etat) 개념은 모두 라틴어 Stato(선다, 또는 어떤 안정상태의 유지)라는 말에서 유래되어 Status(지위)로 변전된 데서 유래된 것이며 이런 맥락의 최초 용례는 근대 정치철학의 창립자 마키아벨리로 소급된다.[03] 이는 이미 상론한 바 있다.

용어 자체가 암시하는 것처럼 헌법(constitution)의 근대적 성격은 주권성(sovereignty)을 특징으로 하는 근대국가(state)의 창립

03　마키아벨리,「군주론」.

(constitution)과 불가분리적이다. 국가의 주권성이 헌법에 의해 언표되는 것이다. 여기서 국가와 헌법 중 어느 것이 선차적인가 하는 질문이 제기될 수도 있다. 민주주의 헌법이론의 관점에서 보자면 통치권과 결정권은 궁극적으로 국민에게 귀속되므로 정치적 의지의 통일체이자 통치질서인 국가는 헌법에 의해 비로소 창설된다. 이는 민주적 정당성이론의 출발점으로서 헌법국가의 이념 자체가 18세기 말부터 19세기에 걸친 부르주아 입헌주의운동으로부터 연원한다는 사실에서 재확인된다.[04]

헌법의 근대성을 관류하는 첫 번째 특징은, 국가 또는 정치사회를 자유롭고 평등한 개인들 간의 동의에 의해 형성된다고 보는 점이다. 정치와 법의 본성에 대해 심원한 사유를 전개한 고대 그리스 지식인들은 법의 본질에 대해 치열하게 다투었으나 여기서 적시되고 있는 헌법의 이념에 도달할 수 없었다. 그것은 주권국가가 근대의 소산이며 헌법 이념과 분리되지 않는다는 사정을 반영한다. 헌법의 근대성을 증명하는 두 번째 특징은, 지배와 피지배의 관계를 단지 힘에 의한 지배가 아니라 법 창조자인 주권자를 설정하고 그 주권자가 제정한 법에 주권자를 포함한 모든 사람들이 따르는 '합법적 지배'로 준거했다는 사실이다. 국가의 3가지 필수요소로 흔히 예거되는 영토, 국민, 주권의 개념도 철저히 헌법철학의 연장선상

---

04 에른스트-볼프강 뵈켄푀르데, 김효전 역, 『헌법과 민주주의: 헌법이론과 헌법에 관한 연구』(법문사, 2003), 30-31쪽.

에 놓여 있는 것이다.

국가를 구성하는 주권 개념은 영토와 국민에 더해 일정한 정치
공동체적 에토스와 통치질서를 규정하는 헌법을 비롯한 법률체계,
그리고 법을 관철시키는 강제력을 동반한다. 국가는 도덕과 힘의
통합체이기 때문이다. "국가는 법질서라는 강제적 조직을 유지하
는 특수한 목적을 위해 존재하며, 명백히 규정된 제재력에 의해 시
행되는 법에 근거해 행동하는 특별한 결사체"라는 것이다.[05] 우리
가 어떤 형태의 국가관을 주장하든지에 관계없이 특정한 정체(body
politic)를 이끄는 주권의 토대는 결국 헌법과 헌법을 관철시키는 강
제력에 의존하는 것이므로 근대국가에 귀속되는 주권의 정체성은
헌법에 의해 근원적으로 정의된다.

법 위계구조에서 헌법의 최고규범성과 자기 보장적 속성은 헌법
의 이런 본질로부터 나온다. 표준적 헌법이론인 규범주의적 헌법
관(H. Krabbe와 H. Kelsen)은 헌법의 역사성과 현실연관성을 고려하지
않는다는 점에서 문제가 있고, 결단주의적 헌법관(C. Schmitt)은 헌법
제정권자의 결단을 지나치게 중요시한 나머지 헌법의 규범성을 도
외시하는 단점이 있는 것으로 지적된다. 따라서 헌법의 규범성과
역사적 동태성을 결합해, 헌법을 '사회 통합을 위한 공감대적 가치
질서'나 '동화적 통합과정의 법질서'로 보는 통합과정론적 헌법관(R.

05 E. Parker, *Principles of Social and Political Theory* (Oxford: Clarendon Press, 1951), 3쪽.

Smend)이 보다 설득력 있는 대안으로 주창된다.

헌법철학의 관점에서 보자면 근대국가의 주권적 지위는 헌법이 지닌 최고의 공적 국내기본법이라는 철학적 성격에 의해 정해진다. 헌법의 최고규범성과 자기 보장성은 헌법이 특정 국가의 "정치적 통일의 형성과 유지 및 법질서의 창설과 유지"를 수행한다는 사실에서 결정적으로 확정된다.[06] 이런 맥락에서 헌법철학은 헌법이 국가 통합과정의 준거이며 국가라는 정치적 결사체의 고유한 핵심이라고 주장하게 된다. 헌법의 최고규범성과 자기 보장성이 정치공동체의 에토스로 착근되지 않은 정치공동체는 붕괴의 위기에 직면할 수밖에 없다. 이런 논변을 방법론적으로 역전시키면 국가와 헌법 가운데 어느 것이 더 앞서는가의 질문에 대해 이전과는 상이한 답을 제시할 수 있게 된다. 특정한 질서를 갖춘 정치적 통일체의 존재가 생겨난 뒤 사후적으로 헌법이 국가를 정당화하게 된다는 것이다. 이는 특히 혁명적 변혁기에 자주 관찰되는 사실이다.

1948년 남과 북은 각기 미국과 소련의 후견을 받아 대한민국과 조선민주주의인민공화국을 창립하면서 각각의 헌법을 공포하였다. 국가 창립과정에서 드러난 강대국에의 예속성과 국민과 영토조건의 일정한 결손(缺損)에도 불구하고 해방 공간에서 출현한 남북의

---

06 콘라드 헷세, 계희열 역, 『헌법의 기초이론』(박영사, 2001), 4쪽. 헷세는 스멘트의 통합이론을 기초로 해 규범과 현실을 매개시키는 작업을 한 현대 헌법이론가로서 독일 연방헌법재판소 재판관을 역임했다. 원저는 K. Hesse, *Elemente Einer Verfassungstheorie*.

두 국가는 국가와 헌법의 정치철학에 근거한 명실상부한 주권국가였다. 그런 의미에서 남북은 '결손국가'였으나, 이런 결손적 성격은 남북의 개별적 주권성을 훼손하지 않는다. 남북이 각기 상대방을 미수복지역과 미해방지구로 선포하면서 독자적이면서도 강고한 정치 통합성과 헌법질서를 구축했기 때문이다. 오랜 후에 이루어진 유엔에의 남북 동시 가입은 이런 명백한 사실을 국제법적으로 추인한 것이다.[07]

이 시점에서 '분단'이라는 용어의 함의를 엄밀하게 따져 볼 필요가 있다. 분단은 원래 하나였던 나라가 나중에 쪼개어졌다는 사실을 의미한다. 그렇다면 한반도에서 원래 하나였던 나라는 무엇을 지칭하는가? 그것이 조선왕조나 대한제국, 나아가 국권을 상실한 일제 식민통치 기간을 뜻할 수 없다는 것은 자명하다. 한국의 현행 헌법 전문(前文)에서는 "3·1운동으로 건립된 대한민국임시정부의 법통"을 인정하고 있지만 이것은 남한의 입장일 뿐이다. 흥미롭게도 1948년의 제헌헌법에서 제9차 개정헌법인 현행헌법에 이르기까지 전문(前文)에 상하이임시정부의 법통을 명시한 것은 현행헌법뿐이다. 물론 제헌헌법 이후 모든 헌법에서 3·1독립운동에 대해 언급하고 있으므로 3·1운동의 정치체적 성과인 임시정부가 갖는 헌법적 의미는 중요하다.[08] 북한의 제헌헌법은 3·1운동에 대해 철저

07 임현진 외, 『21세기 통일한국을 위한 모색: 분단과 통일의 변증법』(서울대학교출판부, 2005), 17쪽.
08 김영수, 『한국헌법사』(학문사, 2001)에 실린 「대한민국 헌법 및 관련자료」, 925-1066쪽 참조.

히 침묵하고 있으므로 말할 것도 없지만, 유일하게 서문을 신설한 1998년 '조선민주주의 인민공화국 사회주의헌법'은 아예 '김일성헌법'임을 명시하고 있다.

남한과는 완전히 이질적인 북한의 시각은 차치하고라도, 남한의 입장에서는 1920년 상하이에서 건설된 망명정부로서의 대한민국 임시정부가 '하나인 나라'의 원형일 것이지만 문자 그대로 그것은 국가의 요건을 충족시키지 못한 '임시정부'였다.[09] 이것은 해방 공간의 한반도가 헌법철학의 관점에서 실질적 공백상태에 놓여 있었다는 사실을 뜻하며, 통합된 헌법을 확정할 수 있는 정치적 통일체가 부재했다는 것을 의미한다. 쪼개진 부분들이 합쳐져 그것으로 돌아가야 한다는 원형적 모델로서의 원천국가(original state), 또는 총괄국가(Gesamtstaat)가 부재하거나 그것에 대한 합의가 미결정 상태였기 때문이다. 이는 분단 개념 자체가 국가 개념이 아니라 단일 민족이나 언어문화의 공동요소들에 의존한 '상상된 정치공동체'에 의해 주조되었으며 압도적인 민족주의적 감성의 궤적 위에서 유통되고 있다는 사실을 보여 준다.[10]

해방 공간에서의 동화적 통합과정의 대실패, 즉 남북에서 별개의 헌법 제정권력의 출현은 결국 두 주권국가의 출현으로 귀결되었다.

---

09 물론 이러한 임시성은 7차례에 걸쳐 이루어진 대한민국임시정부헌법의 진화과정을 통해 보완된다. 김영수, 「대한민국임시정부헌법 및 관련자료」, 위의 책, 869-899쪽 참고.

10 B. Anderson, *Imagined Communities: Reflections on the Origin and Spread of Nationalism* (London: Verso, 1983), 15쪽.

문제는 두 주권국가가 한반도 전역을 통치할 의지를 지녔고 그것을 헌법적으로도 구태여 감추지 않았다는 것이다. 각각의 헌법이 명시한 영토와 국민의 동일성을 회복하려는 두 주권국가가 동일한 장소의 통치권을 두고 다투면서 그러한 권력의지를 구체화시킬 강제력을 획득하고, 당대의 국제정치 역학이 그것을 허락할 때 결과가 어떻게 되겠는가? 그 결과가 바로 6·25전쟁이다.[11]

6·25전쟁의 철학적 논리를 해명하는 투명한 이념형적 준거의 틀은 헤겔의 국가론에서 발견된다. 다양한 해석 앞에 열려 있는 헤겔 정치철학에서 "인륜적 이념의 현실태"라는 국가에 대한 정의도 지금까지 논구된 헌법철학에 의해 재조명될 수 있다.[12] 여기서 헤겔이 인륜성의 최고양식이라 논한 국가는 시민사회로서의 오성국가가 아니라 이성국가를 지칭하지만 우리는 헤겔 해석에 대한 철학계의 오래된 논쟁에도 관여하지 않는다. 국가에 대한 헤겔의 정의를 국가철학의 이념형으로 차용할 수 있는 이유는 "국가가 개체이며 이 개체성 속에 부정이 본질적으로 내포"되어 있다는 사실을 그보다 명징하게 밝힌 이론가도 드물기 때문이다.[13]

국가는 주권의 체현자로서 그 정의상 배타적인 권력 독점체이다.

---

11 이러한 정치철학적 질문을 사회과학자가 제기하면 곧 정치적 현실주의에 가까운 패러다임이 될 것이다. 국제정치학의 정치적 현실주의에 대해서는 박상섭, 『국가, 전쟁, 한국』(인간사랑, 2012), 135-160쪽.
12 헤겔, 『법철학』.
13 헤겔, 『법철학』, 494쪽.

이런 국가가 다른 국가를 부정함으로써 자신을 긍정하는 행위가 전쟁인 것이다. 칸트가 두 세기 이전에 설파한 영구평화론의 호소력은 아직 여전하지만 헤겔의 이 명제를 반증하지 못한다. 또는 칸트와 헤겔의 논술은 논의의 심급이 다르다고 할 수도 있겠다.[14] 따라서 국가 내에서 유일 최고의 권력인 주권성을 독점한 주권국가들 사이에 극단적 분쟁이 발생했을 때 외교로 문제가 해소되지 않는다면 전쟁이 불가피하다.

이것을 전쟁찬양론으로 독해하는 것은 국가의 철학적 본질과 국제정치의 원초적 본성에 대한 피상적 오독에 불과하다. 국가의 주권성과 주권국가의 복수성(複數性, multiplicity)이라는 세계체제의 명명백백한 현실을 감안하면, 영원한 평화를 달성할 수 있는 유일한 논리적 해법은 개별국가의 주권을 환수하여 단일의 지구적 정치체가 전 지구적 주권을 독점토록 하는 것이다.

그러나 이 경우에도 '죽은 자의 평화'가 아닌, 우리가 원하는 생동감 있고 자유와 평등이 넘치는 다원국가들이 인정하는 세계정부가 설립된다는 보장은 어디에도 존재하지 않는다. 국가이성론의 문맥에서 볼 때 6·25전쟁은 국가의 독점적이고 배타적인 개체성이라는 본질적 사태의 발현이다. 또한 6·25전쟁은 헌법철학의 맥락에서는

---

14 영구평화론의 예비조항이나 확정조항은 모두 강력한 규범명제로 제시된다. 임마누엘 칸트, 『영원한 평화를 위하여』(서광사, 1992), 11-40쪽 참조. 이에 비해 국가의 본성에 대한 헤겔의 논술은 국가의 필연적 정체성에 대한 평명(平明)한 진술로 읽힐 수 있다.

영토와 국민에 대한 지배를 관철시키려 했던 두 주권국가들이 각 헌법의 궁극적 정당성을 증명하기 위해 벌인 생사를 건 각축전이었다. 국가와 헌법에 대한 정치철학적 성찰이 출발한 시원(始原)의 지평에서는 6·25전쟁에 대한 침략전쟁이나 해방전쟁이라는 규정이 아직 들어설 여지가 없는 것이다.

분단과 전쟁의 헌법철학은 통일론의 의의와 한계도 명징하게 규정한다. 국가 수렴이론으로 귀결되는 현존하는 대다수 통일 담론의 본질적 취약함이 선명하게 드러난다. 국가 수렴이론은 현재의 남과 북 공히 장단점이 있으므로 그 장점은 살리고 단점은 고치는 방향으로 양자를 수렴해서 보다 고차적인 통일국가의 모습을 형상화해보자는 것이다.[15] 그러나 헌법철학의 관점에서 볼 때 수렴이론에는 치명적 맹점이 존재한다.

국가 수렴이론은 남북의 헌법에 수렴적 접합의 여지가 철학적으로 존재하는가에 대해 철저히 침묵한다. 여기서 통일헌법 제정은 통일과정이 제도적으로 완결되었다는 사실을 의미하므로 논의의 순서와 심급이 상이하다는 비판이 제기될 수도 있을 것이다. 그러나 이 지점에서 나의 의문은 불투명한 미래의 통일헌법에 대한 것이 아니라 1948년부터 지금까지의 남북 현행헌법에 어떤 철학적 접

15 최근의 내용 있는 수렴이론의 전범으로는 앞서 예시된 임현진 외, 『21세기 통일 한국을 향한 모색』 참조. 이 책은 남북의 개혁을 각기 사회민주주의와 시장사회주의의 방향으로 설정하고 그것의 '변증법적' 통합체인 통일 모형을 민주사회주의로 상정하고 있다. 이 책의 강점은 남북한의 위기와 변화를 경제, 사회, 문화 영역으로 체계적으로 분류하여 '실증'하려 시도하는 데 있다.

점이 발견되는가에 대한 질문이다. 너무나 당연하게도 미래는 과거와 현재의 축적 위에서만 가능하다. 미래의 통일헌법은 결국 남북 현행헌법의 형상 위에서 사고될 수밖에 없는 것이다.

결론을 미리 요약하자면 남북의 헌법은 비교가 불가능하므로 서로 수렴될 수 없다. 이것은 위에서 살펴본 분단과 전쟁의 구조와 동역학을 상기하고 양 헌법의 내용을 확인할 때 도출될 수밖에 없는 자연스러운 결론이다. 이는 대한민국 헌법의 자유민주적 성격과 조선민주주의인민공화국 헌법의 주체사회주의(유일영도체계)적 성격이 정치철학적으로 양립할 수 없다는 것을 의미한다. 헌법철학의 지평에서 통일을 말할 때 논리적 가능성은 둘밖에 존재하지 않는다. 즉 통일헌법의 형상은 '자유민주적인 것'이 되든지, 아니면 '주체사회주의적인 것'이 되든지 오직 두 가지의 가능성만 존재한다. 둘 사이 경계선상의 헌법이나 제3의 수렴헌법은 불가능하다. 예컨대 한국 헌법학계의 원로인 김철수 교수는 「한민족 연방공화국 헌법(안)」을 치밀하게 논구한 기념비적 대작에서 통일 한반도의 헌법을 철저히 자유민주적 질서 위에서 사유한다. 그는 "통일헌법에서는 북한의 사상과 이념은 고려할 필요가 없다"고 단언한다.[16]

국가 통합성의 궁극적 준거, 그리고 정치적 결사체의 고유한 핵심으로서의 헌법정신을 상기하면 상호 수렴에 의한 남북 헌법의 만

16　김철수, 「한국통일의 정치와 헌법」(시와진실, 2017), 388쪽.

남 가능성은 무망한 일이다. 이와 대조적으로 이종석은 유일지도체계가 "마지막 합리적 선택으로 자신의 권력기반인 이 체계의 해체를 시도할지도 모른다"고 주장한 바 있다.[17] 나아가 "1992년 북한헌법 개정이 어느 정도 그 가능성을 보여 주었다"고까지 희망을 피력한다. 그러나 이런 진술은 논자의 희망적 투사(wishful thinking)가 학문적 엄정성을 압도한 결과로 보인다. 과거 참여정부의 대북 외교노선을 총괄했던 이종석의 접근은 결국 김대중 정부의 햇볕정책의 연장선상에 서 있고 그 정책은 유일지도체계가 이념적으로는 아닐지라도 실천적으로 수정 가능하다는 믿음에 근거하는 것이다. 하지만 주체사상의 폐쇄적 자기완결성은 이론과 실천의 이런 구분법에 완강하게 저항한다. 정치철학적 관점에서 볼 때 이것이 북한이 직면한 가장 근본적인 딜레마인 것이다.

자유민주주의와 주체사회주의의 헌법적 만남은 불가능하다. 자유민주주의는 수정될 수 있으나 주체사회주의를 견인하는 주체사상은 그 폐쇄성과 자기 충족적 성격 때문에 자체 수정이 불가능하기 때문이다. 수령의 무류성(無謬性)과 유일영도체계에 대한 절대적이고 무조건적인 복속이라는 북한의 국가 원리를 수정하는 것은 수령의 지위와 유일체계를 붕괴시킬 가능성이 크다. 북한 수령제와 논리구조적으로 매우 흡사한 전전(戰前)의 군국주의적 신권(神權)군

---

17 이종석, 『조선로동당연구』(역사비평사, 1995), 355쪽.

주정인 일본 천황제가 내부적 탄력에 의해 수정될 수 없었다는 사실(史實)은 매우 시사적이다. 나는 통일운동가들의 진정성을 부인하지 않지만 국가이성론과 헌법철학의 통찰을 배제한 수렴이론적 통일 담론은 철학적으로 공허하다고 본다. 나아가 진보성을 내세운 수렴이론이 비성찰적으로 유통될 때의 맹목성에 대해 주의해야 한다고 본다. 그 전형적 사례를 남북관계를 규율해 온 3대 문건에서 발견할 수 있다.

「남북공동성명」(1974), 「남북 사이의 화해와 불가침 및 교류-협력에 관한 합의서」(1992), 그리고 「남북공동선언」(2000)은 모두 자주, 평화통일, 민족단결의 원칙을 공유한다. 남한헌법(제4조)과 북한헌법(제9조) 둘 다 평화통일을 지향하므로 자주성과 민족단결의 의미를 좀 더 분명히 해 보자. 한국의 일상언어에서 자주성과 민족단결은 지극히 상식적이며 명료한 말이다. 그러나 북한의 담론체계에서 자주성은 주체사상의 철학적 원리의 초석이며, 주체사상은 "조선민주주의 인민공화국 … 활동의 지도적 지침이다"(북한헌법 제3조). 북한의 지도 이념인 주체사상은 "사람이 모든 것의 주인이며 모든 것을 결정한다"고 선언하는데, 이 명제는 "사람이 자주성과 창조성, 의식성을 가진 사회적 존재"라는 명제와 동일하다.[18]

그렇다면 자주성의 의미는 무엇일까? 주체사상총서는 여기서 '사

---

18 사회과학출판사 편, 『주체사상총서 1: 주체사상의 철학적 원리』(백산서당, 1989), 95쪽과 153쪽.

회정치적 생명체' 이론을 도입한다. "사람에게 있어서 자주성이 생명이라고 할 때 그것은 사회정치적 생명을 말하며, … 그것은 육체적 생명보다 더 귀중한 제 일 생명"이라는 것이다.[19] 나아가 사회정치적 생명은 누구로부터 부여되는가? 말할 것도 없이 그것은 '어버이 수령'이 준다.[20] 1974년에 반포된 '유일사상체계 확립 10대 원칙'의 7번째 원칙은 "위대한 수령 김일성 동지로부터 부여된 정치적 생명"이라고 단언한다. 헌법철학의 문맥에서 중요한 것은 수령에 대한 무조건적이고 절대적인 충성을 선포하는 이 원칙이 1998년 북한헌법 서문으로 결정화(結晶化)하면서 자주성 개념의 북한적 의미가 최종적으로 확정된다는 것이다. 즉 북한 담론체계에서 자주성은 수령에 대한 절대적 충성과 정확히 동의어인 것이다.[21] 이것은 10권으로 구성된 주체사상총서의 결론(제9권과 10권)이 수령론(영도예술론)이라는 것과 논리구조적으로 일치한다.

이 지점에서 북한이 말하는 민족대단결(북한헌법 제9조)의 의미도 한층 선명해진다. 주체사상이 말하는 사회정치적 생명체는 개인이 아니라 민족과 계급을 지칭한다는 송두율의 해석은 정확한 것이다.

19 위의 책, 172쪽.
20 김정일, 「주체사상 교양에서 제기되는 몇 가지 문제에 대하여」, 「북한자료집 — 김정일 저작선」(경남대학교 극동문제연구소, 1991), 326쪽.
21 자주성 테제와 수령론이 분리된다면 주체사상이 북한 사회 변화의 긍정적 맹아가 될 수도 있다는 기대를 표명한 책으로는 서재진, 「주체사상의 이반」(박영사, 2006). 주체사상의 이데올로기적 관학의 성격을 완전히 탈색시켜 인간중심주의 철학으로 재구성하려는 황장엽의 탐색에 대한 호의적 설명으로는 선우현, 「우리 시대의 북한철학」(책세상, 2000) 참조.

따라서 민족은 수령의 영도를 좇음으로써 비로소 자주적일 수 있게 된다. 그 결과 북한 담론체계 안의 민족은 수령에게 절대적으로 충성하는 사람들의 집합체인 것이다. 이 지점에서 '김일성-김정일 민족'으로의 진화는 이미 예비된 것이다.[22] 결국 북한이 말하는 민족대단결의 참뜻은 김부자(父子) 민족(북한 인민+친김부자 성향의 남한 주민)과 비(非)김부자 민족 사이의 범주적 구별을 전제한다. 따라서 이성적 통일 담론은 북한이 제창하고 많은 남한 국민들이 기꺼이 호응하는 '우리 민족끼리'라는 감성적 구호가 헌법철학으로 수용될 수 있겠느냐는 중대 의문에 답해야 한다.

민주적 정당성 원리에 의해 규율되는 민주주의 헌법이론에 비추어 설정된 원칙이 남한헌법의 제1조 2항(대한민국의 주권은 국민에게 있고, 모든 권력은 국민으로부터 나온다)이며 북한헌법 제4조(조선민주주의인민공화국의 주권은 로동자, 농민, 근로 인텔리와 모든 근로 인민에게 있다)이다. 그러나 지금까지 살펴본 것처럼 유일영도체계를 선포한 북한헌법에서 실질적이고 원리적으로 주권은 영도자에게 귀속된다. 헌법의 이념적 출발점을 명시하는 남한헌법의 전문에 상응하는 북한헌법 서문이 온통 김일성에 대한 경배로 채워져 '김일성헌법'으로 귀결되는 것은 이를 증명하는 헌법적 증거이다. 정치적 생명체로서의 '大家정론'이 수령을 자애로운 어버이이자 유기체의 뇌수로 규정하는 것이다.

---

22 2000년 8월 14일 평양 김일성 조국통일 3대헌장 기념탑 준공식에서의 김영남의 준공식사.

이는 근대국가와 상호 선순환관계에 있는 헌법의 민주적 정당성 원리에 대한 정면 부정이 아닐 수 없다. 여기서 우리는 치자와 피치자의 동일성으로 민주주의를 정의하는 고전적 입론의 한계를 확인한다. 민주주의를 치자와 피치자가 동일한 국가 형태로서만 정의하게 되면, 북한도 정치적 생명체론을 내세워 수령/당/인민의 유기체적 전일성을 근거로 북한 국가의 민주주의적 성격을 강변할 수 있게 된다. 이것이 바로 루소의 일반의지가 전면적으로 오용되는 경우이다. 그러나 '국민의 자기지배'는 '국민을 위한 지배', 그리고 '국민에 의한 지배'와 긴장을 내장한 채 공존해야 하므로 국가와 국민 사이에 의회, 다원주의적 복수정당, 시민단체, 자유언론 등이 '매개'의 역할을 해야 하는 것이다. 북한헌법의 유일체계적 성격은 이 모든 매개의 요소들을 질식시키고 있다. 나아가 우리는 헌법철학의 문맥에서 북한이 과연 공화국인지 물어야 한다. 공화국이 '모든 시민을 위한 나라'로서 이해된 공공성의 이념을 구현한 정체라는 사실을 감안하면, '수령 한 사람만을 위한 나라'인 북한의 현실보다 더 반공화국적인 국가를 지구상에서 찾기란 쉽지 않다.

북한을 포함해 모든 현실사회주의 국가 헌법의 모태가 되었던 「1936년 소련헌법」은 근본적으로 장식적이다. 그럴듯한 헌법규정의 내용을 일상의 삶에서 담보해 줄 수 있는 현실적 내용이 부재한다. 주권자도 헌법을 엄수해야 하는 입헌 모델과는 달리 북한헌법 (제11조)은 "조선민주주의인민공화국은 조선로동당의 영도 밑에 모든 활동을 진행한다"고 하여 국가에 대한 당의 우위를 선포한다. 이것은 '당의 국가화'가 전제된 사회주의적 법 이념의 필연적 귀결이다.[23]

나아가 당은 영도자의 지도를 받는다. 영도자와 당이 국가에 우선하므로 유일사상체계 확립 10대 원칙과 노동당 규약이 헌법보다 선차적이다. 이런 차이에도 불구하고 우리가 남북 헌법을 헌법철학적으로 조명했던 이유는 북한의 유일사상체계 원칙과 당 규약, 헌법이 실질적 동일체이기 때문이다. 결국 헌법철학적 맥락에서 자유민주적 입헌주의와 현실사회주의적 헌법관 사이에는 넘을 수 없는 심연이 존재한다. 북한의 국가주의적·반인권적 국가이성이 대한민국의 변증법적 국가이성과 만날 수 없는 것과 정확히 동일한 사태인 것이다.

2. 마키아벨리즘으로 본 한반도 현대사
― 변증법적 국가이성과 공화정

변증법적 국가이성론과 헌법철학으로 분석한 북핵 위기는 한반도 '내부'의 진짜 문제가 무엇인지 투명하게 보여 준다. '국가행동의

---

23 스기하라 야스오, 이경주 역, 『헌법의 역사』(이론과실천, 1996), 207쪽.

원리와 국가의 운동법칙'으로 정의된 국가이성의 문제를 한반도 현대사처럼 직설(直說)하는 공간도 드물다. 국가이성론의 비조인 마키아벨리의 시각에서 남북관계와 한반도 현대사를 조망해 보면 변증법적 국가이성과 공화정의 중요성을 재확인할 수 있다. 논란 많은 마키아벨리 정치사상 자체가 변증법적 국가이성과 공화정의 철학을 유기적으로 결합하려고 한 창조적 시도로 해석되어야 한다.

16세기 사상가 마키아벨리는 21세기에도 논쟁적인 인물이다. 『군주론』의 이미지가 너무 강력하기 때문이다. 『군주론』 곳곳에서 발견되는 악명 높은 진술들은 권력을 얻고 지키기 위한 일념으로 수단과 방법을 가리지 않는 책략가의 인상을 깊이 각인시켰다. 피도 눈물도 없는 냉혈한이자 정치적 목표를 이루기 위해 배반과 음모를 일삼는 권력지상주의자의 얼굴이 그것이다. "군주가 빼앗은 땅을 안전하게 지키고 싶다면, 이전 지배자의 친족을 남김없이 학살해야 한다"거나, "누군가에게 큰 피해를 입힐지 작은 피해를 입힐지 선택해야만 한다면, 큰 피해를 입히는 쪽을 선택해야만 한다"는 구절이 대표적이다. 사람들은 가벼운 피해에 대해서는 복수하지만 중대한 피해에 대해서는 복수할 엄두도 내지 못하기 때문이다.[24] 또한 "군주는 국민의 사랑과 두려움을 필요로 하지만, 사랑받는 존재가 되는 것보다 두려움의 대상이 되는 게 훨씬 낫다"는 그의 훈수는

---

24 이런 맥락에서 마키아벨리의 악명 높은 첨언은 "죽은 자는 복수를 생각할 수 없다"는 것이다. 『군주론』(서울대학교출판문화연구원, 2011), 12쪽.

'권모술수의 대가 마키아벨리'를 입증하는 듯하다.[25]

하지만 나는 '마키아벨리는 정말 마키아벨리스트인가?'라고 반드시 물어야 한다고 본다.[26] 결론부터 말하자면 마키아벨리는 한낱 마키아벨리스트로 정죄되기에는 너무나 심원한 변증법적 국가이성의 사상가이자 공화정의 실천가이다. 마키아벨리를 통상적인 마키아벨리즘(권모술수의 권력정치와 정치공학)으로 재단하는 건 너무나 평면적인 접근법인 것이다. 마키아벨리는 흔히 '근대 정치학의 아버지'라 불린다. '있는 것과 있어야 할 것'을 구별해 현실과 당위를 나누었고 정치학을 뜨거운 현실 위에 정초했기 때문이다. 그의 표현을 직접 빌리자면 "실제 어떻게 살고 있는가의 문제는 어떻게 살아야만 하는가의 문제와 대단히 거리가 멀기 때문에 무엇을 해야만 하는가의 문제에 매달려 무엇이 실제 행해지는가의 문제를 소홀히 하는 사람은 자신의 보존보다 파멸을 훨씬 빠르게 배우게 된다."[27]

아리스토텔레스 정치학에 입각한 고대 정치사상은 정치와 윤리를 같은 지평에 있는 것으로 보았다. 아리스토텔레스는 국가야말로 모든 결사(結社)의 정점이라 확신했다. 존재하는 모든 것을 목적인의 실현으로 해석하는 그의 형이상학 구도에서 "국가란 최선을 실

---

25 마키아벨리, 『군주론』, 특히 제17장.

26 레오 스트라우스는 마키아벨리가 "결코 악의 교사가 아니다"라고 단언한다. 레오 스트라우스, 함규진 역, 『마키아벨리』(구운몽, 2006), 13쪽.

27 마키아벨리, 『군주론』(서울대학교출판문화연구원, 2011), 76쪽.

현하는 자연적 존재다."[28] 자연의 실현은 항상 최선의 실현을 목표로 하기 때문이다. 어떤 국가에 있어서도 주된 관심은 언제나 국가에서의 삶이 선한가, 악한가 하는 문제이다. 따라서 "진실로 국가라고 불릴 수 있는 유일한 국가는 선을 고취하는 목표에 헌신하지 않으면 안 된다"[29]고 아리스토텔레스는 확신했다.

기독교 윤리의 중세 정치관도 세속정치와 도덕의 통합을 외쳤다는 점에서 아리스토텔레스적 패러다임의 영향력 아래 있었다는 사실을 감안하면 아리스토텔레스와 차별화되는 마키아벨리의 근대적 혁신성은 주목할 만하다. "마키아벨리 정치학의 독특한 특징은 아리스토텔레스 정치학과 대조해 봤을 때에만 그 실체가 드러난다"는 맨스필드의 주장은 정곡을 찔렀다.[30] 마키아벨리는 단순한 현실영합적 정치공학자가 아니다. 『군주론』과 『로마사 논고』를 같이 놓고 보아야 마키아벨리의 진면목이 도출될 수 있기 때문이다. 마키아벨리 당대의 정치 풍경을 고려해야 그의 정치사상을 온전히 이해할 수 있음은 물론이다. 모든 철학자는 자기 시대의 아들이려니와 마키아벨리는 더욱 그렇다.

마키아벨리는 1469년 이탈리아의 도시국가 피렌체에서 출생했다. 당시 피렌체는 르네상스를 꽃피운 명군(明君)으로서 '위대한 자'

---

28 아리스토텔레스, 라종일 역, 『정치학』(올재클래식스, 2015), 20쪽.
29 아리스토텔레스, 같은 책, 131쪽.
30 하비 맨스필드, 이태영 외 역, 『마키아벨리의 덕목』(말글빛냄, 2009), 20쪽.

(IL Magnifico)로 불리는 로렌초 데메디치(Lorenzo di Piero de' Medici, 1449-1492, 통치기간은 1469-1492)의 카리스마적 통치 아래 번영을 구가하고 있었으나 정치적 곡절이 많았다. 피렌체의 다른 명문가였던 파치 가문이 1478년 반란을 일으켰지만 로렌초는 동생 줄리아노를 잃고 부상을 입은 채 가까스로 암살을 피할 수 있었다. 도시국가 피렌체의 운명이 풍전등화에 처한 건 1492년 로렌초가 사망한 직후였다. 정치적 구심점을 잃은 피렌체를 유럽 강대국들이 호시탐탐 노렸고 1494년 프랑스의 샤를 8세가 피렌체를 침공해 온다. 프랑스에 굴복한 유약한 후계자 피에로 데 메디치는 시민들에 의해 추방되고 만다. 이때 마키아벨리는 25살이었다. 경쟁 강대국들의 압력에 못 이겨 프랑스군이 곧 피렌체를 떠나기는 했지만 도시는 이미 쑥대밭이 된 후였다.

공황상태에 빠진 피렌체 시민들은 이웃 도시에서 혜성같이 나타난 수도사 사보나롤라(G. Savonarola, 1452-1498)를 국가의 구원자로 열렬히 환영한다. 하지만 환호와 열광으로 출발한 정치 아마추어의 신정(神政)정치적 인민정부는 얼마 지나지 않아 국가 전체의 파탄으로 이어진다. 6천 명의 소년단이 시민들의 삶을 감시하고 규제한 피렌체식 홍위병 통치는 시민들에게 회개와 충성 대신 깊은 환멸과 적대감만을 낳았다. 그 대가는 민중의 배신이었다. 사보나롤라를 구세주처럼 떠받들던 민중들 자신이 4년 후 그를 축출해 화형에 처하는 데 앞장섰기 때문이다. 오늘날 피렌체 시청 앞 시뇨리아 광장 한가운데에는 사보나롤라가 화형당한 바닥에 기념 동판이 새겨져 있다. 사보나롤라의 혜성 같은 등장과 급전직하의 추락을 목도한 청년 마키아벨리는 '무장하지 않은 예언자는 실패할 수밖에 없으며, 장미의 화환으로 통치할 순 없다'는 걸 절감하게 된다.[31]

1498년 사보나롤라 처형 직후 출범한 총 인구 9만여 명의 피렌체 공화국에서 29살의 마키아벨리는 제2정무처 서기관 및 10인 위원회 사무장으로서 내정·외교·국방의 중요 인물로 떠오른다. 그 후 마키아벨리는 43살의 한참 나이인 1512년에 메디치 가문의 복권과 함께 권력에서 축출되기 전까지 14년 동안 유럽대륙의 한가운데서 피렌체의 국가이익을 지키고 피렌체 공화정의 자존과 독립을 쟁취하기 위해 혼신의 노력을 기울인다. 특히 외교관으로서 발군의 능력을 발휘한 그는 피렌체·베네치아 공화국·밀라노 공국·교황국·나폴리 왕국으로 갈기갈기 찢긴 이탈리아 반도가 영국·스페인·프랑스 등 유럽 강국의 간섭과 침략 앞에 속수무책으로 유린당하는 상황에서 피렌체와 이탈리아의 길을 깊이 고민한다. '사자의 잔혹함과 여우의 교활함을 겸비한 군주'에 대한 대망은 국가존망의 위기라는 도전에 대한 마키아벨리식의 응전이었다. 치열하게 다투던 이탈리아의 5개 도시국가가 자국의 이익을 위해 수시로 외세를 끌어들여 이탈리아 전체가 전화(戰禍)에 휩싸이고 시민들의 삶이 도탄

---

31 마키아벨리, 「군주론」(서울대학교출판문화연구원, 2011), 30쪽.

에 빠졌기 때문이다.

마키아벨리에게 악명을 선사한 『군주론』은 총체적 국난상황의 산물이다. 절대군주정을 옹호하는 것 같은 그의 진술은 사실 '정치 공동체에는 질서와 평화를, 시민에게는 자유와 번영을 가져다줄 정치적 리더십에 대한 갈망'인 것이다. 국가의 안정 없이 시민의 안녕을 성취할 수 없기 때문이다. 시민의 헌신과 희생 없이 정치공동체가 안정적으로 재생산될 수 없는 것은 물론이다. 위기의 순간을 헤쳐 나가는 리더십과, 시민들이 자발적으로 공동체의 의무에 동참하는 폴로워십(followership)이 선순환 효과를 낳는 국가야말로 마키아벨리가 꿈꾸었던 정체였다는 사실은 그의 필생의 대작 『로마사 논고』가 입증한다.[32] 그는 끊임없이 '로마 공화정은 어떻게 위대한 나라를 건설할 수 있었는가?'를 물음으로써 자기 시대의 도전에 응답하려 했다. '시민이 도시를 지배하는 자유로운 나라에서만 국가가 성장한다'는 답은 그가 단순한 군주정의 옹호자가 아니었다는 사실을 증명한다.

『군주론』과 『로마사 논고』의 마키아벨리 중 어떤 마키아벨리가 진정한 마키아벨리인지를 두고 오랜 논쟁이 있어 왔다. '그가 군주론자인가, 공화주의자인가?'를 둘러싸고 심지어 이사야 벌린(I. Berlin, 1909-1997)은 25개의 다른 해석이 있다고 부언한 바 있지만, 나

---

32 마키아벨리, 강정인 외 역, 『로마사 논고』(한길사, 2003).

는 두 책의 정향을 같이 보아야 좀 더 균형 잡힌 '정치적 현실주의자 마키아벨리'의 입체적 진면목이 도출될 수 있다고 생각한다. 양자를 잇는 연결고리 가운데 가장 중요한 화두가 바로 정치적 비르투(virtù)의 덕목이다. 과감함, 용기, 단호함, 기민한 상황 판단능력 따위를 총칭하는 비르투는 흔히 지도자에게만 귀속되는 것으로 알려져 있지만 마키아벨리는 그걸 시민들에게까지 확장한다. 두 책의 차이는 『군주론』이 비르투를 정치지도자와 장군들에게 집중적으로 요구한 데 비해 『로마사 논고』에서는 공화국의 시민 모두에게 요구했다는 점이다. 따라서 두 저서를 함께 보아야만 마키아벨리의 심원한 현실주의 정치사상이 완성된다.

『군주론』이 예증하는 지도자의 비르투는 언제 필요한가? 바로 마키아벨리 당대의 피렌체와 이탈리아 반도 전체가 놓인 총체적 위기의 순간에 요구된다. 보편제국과 보편교회의 해체, 즉 통일된 정치적 권위가 부재한 데다 바티칸의 정신적 권위까지 무너진 당대 이탈리아의 상황은 천하대란이라 할 만했다. 군소 도시국가들의 자해적 경쟁은 외세의 개입을 적극적으로 유인할 정도였다. 산산이 분열된 정치공동체 자체가 존망의 위기에 직면했을 때 지도자는 어떻게 대응해야 하는가? 그 답이 바로 『군주론』인 것이다. 인간이 정치적 동물이고 인간의 유일한 거처가 국가일진대 국가의 붕괴 위기보다 더한 비상사태는 존재하지 않는다. 따라서 『군주론』은 '국가비상사태에 대한 비상한 처방전'으로 독해되어야 한다. 예컨대 카시러에 의하면 "군주론은 도덕적인 책도 아니고 부도덕한 책도 아니다. 그것은 그저 하나의 기술적인 책일 따름이다."[33] 『군주론』이 국가이성론의 고전으로 읽히는 근본적 이유가 여기에 있다.

마키아벨리 정치사상의 묘미는 그의 철학이 『군주론』으로 끝나지 않는다는 데 있다. 『로마사 논고』는 시민적 비르투를 요청하고 있기 때문이다. 시민적 비르투는 성숙한 공화정의 필수요소이기도 하다. 너무나 당연하게도 정치공동체는 비상시의 리더십만으로 유지될 수 없다. 제2차 세계대전의 영웅 처칠(W. Churchill, 1874-1965)을 영국 국민이 전후의 선거에서 버린 건 그 때문이다. 전쟁 때와는 달리 평상시에는 정치공동체를 유지하고 발전시킬 평상의 비르투가 요구되며 그것은 주로 공화정의 법과 제도에 대한 시민적 헌신과 리더십의 충실성으로 표현된다. 온갖 악조건을 무릅쓰고 나라를 창건하거나 위기에서 나라를 지킨 지도자의 비르투는 시민들을 감화시켜 시민적 비르투를 확장하는 데 도움을 준다. 하지만 이것보다 더 중요한 건 시민적 비르투가 법과 제도를 통해 장기 지속적으로 확대 재생산될 수 있어야 한다는 점이다. 마키아벨리가 로마 공화정이 실천한 혼합정의 지혜에 주목하는 이유다.

시민적 비르투를 창출하고 장려하기 위해서는 시민 자신이 비르투의 주체로 승화하여 스스로의 자유를 공화정의 법과 제도를 통해

---

33 에른스트 카시러, 최명관 역, 『국가의 신화』 개정판(창, 2013), 216쪽.

실현하는 정치공동체를 만들어 가야 한다는 것이 마키아벨리의 통찰이었다. 단언컨대 나는 이 대목을, 『군주론』이 표방한바 위기상황에 대처하는 지도자의 비르투와 긴장관계에 있는 시민참여에 대한 강조로 읽는다. 사회세력들 사이의 역동적 견제와 균형을 중시하는 공화주의의 중요성을 역설한 지점이다. 이는 『로마사 논고』 전체의 핵심 논지가 아닐 수 없다.

혼합정에 기초한 공화국의 지혜를 논하면서 마키아벨리는 "모든 공화정은 두 개의 대립하는 세력, 즉 평민과 귀족의 파벌을 갖고 있다"고 주장한다. 이 파벌 가운데 하나가 너무 강력해지면 "공화국은 반드시 부패하기 마련이다." 공동체 전체의 이익보다 특정 파벌의 이익이 선행할 때 공화국의 쇠락은 피하기 어렵다. 마키아벨리가 로마 공화정을 높이 평가하는 데는 다 이유가 있다. 로마 공화정은 건국 초기의 어려움을 겪은 후 평민의 의지를 수호하는 호민관제도를 만들어 호민관에게 강력한 권위와 명성을 부여했다. 이와 동시에 평민과 귀족 사이의 갈등을 매개하고 민의를 전달하는 기구인 민회를 만들어 원로원과 경쟁케 해 국가의 건강함을 유지할 수 있었다. 법과 제도에 기초한 민주제적 요소와 귀족제적 요소의 성공적 결합이 로마가 성취한 위대함의 동인이었다는 것이다.[34]

고대 아테네 민주주의는 사회세력들 사이의 균형이 깨지면서 선

---

34 허승일 교수는 이에 더해 콘술(consul)의 왕정적 요소까지 합쳐져 로마 공화정의 위대성이 담보되었다는 키케로의 주장에 동의한다. 허승일, 『로마 공화정』(서울대학교출판부, 1997), 211쪽.

동가(데마고그)들이 설치고 민중이 폭주하는 중우정치로 국가 자체가 무너진다. 공화정의 지혜를 경시했기 때문이다. 로마 공화정의 대변자였던 키케로의 표현을 빌리면 고대 아테네는 '무제한의 자유와 민회의 방종'으로 파멸을 맞게 되었다. 로마에서 혼합정의 제도와 유기적 상승관계에 있는 시민의 자유와 자율성의 공간이 보장되었을 때 시민적 비르투가 활성화되었고 공화국은 전성기를 맞게 된다. 로마라는 정치공동체의 구성 원리와 작동 방식이 당파의 이해관계를 넘어서는 공적 가치를 실천한다는 공감대가 사회 성원들 사이에 널리 공유되었을 때 로마 시민권은 전 문명세계에서 가장 명예로운 것이 되었다. 건강한 공화국에 유능한 사람들이 몰려와 가용 병력자원이 급격히 증가하고 자발적 애국심에 기초한 전쟁능력이 향상되며 물산이 풍부해지는 것도 자연스러운 귀결이었다.

신분과 재산이 아니라 능력과 헌신에 기초한 공적 질서의 형상화, 즉 공화정의 존재는 로마제국 바깥의 사람들에게 참으로 매력적인 것이었다. 평민의 참여와 귀족의 경륜이 어우러져 어떤 당파의 독주도 허용하지 않고, 지도층은 노블레스 오블리주를 앞장서 실천하며, 사회적 갈등을 푸는 법과 제도가 뿌리내린 데다, 시민군 제도에 입각한 강력한 군사력이 합쳐짐으로써 로마 공화정의 번영이 가능했다. 자체 군사력이 없는 나라는 시민들의 자유와 평등을 수호할 물리적 수단 자체를 결여하고 있다. 피렌체는 귀족과 평민의 무한 대립, 당파들 사이의 무분별한 싸움이 정치공동체 전체를 좀먹고 만 데다 시민군이 없는 관계로 외국의 침입 때마다 용병을 고용해야 하는 처지였다. 마키아벨리는 자유로운 평민과 자원·비전에서 유리한 귀족이 공존함과 동시에 이들이 함께 참여한 시민군이 존재해야 국권과 민권을 통합한 나라가 가능하다고 확신한다. 마키아벨리가 한낱 정치공학의 차원을 넘는 변증법적 국가이성론과 현대 공화정의 정치사상가로 떠오르는 것은 이런 맥락에서이다.

마키아벨리 국가이성론의 현대적 적실성을 논할 때 군주정에 대한 지지 여부는 문자 그대로 시대착오적인 언설이 될 터이다. 하지만 총체적 위기상황에서 국가의 명운이 문제가 될 때, 즉 정치공동체의 질서 만들기와 국가의 존속 자체가 최대의 화두일 때 비르투를 갖춘 지도자가 필수적이라는 사실은 변치 않는다. 한국 현대사의 관점에서는 '군주' 이승만과 박정희가 바로 그런 지도자이며, 북한의 시각에서는 '군주' 김일성과 김정일이 그런 지도자일 것이다. 마키아벨리의 시각에서 남북의 행로가 결정적으로 갈라지는 지점은 한국이 위기 시대의 리더십에서 평상 시대 리더십으로의 교체를 성공적으로 실행한 반면, 북한은 극단적인 위기 시대의 리더십으로 국가의 본질을 축소하고 왜곡한 데서 발견된다. 인민의 대량아사를 불사하면서까지 항상적 전쟁상황을 강변함으로써만 존속 가능한 북의 유일체제적 선군정치는 『군주론』의 교훈을 일면적으로 수용한 최악의 사례일 것이다.

마키아벨리 국가이성론의 요체가 『군주론』에서 『로마사 논고』로의 필연적 이행에 있다는 사실, 즉 위기상황에서의 한시적 권력집중을 탈피해 평등한 시민의 자유에 기초한 혼합주의적 공화정으로 전환해 가야 한다는 통찰을 감안하면 북한이라는 국가의 총체적 실패는 거의 불가피했다. "자유로운 인민이 도시의 주인인 나라에서만 번영이 싹튼다"는 마키아벨리의 주장을 상기해 보라. 조선민주주의인민공화국의 근본적 결함은 공화정의 모든 긍정적 요소들을 질식시킨 수령유일체제를 국가행동의 원리와 국가운영의 법칙으로 삼은 데 있다. 체제를 발전시키는 생산적 긴장과 역동성의 사멸이 그 결과이다. 북한 수립 후 유일체계의 등장 직전까지 그런대로 북한 사회의 활력이 유지되었던 것과도 비교가 되는 대목이다.

이는 '각 국가가 각 순간에 채택하는 이상적인 국가이성'의 행로가 낳은 역사의 선명한 대비(對比)가 아닐 수 없다. 결론적으로 말하자면 대한민국의 성취의 근본 경로는 정확히 마키아벨리의 변증법적 국가이성과 공화정의 길을 따라간다. 대한민국은 '현대의 군주'인 이승만과 박정희가 이끈 위기 시대를 건너 87년 체제에서 실력을 키우다가 2016-2017년 촛불시민혁명을 통해 '자유시민이 주인인 공화정'의 성취를 증명했다. 21세기 한국의 최대 과제는 힘과 도덕이 유기적으로 통합된 민주공화정을 견결히 보위함으로써 공화주의적 혼합정의 가능성을 현실화하는 데 있다. 그러기 위해서는 촛불의 조국 대한민국이 먼저 수호되어야 한다. 마키아벨리의 명언처럼 "치욕스럽게든 영광스럽게든 조국은 방어되어야 마땅하기" 때문이다.[35]

법치주의 안에서 책임과 의무를 다하면서 공화정을 수호하는 시민만이 진정으로 자유롭고 성숙한 존재가 될 수 있음은 물론이다.

3. 공동체주의에서 공화주의로
― 매킨타이어와 찰스 테일러

수정된 자유주의로서의 자유민주주의가 한국 사회에 이식된 지 70년이 흐른 지금 우리는 자유민주주의를 당연하게 여긴다. 한국 자유민주주의의 형식과 제도를 규정하는 자유주의적 측면이 공고화되면서 민주주의의 실질적 내용까지를 담보하는 과정을 차근차근 밟아 가고 있다고 보는 것이 일반적 견해였다. 정당정치, 시장경제, 권력분립, 기본권 보장, 법치주의, 시민사회, 공론장 등의 존재가 그 경험적 증거로서 제시된다. 그러나 자유민주주의의 제도적 틀을 갖추고 있다고 할지라도 제도의 내용적 충실성을 채워 가는 작업은 아직 갈 길이 멀다. 사회경제적 차원에서도 '한강의 기적'을 구가했던 한국은 거품이 가득한 위험사회이기도 하다. 각종 경제 위기에서뿐만 아니라 사회심리적으로도 그렇다.

세계 10대 경제대국으로 일컬어지고 있음에도 한국을 특징짓는

---

35 마키아벨리, 『로마사 논고』(한길사, 2003), 563쪽.

에토스는 헝그리 사회에서 앵그리 사회로의 변환이다. 한국적 발전국가와 천민자본주의가 강행한 불균형 성장정책이 국민의 분노지수와 사회의 내파(內破)지수를 위험할 정도로 상승시켰다. 한국 시민들은 국가와 사회의 공정성에 대해 근본적 의문을 품고 있는 게 사실이다. 결국 법치국가와 공정한 시장경제, 성찰적 공론장의 착근이라는 자유민주주의의 근본 목표는 한국 사회에서 현재진행형의 거대 과제로 남아 있다.

자유주의 제도의 외면적 이식에도 불구하고 한국 사회에서 자유주의적 개인주의 철학은 아직 낯설다. 우리 사회는 급격한 개인화 경향에도 불구하고 밑바닥 생활세계에서 아직 개인이 실체로서 착근된 경험이 태부족한 사회이다. 이와 동시에 격렬한 사회 변화가 전통사회의 공동체적 관행 자체를 빠르게 공동화(空洞化)시켜 버리고 말았다. 그 결과 한국 사회는 자유주의적 개인도 뿌리내리지 않았고 전승된 공동체도 분해되어 버린 이중적 아노미 상태에서 방황하고 있다고 해도 과언이 아니다. 특히 건전한 공동체가 사회 통합성을 제고시키는 데 비해 일그러진 집단주의는 사회제도의 공정성과 투명성을 왜곡시킨다는 교훈을 감안하면 이기주의와 집단주의의 이중 장벽을 넘어선 합리적 공동체의 창출은 한국 사회의 최대 과제 가운데 하나라고 할 수 있다.

홀로 설 수 있는 주체성과 프라이버시의 존엄을 소중히 함과 동시에 사회적 연대와 우정을 통해 공적 삶의 이유를 찾는 열린 시민의 존재는 공화주의 정치철학의 출발점이다. 배타적 권리만을 중시하는 자유주의의 원자적 개인이 아니라, 함께 어울려 사는 덕을 배양함으로써 공적 존재로 상승해 가는 공민적 시민이야말로 민주공화정의 주인이라 할 수 있다. 현대 정치철학의 최대 논쟁인 자유주의·공동체주의 논쟁은 공화정의 핵심인 시민적 덕(civic virtue)의 의의를 재조명하는 데 매우 유용하다. 공동체주의 철학자들은 자유주의자들이 인간에게 필수적인 공동체의 존재를 개인의 욕망 충족의 도구로 격하시킨다고 비판한다. 공화주의의 시각에서 볼 때 이 비판은 의미심장하다. 자유주의적 개인주의가 유적(類的) 존재인 인간에게 필수적인 정치참여의 고유한 의미를 망각하고 있다는 비판이기 때문이다.

개인의 권리에 골몰하는 자유주의자들은 가정을 비롯한 비계약적인 거소(居所)의 실체적 중요성을 제대로 설명하지 못한다. 나아가 자유주의는 자아정체성이 공동체와 뗄 수 없이 이어져 있다는 사실을 무시하며, 개인의 권리나 정의보다 더 고차적인 공동체적 가치와 선이 존재한다는 것을 이해하지 못한다는 것이다. 또한 중립적 절차주의와 보편성에 대한 자유주의의 집착 자체가 특정한 시대에 국한된 실천적 문제 틀의 소산으로 상대화되어야만 한다고 공동체주의는 역설한다. 공화정의 정치철학은 공동체주의의 이러한 자유주의 비판과 관련된 주요 논점을 공유한다.

공동체가 구체적으로 무엇을 의미하는가에 대한 답은 결코 쉽지 않다. 공동체 연구에서 가장 먼저 직면하는 난점은 공동체 개념이 엄청나게 중의적이고 다양하다는 사실이다. 생명공동체나 인류공동체에서 시작해서 민족이나 국가도 하나의 공동체라 할 수 있다. 나아가 이념과 가치를 공유하는 집단이나 조직, 친목을 위한 결사, 가족공동체에 이르기까지 공동체의 스펙트럼이 매우 넓다. 이러한 다의성(多義性)에도 불구하고 공동체주의자들이 역설하는 것처럼 공동체에 대한 주체의 귀속감은 의미 있는 삶을 가능케 하는 근원적 배경이며 직접적 공동선의 원형이다. 공동체주의는 합리적 공동체야말로 시민적 덕의 원천이자 삶의 근본 지향점임을 강조한다. 여기서 우리는 공동체주의 자체가 공화정의 필수요소임을 확인할 수 있다.

현대 공동체주의를 대표하는 매킨타이어는 현대 자유주의 철학의 정점에 해당하는 롤스의 수정자유주의조차 서양도덕의 전체 담론사라는 맥락 안에 편입시켜 상대화시킨다. 매킨타이어가 보기에 자유주의는 근현대를 특징짓는 도덕적 무정부 상태를 해결할 수 없으며 다원사회를 찬미하는 자유주의 교리 자체가 실천적 혼란상황을 반영하고 있을 뿐이다. 자유주의 철학의 핵심 명제인 좋음에 대한 옳음의 우선성 테제나 중립적이고 합리적인 자아정체성이라는 자화상 자체가 근대 세계 이래의 특유한 병적 증후군에 속한다는 것이다. 이런 단초적 논의에서도 짐작할 수 있는 것처럼 매킨타이어의 논변은 서양모더니티 전반에 대한 포괄적 비판으로 심화된다.

시민적 덕을 논변함으로써 현대의 고전 반열에 오른 대표적 텍스트가 매킨타이어의 『덕 이후』이다. 이 책의 도입부에서 오늘날 널리 퍼진 도덕적 혼란과 갈등의 실제 사례를 예시하는 것은 이런 점에서 매우 효과적인 전략이다.[36] 가령 정의로운 전쟁에 대한 찬성론이나 반전론 사이의 대립, 임신중절을 둘러싼 논란, 자유와 평등론 사이의 평행선적 갈등은 원래 서양의 예들이지만 오늘날 우리 사회에서도 뜨거운 주제들이다. 특히 전쟁을 원천적으로 부인하는 평화운동, 자위적 무장론에 입각한 방어적 전쟁긍정론, 패권주의와 싸우는 약자의 전쟁찬양론이라는 세 가지 전쟁 담론 사이의 불가공약성과 소통 불가능성은 현재의 북핵 위기 국면에서 혼란과 내부 분열을 거듭하고 있는 우리 사회에도 암시하는 바가 크다. 매킨타이어에 의하면 낭비적인 논쟁을 거듭하는 이런 실천적 갈등들은 "대립하는 논변들 사이의 개념적 불가공약성"의 외양을 띤다.[37] 대치 상태에 있는 이런 논변들이 모두 나름대로 합리적인 논증의 형태로 주장된다는 사실이 사태를 한층 더 악화시킨다.

이러한 실천적 혼란이 도덕이론의 형태로서 응축된 것이 바로 현대 특유의 정의주의(情意主義, emotivism)이다. 스티븐슨(C. L. Stevenson)이 주장한 정의주의는, "모든 평가적-도덕적 언명은 취향이나 태도, 감정의 표현 외의 다른 것이 아니며", 듣는 이들의 태도에 영향

36 A. MacIntyre, *After Virtue*, 2nd edition(Univ. of Notre Dame Press, 1984), 6-7쪽.
37 A. MacIntyre, 같은 책, 8쪽.

을 끼치기 위해 제시된 것이라는 주장을 핵심으로 한다. 주관주의이자 상대주의적인 도덕론의 전형인 정의주의는 그러면서도 보편적 일반이론임을 자처한다. 정의주의가 탄생한 특정한 사회문화적내용과 맥락을 망각하고 있는 것이다. 하지만 매킨타이어의 지적대로 "서양문화 안에 깊숙이 구현되어 있는" 정의주의는 서양의 특정한 사회문화적 배경을 떠나서는 제대로 이해되기 어렵다.

메타이론적 분석에 전념하는 영미 주류 윤리학의 경향을 꼬집는매킨타이어는 '일정한 사회학을 전제하는 도덕철학'으로서의 정의주의의 성격에 주목한다. 정의주의가 조작(操作) 가능한 사회관계와조작 불가능한 사회관계의 구분을 모호하게 하고 인간관계를 목적이 아니라 수단으로 보는 특정한 사회적 문맥을 드러낸다고 본다.그런 사회적 맥락을 대변하는 이념형적 인물이 바로 모든 타인을자신의 취향과 선택, 효율성과 실용성의 기준에 맞게 재단하는 '부유한 심미주의자와 경영자'일 것이다. 미학적 충만감을 좇는 포스트모더니스트와, 이익만을 따지는 냉혈적인 자본가가 그 구체적 표현이다.

바꿔 말하면, 근대의 자유주의적 자아를 대변하는 정의주의적 자아는 "스스로 주관적으로 채택한 관점을 포함하여 어떤 관점으로부터도 모든 것을 비판하는 것이 가능하다"고 확신한다. 이는 현대의자유주의적 자아가 사회적 특수성으로부터 절연된 보편적이고 추상적인 존재라는 자기 확신에서 비롯되었다. 현대 자아의 중립성과 보편성이라는 자유주의의 주장 자체가 정의주의의 득세와 한 동전의 양면관계를 구성하는 것이다. 현대의 아이러니는 어떤 필연적인 사회정체성도 갖지 않은 이런 현대적 자아가 '민주적 자아'로 칭송되고 도덕이론들 사이의 불가공약성이 '도덕적 다원주의'라는 영예로운 이름으로 불린다는 데서 극명히 드러난다.

그렇다면 뿌리 없는 유령적 자아관의 횡행과 정의주의로 압축되는 도덕적 혼란상황은 근원적으로 어디에서 기인한 것일까? 매킨타이어에 의하면, 이는 도덕을 추상적이고 보편주의적인 방식으로 정당화하고자 했던 근대 계몽주의 기획의 실패에서 비롯된 것이다. 롤스의 세련된 수정자유주의도 계몽주의의 실패한 후예일 뿐이다. 이런 도덕적 파탄의 근본 원인은 근대 이후 목적론적 덕의 윤리가 실천의 지평으로부터 배제된 데서 비롯된다. 하지만 도덕 담론은 인간 본성과, 인간이 지향하는 궁극적 목표(telos, 목적인), 그리고 인간성이 궁극적 목표를 실현할 수 있도록 규제하고 이끄는 윤리적 지침들로 형성되는 삼각형적 구도를 갖는다.[38] 이런 목적론적 도덕 체계는 서양의 경우 고대에서 중세에 이르기까지 일관되게 지속되었다. 사회 속에서 개인이 갖는 존재론적 귀속감과 함께 인간이 특정한 문화 가운데서 자신의 잠재적 능력을 개화시키면서 자연스럽게 익히게 되는 윤리적 실천이 의미 지향적 존재인 인간에게 확고

38 A. MacIntyre, 같은 책, 53쪽.

한 정체성을 부여한 것이다.

하지만 세속화와 과학혁명, 자유주의 정치사상의 확산은 실천의 삼각형적 구도에서 텔로스를 추방하고 말았다. 인간성에 대한 탐구와 윤리적 지침들을 연결시키는 과업이 계몽주의가 이끄는 근대 도덕철학의 주요 과제로서 떠오르게 된 맥락이다. 그러나 교화와 훈련을 통해 활짝 꽃필 수 있는 인간에게 고유한 목적인(目的因)이 사라져 버리고 만 현대의 실천적 공간에서는 윤리규범의 의미와 기능 자체가 큰 혼란에 빠질 수밖에 없었다. 계몽주의 프로젝트의 총체적 실패가 그 귀결이다. 벌거벗은 욕망을 추구하는 인간성과, 공허하고 추상적인 윤리적 보편주의가 서로 만날 수 있는 접점을 잃은 채 서로 겉돌고 있는 현대의 도덕적 무정부 상태가 그 결과인 것이다. 근현대 정치철학의 정초점인 존재와 당위의 이분법적 구별은 치유가 불가능한 대분열 상태의 학문적 표현일 뿐이라고 매킨타이어는 역설한다. 이러한 분열이 정의주의로 압축되는 도덕적 상대주의를 낳은 것은 당연한 결과였다.

매킨타이어는 시민적 덕의 윤리가 갖는 현대적 의미를 적극적으로 재조명함으로써 도덕적 혼란상황을 치유할 방안을 찾는다. 그의 작업은 이중의 전선(前線)에서 수행된다. 한편으로는 계몽의 기획과 연결된 자유주의가 내세우는 절차적 보편주의의 공허함과 위선을 고발한다. 다른 전선에서는 계몽주의의 기획에 대한 총체적 비판가인 니체가 산출하는 실천적 허무주의의 망령과 싸운다. 매킨타이어는 계몽의 기획에 대한 니체의 해체적 독법의 의의를 높이 평가하지만 계보학적 분석이 도덕의 삼각형적 담론구도를 니체의 방식으로 무너뜨림으로써 자유주의의 함정인 주관적 개인주의로 또다시 함몰된다고 비판한다.

그렇다면 자유주의의 핵심인 모나드적 개인이 상실해 버린 삶의 방향성과 의미를 어떻게 회복할 수 있을까? 지나가 버린 과거를 회복해야 한다고 매킨타이어가 주장하는 것은 아니다. 가장 중요한 단초는 현대 자유주의의 뿌리 없는 자아를 역사의 흐름이라는 이야기구조 속으로 다시 자리 잡게 하는 것이다. 이를 매킨타이어는 "이야기적 자아 개념"의 복원이라 부르면서 인간이 행동이나 실천에 있어 공히 이야기하는 동물로 규정되어야 한다고 부언한다.[39] 이야기에는 상대가 있게 마련이며 대화의 주고받음은 공동체적 이야기의 구축으로 확장된다. 시공간적으로 확장되고 풍부해진 이야기구조야말로 바로 현대의 전통이며 역사인 것이다. 여기서 능동적 선택과 주체적 결정을 강조하는 자유주의적 자아도 맥락 의존적이고 사회적인 방식으로 구성되는 존재라는 사실이 입증된다.

이야기적 자아가 다른 자아들과 함께 나누는 이야기는 '사회적 실천'(practices)의 형태로 표출된다. 이는 자유주의가 상실한 목적인의 고리를 회복할 수 있게 만드는 사회적 통로에 해당된다. 사회적

---

39 A. MacIntyre, 같은 책, 217쪽.

실천은, "사회적으로 성립되는 협동적 인간활동의 정합적이고 복합적인 형태를 지칭한다. 그 활동형식에 적합한, 또 그 활동형식을 부분적으로 규정하는 탁월성의 기준을 성취하기 위해 애쓰는 가운데 그 활동에 내재된 선이 실현된다." 시민적 덕과 선(善)의 통일이라는 공화주의의 핵심 강령은 매킨타이어의 이 논점에 크게 빚지고 있다고 해도 과언이 아니다. 사회적 실천에 내재한 선은 다양한 시민적 실천활동을 통해 구현된다. 다채로운 공동체적 활동을 통해 시민의 능력이 제고되고 탁월함이 성취되는 과정에서 덕이라는 목적론적 요소가 정치철학적 지평 위에 다시 모습을 드러내는 선순환의 구도가 주목할 만하다. 그리하여 목적인 자체가 사회적 실천을 통해 배태되고 확장되는 패턴이 공화정의 핵심 덕목인 시민적 덕을 구성한다. 이렇게 재해석된 덕은, 우리가 스스로의 삶을 사회적 실천을 통해 공동체의 큰 이야기 안으로 통합시킬 때 가장 훌륭하게 발현된다.

공동체적 실천과 이야기적 자아라는 그림이 관점주의와 상대주의를 내포한 닫힌 틀이라는 비판이 제기된 바 있다. 하지만 이야기적 자아의 그물망과 사회적 실천으로 구성된 전통은 언제나 수정 가능성 앞에 열려 있다. 낡은 과거의 관행을 수동적으로 답습하거나 변화 가능성을 억압하는 종류의 전통은 고루하다. 그러나 열린 전통, 즉 전통을 이루는 핵심 가치와 관습을 합리적 성찰과 토론 앞에 개방하는 종류의 이성적 전통도 얼마든지 가능하다. 나아가 전통을 중시하는 태도가 과거에의 수동적 예종이기는커녕 현재를 안은 채 미래에 적극적으로 참여하는 차원에서 진취적인 것으로 해석될 수 있게 된다. "과거 속의 무엇이 미래를 향한 지침인가의 여부를 판단하는 능력의 소유와 확산이 적절하게 구체화된 전통의 핵심이다"라고 매킨타이어가 역설하는 것은 이 때문이다.[40] 따라서 전통의 합리성이란 전통을 형성하고 전통에 의해 형성되는 선(善)순환적·도덕적 탐구의 합리성이기도 하다. 이런 선순환의 구도를 갖는 대표적 도덕이론이 서양의 경우, 바로 아리스토텔레스에서 아퀴나스에 이르는 공동체주의 윤리라는 것이다.

자유주의에 대한 매킨타이어의 비판은 이처럼 서양모더니티에 대한 총체적이고 포괄적인 진단으로 인도된다. 근대의 아노미와 실천적 혼미의 사회문화사적 원인을 도덕 담론사의 균열로 소급해 추적하는 그의 혜안(慧眼)은 근대 이후 압도적 주류로 정착한 자유주의의 근원적 문제점에 관한 심층적 반성을 요구한다. 물론 매킨타이어는 근대 이후 사회경제적 토대와 세계관의 물적 기초에 심대한 변화가 있었음을 시인한다. 그러나 그는 아리스토텔레스주의·토미즘에 편만(遍滿)해 있는 목적론적 자연관과 분리된 실천적 목적인에 대한 해명을 자신이 설득력 있는 방식으로 수행하고 있다고 자부한다. 목적론의 실천적 탈자연화라고도 할 수 있을 그의 시도는

---

40 A. MacIntyre, *Three Rival Versions of Moral Enquiry* (Univ. of Notre Dame Press, 1990), 128쪽.

공화정의 핵심 테제인 시민적 덕의 현대적 복원을 위해서도 매우 중요하다.

나아가 매킨타이어의 공동체주의 철학의 많은 통찰이 자유주의의 본질적 특질인 다원주의, 자율적 주체, 사상과 표현의 자유와 관용, 비판의 의의와 실정법의 가치 등을 적극적으로 수용하고 있는 것을 볼 때 자유주의와 모더니티에 대한 비판이 그 자신의 주장처럼 총체적이라고 보기는 쉽지 않다. '매킨타이어의 자유주의 비판이 자유주의적 정치조직체를 대체하는 정치적 대안을 과연 제공할 수 있는가?'의 결정적 문제에 직면하면 그의 대답이 곤혹스러워지는 근본 이유가 여기에 있다. 이야기적 자아의 상호 교류와 열린 전통 위에 성립한 시민적 덕성은 정치적·실천적 조직이나 공동체적 대안을 제시해야만 한다. 이 지점에서 시민적 덕성의 정치철학은 찰스 테일러의 '진정성의 정치철학'으로 비판적으로 승계되어야 한다.

앞서 우리는 자유주의·공동체주의 논쟁의 핵심 쟁점을 좋음과 옳음 테제의 선차성 문제와 자아 개념의 위상 두 가지로 압축한 바 있다. 궁극적으로 이 두 논제가 서로 선명하게 분리되기는 어렵다. 이 논점들 모두에서 테일러는 공동체주의자들이 공유하는 일반적 특징에 가까운 결론을 편다. 그러나 흥미로운 것은 테일러의 공동체주의적 결론이 자유주의와 모더니티 일반의 의미에 대한 세련되고 입체적인 성찰의 과정을 거쳐서 내려졌다는 사실이다. 찰스 테일러의 정치철학적 사유 실험이 자유주의·공동체주의 논쟁을 뛰어넘어 공화주의 정치사상으로 진화했다고 평가하는 주된 이유는 진정성(眞正性, authenticity)의 윤리 개념에서 발견된다. 진정성은 진실성과 내면에의 헌신이라는 주관적 차원과 함께, 이런 도덕적·미학적 신실성(信實性)이 공론장과 사회적 지평에서 검증되고 비판됨으로써 일정한 공적 책임을 충족시켜야 한다는 상호 주관적 차원의 요구를 함께 담아낸 개념이다. 우리말에서 흔히 사용하는 단어인 진정성(眞情性)도 주정(主情)적 차원만을 주로 강조하기 때문에 테일러 사상의 입체적인 본뜻을 전달하는 데는 부족하다.

테일러는 모더니티의 강점이 내면적 진실성과 사회적 책임을 공존하게 하는 진정성의 제도적 발현에 있다고 주장한다. 나는 테일러의 이러한 주장이 보편사적 의의를 지닌 의미심장한 진술이라고 판단한다. 진정성의 윤리가 자유주의·공동체주의 논쟁의 틀을 넘어 현대사회가 직면한 다양한 문제들을 공화정의 정치철학으로 해명할 수 있는 가능성을 활짝 열어 주기 때문이다. 그 결과 테일러는 자유주의의 의미에 대해서도 매킨타이어보다 더 균형 잡힌 시각에서 바라볼 수 있게 된다. 주관적 진실성과 상호 주관적 소통 검증능력을 통합한 진정성(眞正性)의 정치철학은 한국 사회의 뜨거운 현안들을 공화주의의 관점에서 조망하는 데도 매우 유용하다.

모더니티의 실천적 호소력은 근대적 자아정체성의 핵심을 구성하는 진정성의 윤리에서 발견된다. 다시 강조하지만 진정성의 이념은 두 가지 차원으로 구성된다. 내면의 목소리에 대한 헌신성, 자

율적 자유, 자아실현을 강조하는 주관적 차원과, 이런 주관적 진실
성과 자율성이 건강하게 발현되기 위해서 반드시 필요한 '대화성'
(dialogicality)과 역사적 의미 지평에의 동참이라는 상호 주관적 차원
사이의 만남이라는 형태로 비로소 창출되는 공화정의 덕목이 진정
성이다. 진정성의 주관적 차원인 내면의 도덕적 목소리에 대한 경
청은 서양전통에 대한 개관(槪觀)에서 흔히 계몽주의의 소산으로 취
급되기도 한다. 그러나 진정성이 서양지성사에서 근대 훨씬 이전의
연원을 가진다는 사실을 논증하는 테일러는 이를 플라톤에게까지
소급시킨다.

　"근대적 자아관이 특정한 의미의 내향성(inwardness)에 의해 형성
되거나 관련되어" 있기 때문에[41] 테일러는 이에 대한 '도덕적 도상
학(圖像學)'을 그리고자 한다. 내향성의 도상학에서 맨 처음 등장하
는 사상가가 바로 플라톤이다. 더 높은 도덕적 경지에 진입하기 위
해 우리가 무엇을 할 수 있는가를 적시하면서 소피스트들을 비판하
는 가운데, 플라톤은 도덕적 준거를 사유의 영역에 귀속시킨다. 도
덕적 준거를 세우는 작업에서 핵심적인 과업은 '스스로의 주인'이
되는 것이었다. 도덕적 주체로서의 자신과 내면에 대한 탐색은 아
우구스티누스에 의해 더 근본화된다. 하나님과의 교통(交通)은 밖을
바라봄으로써가 아니라 나의 내면을 '근원적으로 성찰'함으로써 비

41　C. Taylor, *Sources of the Self: The Making of the Modern Identity* (Harvard Univ. Press, 1989), 111쪽.

로소 달성될 수 있기 때문이다.

　자아정체성의 내용 가운데 하나인 내향성은 도덕의 근본 준거를 나의 밖이 아니라 내부에서 찾음으로써 근대 개인주의의 출현을 역사적으로 예비했다. 따라서 테일러는 계몽주의의 기획이 기독교와 반대선상에 있다는 단선적 역사 이해를 거부하며 내향성의 싹은 기독교 신앙에 풍부한 형태로 내재해 있었다고 주장한다. 특히 기독교 신앙 형태가 집단적 의식(儀式)에 대한 강조에서 내면적 믿음을 중히 여기는 데로 전환한 것이 서양 특유의 '개인'이라는 정체성 형성에 큰 영향을 미쳤고, 근대 개인주의의 초석이 되었기 때문이다.[42] 그럼에도 본격적인 근대적 자아의 출현은 데카르트와 로크의 작업을 기다려야 했다. 근대적 개인을 특징짓는 패러다임의 전환은 '거대한 존재의 연쇄'를 상정하는 우주론적 목적론에서 벗어나 '내면성'(interiority)으로 특징지어진 이성적 주체로부터 삶의 목적과 도덕적 잣대가 나온다는 확신에서 비롯되기 때문이다. 데카르트의 코기토가 상징하는 철학적 합리성과 로크의 고전적 자유주의는 개인의 명징한 사유와 책임 있는 정치적 의지를 강조했다는 점에서 근대 개인주의의 원형을 제공한 것이다.

　하지만 근대적 개인주의는 주관적 차원에 지나치게 기울어짐으로써 의미 지평의 공유와 상호성의 요구에 둔감해진다. 그 결과 삶

42　C. Taylor, "Religion and the Modern Social Imaginary," 「제6회 다산기념 철학강좌 제2강연 자료집」(한국프레스센터, 2002년 10월 30일), 1-2쪽.

의 의미와 도덕의 지평이 왜소화되고, 도구적 이성이 창궐하며, 정치적 참여와 자유가 빈곤화되는 현상이 오늘의 세 가지 주요 병폐로 드러난다는 것이다.[43] 현대성에 대한 학술적 비판들은 예외 없이 이런 병폐를 지적하지만, 테일러는 '나르시시즘의 문화'라고도 부를 수 있을 모더니티의 주관 편향적 측면이 긍정적 차원과도 쉬이 분리될 수는 없는 것이라고 본다. 따라서 매킨타이어나 래시(C. Lasch), 블룸(A. Bloom) 등의 모더니티 비판은 일면적인 것이라 할 수 있다. 테일러가 진정성의 윤리에 내재된 상호 주관성의 차원에 주목하는 것은 이 때문이다. 공화정의 자유가 자유주의처럼 개인의 권리에 함몰되는 자유이기는커녕 공동체적 제도 안에서 법과 규범을 통해 확보되는 상호 주관적 자유라는 교훈을 감안하면 진정성의 윤리가 공화정의 철학과 본질적 연관관계에 있다는 사실이 선명하게 드러난다. 공화정의 자유가 자유의 공동체적 속성을 중시한다고 해서 자유의 본질이 결코 훼손되지 않는다는 사실도 명백하다. 오히려 자유란 공동체적 법과 규범 '내부의' 자유임을 공화주의자들은 명징하게 이해하고 있었다.

18세기 말에 본격화된 진정성의 윤리는 근대 개인주의의 유산을 적극적으로 받아들이면서도 개인주의에 비판적이었던 낭만주의적 반성을 함께 수용했다. 특히 낭만주의의 중요성을 부각시키는 데

---

43 C. Taylor, *The Ethics of Authenticity* (Harvard Univ. Press, 1991), 10쪽.

있어 테일러의 공화주의적 면모가 여실히 드러난다. "윤리적 견지에 있어서는 공리주의적이고, 사회철학적 측면에서는 원자론적이며, 인간 과학의 차원에서는 분석적인 철학이었던" 계몽주의에 대항해서,[44] 헤르더 등의 낭만주의자들이 인간과 공동체, 인간과 문화, 인간과 자연 사이의 '표현적 통일'을 지향했다는 사실에 테일러는 특히 주목한다. 표현주의의 이런 흐름은 인간의 자율성이라는 기획을 포기하지 않으면서도, 자율성의 기획이 공동의 의미 지평과 공동체에의 참여, 공통의 역사의식에 의해 구체화되지 않을 경우 공허하고 왜곡된 결과를 낳을 수 있다는 반성에 입각한 것이었다. 여기서 우리는 표현주의운동 자체가 합리적인 방식으로 적절하게 재구성될 경우 공화정의 시민윤리를 지향한다는 사실을 깨닫게 된다.

우리의 정체성과 삶 자체의 특징이 서로 대화를 나누는 데 있다는 사실, 나의 자율적 선택과 판단은 나의 선택을 넘어서는 '우리'의 이상을 전제한다는 사실, 내면성의 이념은 공동체 안에서 타자와 함께 살아가야 한다는 명제와 서로 분리 불가능하다는 사실이 함께 모여 진정성의 윤리를 형성한다. 따라서 진정성은 다음과 같은 두 차원을 함께 포괄한다. 먼저 주관성이 강조되는 차원인 "① 창조·

---

44 C. Taylor, *Hegel and Modern Society* (Cambridge Univ. Press, 1979), 1쪽. 테일러는 계몽주의의 기획과 표현주의적 비판을 통합한 사상적 대표자로서 헤겔의 위상을 설명한다. 헤겔의 철학적 결론(절대정신의 존재론)을 시대착오적인 것으로 보면서도 그 문제의식이 현대에 맞게 재구성될 수 있다고 보는 테일러의 헤겔 해석은 매우 흥미롭다. 나는 테일러의 헤겔 해석이 제1장에서 설명한 마루야마 마사오의 헤겔 해석보다 훨씬 설득력이 있다고 본다.

건설·발견, ② 독창성, ③ 사회적 규칙이나 도덕이라고 인지되는 것들에 대한 저항"이 존재한다. 동시에 진정성의 상호 주관적 차원이라고 할 수 있는 "① 공통의 의미 지평에 대한 개방성, ② 대화 속에서 정의되는 자아"가 존재한다.[45] 흔히 포스트모더니즘이나 해체주의로 명명되는 문화적 흐름은 내면적 진실에 대한 헌신이라는 미명 아래 역사적 의미 지평에의 동참을 거부함으로써 지금까지 분석한 진정성 윤리의 포괄적 이상을 왜곡시킨다. 해체주의가 자유나 자율적 결정의 이상을 편향되게 실천함으로써 미학적이고 주관주의적인 질곡으로 빠져 들어갔다는 것이다. 테일러에 의하면 현대를 휩쓸고 있는 주관중심주의는 결국 진정성의 윤리를 위협하게 된다.

자유주의 정치철학의 존재론적 핵심이 개인주의에서 출발할 수밖에 없는 것이라면, 근대 개인주의의 복합적 함의에 대한 테일러의 공화주의적 진단은 매우 중요한 의미를 지닌다. 자유주의가 진정성의 주관적 차원을 강조하는 경향에 비해 상호 주관적 지평을 자신의 맥락 안으로 유기적으로 끌어안는 데 어려움을 드러내는 만큼 진정성의 윤리는 자유주의에 대한 날카로운 '내부적' 비판으로 간주되어야 할 것이다. 진정성 이념이 자유주의에 대한 내부적 비판인 이유는 자율성과 자유라는 이상이 진정성 윤리의 필수적 구성 요소이기 때문이다. 진정성의 윤리가 자유주의·공동체주의 논쟁

---

45 C. Taylor, *The Ethics of Authenticity*, 66쪽.

을 진취적으로 승화시킨 자유주의적 공동체주의의 한 설득력 있는 시도로 평가될 수 있는 것도 이 때문이다. 공화정의 정치철학은 주체의 자유와 자율성을 공동체 안의 자유와 자율성으로 격상시킨다. 그리고 공화주의적 공동체는 근본적으로 열려 있으며 자체적으로 변화 가능한 종류의 공동체로 여겨진다.

개인의 위상에 대한 근본적 비판과 함께 테일러의 공화주의의 특징이 다시 극명히 노출되는 부분은 옳음(rightness)과 좋음(goodness)의 선차성에 대한 논점에 있어서이다. 정의 또는 권리가 대변하는 옳음을 자유주의가 자신의 존재론적 성립요건으로 삼은 나머지 인간에게 필수적인 좋음의 요소들을 정치철학의 구도 밖으로 추방해 버리고 말았다는 공동체주의의 비판은 자유주의의 태생적 약점을 정확히 겨냥하고 있다. 자유주의자들의 추가적 응전이 불가피했던 이유이다. 예컨대 롤스는 정의론의 범위를 모든 것을 다루는 포괄적 이론에서 정치적 지평으로 제한하면서 옳음에 대한 정치적 자유주의의 규정이 사회적 협동 시스템이라는 바람직하고 선한 목표를 전제한다고 역설한다. 자신의 수정자유주의가 선에 대한 고려를 결코 무시하지 않는다는 주장일 것이다. 롤스는 이미 정의론에 있어서도 탈목적화한 좋음의 요소가 사회정의론에 내재해 있다고 강조한 바 있다.[46]

---

46 J. Rawls, *A Theory of Justice* (Harvard Univ. Press, 1971), 356쪽.

이어 롤스는 "옳음의 선차성이라는 말이 좋음을 배제한다는 뜻이 아니라, 좋음의 이념들이 정치적인 것이어야 한다"는 주장일 뿐이라고 부연한다.[47] 즉 롤스를 비롯한 세련된 자유주의자들은 좋음의 이념이 삶에서 중요한 위치를 차지한다는 사실을 결코 부인하지 않는다는 것이다. 다만 좋음의 이념이 너무 두꺼워지거나 부풀려져서 매킨타이어의 공동체주의 윤리에서처럼 핵심적인 것으로 간주되면 현대 다원주의 사회에서 수용이 어렵다는 주장으로 해석 가능하다. 하나의 선이 너무 강력해질 경우 현대사회의 기반인 다원성과 자유가 위협받을 수 있기 때문이다. 그러나 자유주의적 공동체주의는 좋음의 역할을 수정자유주의가 제한적으로 수용하는 태도가 충분하지 않다고 주장한다.

여기서 테일러는 자신의 논변을 명백히 "공화주의적 테제"(republican thesis)라고 부른다. 이는 "공화주의적 연대성이야말로 자유의 근간"이며 공화정의 또 다른 이름인 "시민적·인본주의적 전통에 대한 복무가, 자유는 자발적 정치참여에 의해 비로소 이해된다는 사실을 입증"하는 호소력 강한 주장이다.[48] 이는 롤스의 정치적 자유주의에서 강조되는 사회참여의 정도나 계약론적 잠정협정을 넘어서는 '중첩적 합의'에 근거한 헌신성으로는 현대 정체(政體)의 안

---

47 J. Rawls, *Political Liberalism* (Columbia Univ. Press, 1993), 203쪽.
48 C. Taylor, "Cross-Purposes: The Liberal-Communitarian Debate," in *Philosophical Arguments* (Harvard Univ. Press, 1997), 193쪽.

정성과 장기 지속성이 충분치 못하다는 테일러의 확신에서 비롯된다. 현대 자유주의 정치 영역에서 광범위하게 관찰되는 인간소외와 무관심, 저조한 정치참여율, 사회질서의 붕괴는 그 명백한 증거이다.

합리적이고 자율적인 시민들이 자신이 속한 정치조직체에 대해 갖는 따뜻한 소속감과 동료 시민들에 대해 갖는 연대의식이야말로 테일러가 주목하는 "직접적 공동선"의 원형이기 때문이다. 이는 코즈모폴리턴적 보편주의를 위협하는 맹목적인 애국심이나 집단주의가 아니라 문화다원주의 시대에 '인정의 정치'를 가능하게 할 소중한 정치철학적 자원이기도 하다.[49] 따라서 자유주의가 결코 포기하지 않으려 하는 절차주의적 합리성은 성찰적이면서도 행복한 삶의 비전을 구체화시키는 데 결코 충분치 않다. 좋음과 옳음의 선차성 논제와 관련된 자유주의적 절차주의의 적합성에 대한 테일러의 비판은 하버마스의 의사소통적 합리성에 대한 공화주의자의 질문으로까지 확장된다.

하버마스는 포괄적 합리성 개념을 근간으로 서양모더니티에 대한 철학적 성찰을 심원한 방식으로 수행한 바 있다.[50] 의사소통적 합리성의 구도는 모더니티 분석의 주된 패러다임인 베버의 합리성

---

49 C. Taylor 외, *Multiculturalism: Examining the Politics of Recognition*, edited by A. Gutmann(Princeton Univ. Press, 1994) 참조.

50 J. Habermas, *The Philosophical Discourse of Modernity* (The MIT Press, 1987) 참조.

이론이나 『계몽의 변증법』에서 개진된 비판이론 1세대들의 문화산업 테제, 그리고 서구적 합리성을 계보학적으로 해체하는 푸코 등에 대한 대안적 패러다임 역할을 한다. 그러나 테일러는 하버마스 이론의 강점과 입체적 성격을 인정하면서도 객관적·실천적·미학적 합리성을 검증하는 상호 주관적 타당성 요구라는 도식이 "우리 자신이 도덕적 원천의 거소(居所)로서 규정된 질서 지평에 대한 정합적 탐구의 여지를 박탈한다"고 비판한다.[51] 이는 테일러가 강조하는 진정성의 윤리 안에 담겨진 낭만주의적 통합과 자아실현의 계기가 하버마스의 미학적 합리성 개념만으로는 제대로 포착되기 어렵다는 사실을 보여 주는 공화주의적 논점이어서 매우 중요하다.

하지만 매킨타이어에서 이미 살펴본 것처럼 덕의 윤리에 입각한 자유주의 비판의 구체성이 현실정치적으로 담보되기 어렵다는 비판이 엄존한다. 이를 프레이저는 "공동체주의를 하나의 정치이론이라고 간주하기 어려운 만큼, 공동체주의자들이 '공동체'의 정치학을 간과하고 있다"고 지적한다.[52] 날카로운 비판이 아닐 수 없다. 만약 공동체주의자들이 공동체의 정치학을 결여하고 있다면 공동체주의의 현실적 호소력이 약화될 수밖에 없기 때문이다. 그러나 테일러가 개진한 진정성의 정치철학이 프레이저의 비판 앞에서 크게

---

51   C. Taylor, *Sources of the Self*, 510쪽.
52   Elizabeth Frazer, *The Problems of Communitarian Politics: Unity and Conflict* (Oxford Univ. Press, 1999), 2쪽.

흔들리는 것 같지는 않다.

　나는 진정성의 윤리에 입각한 테일러의 공화주의적 테제가 자유주의의 결함을 메우는 역동적인 대안적 인식체계를 보여 줌과 동시에 공화주의에 필수적인 시민적 덕의 정치철학적 기초를 제공한다고 본다. 진정성의 윤리가 공화주의 정치철학의 중요 테제로 간주되어야 하는 이유다. 테일러의 철학적 문제의식 자체가 캐나다의 정치상황에 대한 경험적이고 실천적인 응전 프로그램이라는 사실이 특히 의미심장하다. 퀘벡 분리운동의 와중에서 캐나다가 국가공동체 분열의 위기를 겪었다는 사실, 그리고 테일러 자신이 다문화주의가 강한 퀘벡 출신이라는 것이 그의 철학적 문제의식에서 중요하다.

　테일러는 퀘벡의 가치와 자기정체성을 확신하면서도 현실정치인으로서 캐나다라는 국가공동체의 분열에 대항해서 치열하게 싸웠다. 스스로 퀘벡 출신이면서도 퀘벡 분리주의운동에는 단호하게 반대한 것이다. 공화주의 사상가로서 테일러의 강점은 자신에게 고유한 구체적 정치 현안을 탁월한 보편적 일반이론의 수준으로 승격시키는 데 있다. 보편주의적 일반이론이 다시 구체적 생활세계와 만나 '구체적 보편성'의 진경(珍景)을 보여 주는 것은 테일러 공화주의의 독특한 매력이기도 하다.[53]

53　내가 논의하는 '국가의 철학'도 구체적 보편성을 지향한다는 점에서 헤겔과 테일러의 문제의식을 비판적으로 승계하고 있다.

4. 공화정의 철학 ― 한나 아렌트와 촛불시민혁명

우리나라 최고 법규범인 헌법은 제1조 1항에서 대한민국이 민주공화국임을 선언하고 있다. 공화정이 우리나라 최고의 헌법적 가치임을 분명히 하고 있는 것이다. 하지만 민주주의 이념의 직관적 자명성과는 달리 공화정의 이념은 잘 이해되지 않고 있는 실정이다. 공화의 어원에 대한 학설은 크게 두 가지로 나뉜다. 하나는 사마천이 『사기』에서 주장한 버전이다. 기원전 841년, 폭군이던 서주(西周)의 여왕(厲王)이 쫓겨난 후 왕이 존재하지 않던 14년간의 공위기(空位期)가 있었다. 이때 여왕의 아들[후의 선왕(宣王)]이 너무 어렸던 까닭에 주 왕실의 재상인 주공(200년 전의 주공과 다른 인물)과 소공이 '같이(共) 조화롭게(和)' 나라를 다스렸다는 것이 사마천의 해석이다. 두 번째는 『죽서기년』(竹書紀年)이 제시하고 『여씨춘추』와 『장자』 등에서 채택한 학설인데, 14년 동안의 공위기에 '공국(共國)의 백작인 화(和)가 민중의 여망을 업고 천자의 일을 대신해 그 기간 동안 행정책임을 맡았다'[共伯和, 천자의 일을 섭행(攝行)하다]는 학설이다.

두 가지 해석에 큰 차이가 없다고 여기는 것이 통례인 데다 사마천의 해설이 널리 통용되고 있지만 나는 『죽서기년』의 해석이 사마천의 해설보다 'Republic'의 본뜻에 조금 더 가깝다고 생각하는 입장이다. 즉 공화(共和)라는 용어는 민중의 지지로 공의 제후(共伯) 화(和)가 왕 역할을 행정적으로 대신한 데서 나온 용어로 해석하는 것이 공화의 근본 취지에 더 부합한다고 본다. 고대 로마인들도 왕을 축출한 후 자신들의 나라를 왕의 사유물이 아니라 '공공의 것'이라는 뜻에서 'res publica'라 불렀다. 오늘날 공화국(republic)의 어원(語源)이다.

공화정의 참뜻은 이러한 역사적 맥락에서 투명하게 드러난다. 따라서 시민의 동의를 무시한 채 통치자와 특정 계층이 독주·독식하는 나라는 제대로 된 공화국이라고 할 수 없다. 지나친 사회경제적 양극화로 인한 불평등도 공화국의 근간을 위협할 수 있다. 언필칭 법치국가임에도 법 '위'에 있는 특정 집단이 자신들의 기득권을 보호하기 위해 법을 악용할 때 공화정은 붕괴 위기를 맞는다. 평등한 자유시민의 나라인 공화국에서만 진정한 애국심이 싹틀 수 있음은 물론이다. 바로 자신의 나라라는 확신이 들어야 진정한 나라사랑이 마음에서 우러나올 수 있는 것은 당연지사이다. 성숙한 공화정에서는 애국심이 인종과 혈통에 대한 충성이 아니라 공화정의 근원인 헌법적 가치에 대한 시민적 충성심으로 표출된다. 헌법적 애국주의가 민주공화정의 필수요소인 것은 이 때문이다.

그렇다면 '민주공화국 대한민국'의 현실은 어떠한가? 민주화와 산업화의 성공에도 불구하고 사회 밑바닥에서는 갈수록 갈등과 분열이 심해지고 있다. 압축성장과 압축민주화가 여러 부작용을 동반하는 과정에서 시민사회의 역량이 지속적으로 커진 것도 사실이다. 하지만 우리의 과거와 현재에는 미래를 낙관하기 어렵게 하는 치명적 공백이 존재한다. 한국인의 내면과 삶에서 공화정의 핵심 내용인 공공의식과 공공선에 대한 존중심이 매우 취약하다는 점이다. 제헌헌법과 함께 대한민국이 민주공화국으로 선포되었지만 공화정의 이념과 실천은 한국인의 삶에 매우 낯선 그 무엇이었다고 나는 본다.

그럼에도 촛불시민혁명은 한국 공화정의 미래가 밝다는 교훈을 섬광처럼 밝혀 주었다. 촛불은 한국 민주주의가 건강하게 살아 있을 뿐 아니라 공화정의 맥류(脈流)가 우리 삶 안에 힘차게 뛰고 있음을 증명한 역사적 사건이었다. 초유의 비상시국을 유혈사태 없이 헌법과 법률에 의거해 합리적 절차로 풀어 가는 가운데 공화정의 주체로서 스스로를 만들어 가는 시민적 실천이 활짝 꽃피었다. 따라서 촛불의 흐름을 해방 직후의 혼란상황에 비유하기도 했던 일각의 비난은 논점을 잘못 잡은 오판에 불과하다. 2016-2017년의 역사는 주권재민과 법치주의, 삼권분립의 원칙이 잘 작동하고 있음을 웅변하는 중대 사건이었다고 나는 확신한다.

'공화정의 철학'이라는 관점에서 판단할 때 특히 헌법재판소의 탄핵 인용 결정문은 우리 정치공동체가 미래로 나아가는 데 지침 역할을 할 것으로 생각된다. 국민주권과 법치주의를 규정한 민주공화국 헌법이 박제화한 문서에 머무르지 않고 시민들의 실생활에서 실천되고 구체적인 정치제도로 실행되어야 함을 입증했기 때문이다. 따라서 탄핵 인용 결정문은 미국 건국 시대의 페더럴리스트 페이퍼

(연방주의자 문서) 같은 사회 준거적, 국민 통합적 문헌으로 역사에 길이 남을 것이다.[54]

헌재 결정문에서 가장 인상적인 대목은 "헌법은 대통령을 포함한 모든 국가기관의 존립 근거이고, 국민은 그러한 헌법을 만들어내는 힘의 원천"이라는 구절이다. 이는 모든 헌법 교과서 제일 앞에 나오는 구절이기도 하지만 국가기관과 권력기관이 헌법과 국민 위에 군림해 왔던 엄연한 정치현실 때문에 때로 공허하게 여겨졌던 것도 사실이다. 그러나 헌재 결정문은 국민주권의 헌법정신이 대한민국이라는 정치공동체의 최고, 최대의 원칙임을 생생하게 증명했다. 헌재 자체가 1987년 시민항쟁의 성과물인 데다 탄핵 심판은 법치주의와 삼권분립이 민주주의에 불가결한 요소임을 공화주의 시민교육 차원에서도 확고하게 입증했다.

한국 사회가 헌재 심판에 동의했던 이유는 헌재가 절대적으로 옳은 판단을 내리는 신성불가침의 존재여서가 결코 아니다. 대한민국이라는 법치국가를 지키는 최후의 헌법기관이 헌법재판소라고 우리가 암묵리에 합의했기 때문이다. 헌재가 '정치적 통합의 형성과 유지 및 법질서의 창설과 유지'를 맡은 헌법을 수호하는 최후의 보루라는 공감대가 사회윤리와 법규범의 토대로 인정되고 있었기 때문이다. 법치가 흔들리면 시민적 자유가 파괴되고 대한민국이 흔들

---

54 A. Hamilton, J. Madison, and J. Jay, *The Federalist Papers* (Bantam Classic, 2003).

리게 된다. 헌법재판소를 신설한 6공화국 자체가 오랜 군사권위주의 체제를 혁파한 1987년 시민항쟁의 산물임을 상기해야 한다. 우리 스스로가 피와 땀으로 일군 산업혁명과 민주혁명의 성과를 형상화한 정치제도가 오늘의 헌정질서인 것이다.

헌법재판소가 있는 전 세계 96개국 가운데서도 우리나라 헌재는 모범적 기구로 잘 기능해 왔다. 헌재는 법의 지배를 상징하는 기관이며 민주주의는 법치주의와 분리될 수 없다. 크게 보아 법치주의는 시민적 기본권 보장과 법 앞의 만민평등을 지향한다. 법 앞의 평등원칙이 중요한 것은 통치자와 지배층이 법 '위'에 군림하는 걸 금지해야 법치주의가 뿌리내릴 수 있기 때문이다. 인치(人治)가 아니라 법이 지배하는 사회여야 시민의 자유가 보장될 수 있는 건 물론이다. 이것은 결코 헌재 절대주의가 아니며, 공화정의 근간을 형성하는 법의 중요성을 재확인하는 언명으로 이해되어야 한다.

한국 현대사는 법 위에 서려고 하는 통치자와 지배층을 법 '아래' 놓는 고투(苦鬪)과정에 다름 아니었다. 법을 초월하려 하는 제왕적 대통령의 속성과 지배층의 유전무죄 관행이 법치주의를 끊임없이 위협했다. 동아시아 전래 문명 속의 한반도에서는 법이 권력자의 통치를 위해 만들어지는 경우가 많았다. 통치자를 비롯한 지배층이 법을 가벼이 여기게 된 사회문화적 맥락이다. 역대 정권에서 진정한 법률가이기는커녕 한낱 법기술자에 불과한 자들이 출세하고 재벌과 유력자들이 법망(法網)을 희롱할 수 있었던 배경이 여기에 있다. 법이 통치자와 지배계층의 특권을 지키는 안전판으로 타락한 관행은 민주공화정에서 반드시 혁파해야 할 적폐 1순위가 아닐 수 없다.

형평과 정의의 구현으로서의 법(law)이 아니라 통치를 위한 실정법(legislation)이 득세하는 사회에서는 권력자일수록 법을 지키지 않는다. 법기술자들이 법률 지식을 악용해 권력자들의 특권을 엄호하는 가운데 호가호위하기 일쑤이다. 법이 정의를 구현한다는 공감대가 부족하면 법의 정당성에 대한 시민들의 믿음도 약화된다. 통치자와 지배층이 법을 자의적으로 악용하는 나라일수록 법원과 검찰을 비롯한 국가기구의 신뢰도가 바닥을 치기 마련이다. 경찰 지구대가 취객 난동의 현장이 되고 비상 출동한 119 대원이 얻어맞는 게 일상이 된다. 바로 우리 사회의 적나라한 얼굴에 숨겨진 낯부끄러운 측면임을 인정하지 않을 수 없다.

촛불혁명은 다음과 같은 공화국의 진실을 선명하게 일깨웠다. 촛불은 권력자부터 법을 준수해야 법치주의가 실현되며, 시민적 자유도 곧 법 '안'의 자유임을 깨닫게 한 집단적 시민참여의 역동적 무대였다. 지난 탄핵과정에서 한국 시민들은 최고권력자인 대통령조차 법의 아래에 있음을 증명했다. 초유의 국가 위기를 헌법절차에 따라 풀어 가는 능력을 실천했다. 이렇듯 한국 민주주의는 경탄할 만한 정치적 회복탄력성을 보여 주고 있다. 결국 우리는 법 안에서만 자유롭다. 법치주의 속에서 실현되는 자유와 시민적 덕이야말로 민주공화정 시민의 행동 모델이다. 공화정의 정치사상가 아렌트의 말을 빌리자면 "공화국에서는 법의 지배가 … 인간에 대한 인간의 지배에 종지부를 찍는다."[55] 법치가 인치를 대체할 때에야 공화국의 위기를 극복하는 길이 열린다는 것이다.

공화정의 철학자 한나 아렌트(1906-1975)는 20세기 최대의 정치철학자 가운데 한 사람이다. 무엇보다도 그녀는 권모술수의 아수라장으로 타락한 현실정치를 고발하면서 인간의 잠재력을 구현하고 공공성을 복원하는 노력이 정치의 본질이라고 주장한다. 인간이 살아가는 방식에서 노동과 제작만을 중시한 우리 시대가 활동적 삶(Vita Activa)의 핵심인 정치적 실천을 소외시켰다는 것이다. 아렌트에 의하면 현대 정치의 역사는 곧 진정한 정치가 실종된 정치망각사에 다름 아니었다. 그렇다고 해서 아렌트가 고답적인 방식으로 플라톤 방식의 이상국가와 정의론을 설파하는 것은 아니다. 오히려 그녀는 이상국가론 수립에 전념하는 상아탑의 학자와는 궤를 달리하는 공공 지식인의 특징을 여실히 보여 준다. 구체적 정치현실에서 시작해 이론적 탐침과정을 지난 후 다시 치열한 현실로 내려오는 과정을 밟는 것이 아렌트 사상의 묘미라 할 수 있다. 언제나 아렌트 사상의 정박지는 생동하는 현실이었다.

아렌트에 의하면 모든 인간은 평등하면서도 독특하다. 이런 의미

---

55 한나 아렌트, 『공화국의 위기』(한길사, 2011), 189쪽.

에서 인간존재의 복수성(複數性)이야말로 정치의 근본 토대이다. 사람은 말과 행동을 통한 정치적 실천을 통해 스스로 한갓된 사물이 아니라 고유의 존엄함과 개성을 지닌 존재임을 증명한다. 함께 말하고 행동하는 역동적 과정이 나라다운 나라를 만들어 가게 된다. 정치적 의제에 대한 시민들의 토론과 참여는 우리들의 선택 사항이 아니라 우리가 인간인 근거 그 자체라고 아렌트는 역설한다. 이러한 아렌트의 사유는 촛불혁명이 현대 한국 시민에게 갖는 자기 형성적 의의에 대한 강력한 사상적 정당화로 정의될 수 있다.

한나 아렌트는 베버적 의미의 권력이 강권과 폭력을 일방적으로 체화하고 있을 뿐이라고 주장한다. 아렌트 정치관에 있어 필수적인 진정한 권력의 이미지는 강제와 폭력을 배제한 시민들의 자발적 참여와 토론에서 비로소 창출된다. "권력은 단순한 행위가 아니라 공동의 행위를 할 수 있는 인간의 능력에 상응한다"고 그녀는 역설한다.[56] 물론 아렌트는 정치철학자로 불리는 것을 극력 회피했으며 자신을 차라리 정치이론가로 불러 달라고 요청하곤 했다. 여기에는 고전적 정치철학의 도덕주의적 흐름에 대한 아렌트 나름의 반성이 개입한다. 정치당위론의 성급한 개입이 '정치적인 것'의 실천적이고 미학적인 성격을 왜곡시킬 가능성이 있다고 아렌트는 우려하고 있는 것이다.

---

56 한나 아렌트, 같은 책, 193쪽.

'정치적인 것'의 이념에 대한 아렌트의 입론은 정치적 실천이야말로 유적 존재(類的 存在)인 인간이 실현할 수 있는 가장 고귀한 행위가 되어 마땅하다는 공화정의 직관적 통찰과 이어지고 있다. 인간 본연의 잠재력을 현실화시키는 공동체에의 참여, 인간 조건의 최상 위층을 구성하는 것으로서 그려진 연대와 공공성의 지평에 대한 개안(開眼), 바람직한 사회의 비전을 실현하고 공공의 이익을 극대화시키기 위해 애쓰는 상호 주관적 노력의 결정체야말로 정치의 본질이 되어야 한다는 공화정의 철학을 아렌트가 매우 인상적인 형태로 형상화시키고 있는 것이다.

스승 하이데거가 서양 존재론의 역사를 존재망각사로 규정하는 것처럼, 아렌트는 서양 정치사를 정치망각사로 정의한다. 하이데거가 보기에 전통 형이상학을 매몰시키고 만 존재신학적 경향은 근대 이후 데카르트적 물심이원론으로 악화된다. 연장 실체의 총합으로 정의된 데카르트-뉴턴적 세계는 이제 전재성(前在性, Vorhandenheit)의 기준으로 재단되고 만다. 이에 대항하여 『존재와 시간』의 하이데거는 '마음 씀'(Sorge)에 의해 세계 및 타인과 관계 맺는 '세계내존재'의 구조와 양태를 해명함으로써 존재론을 고답적인 형이상학 탐구에서 구체적 삶의 철학으로 급진화시켰다.[57] 기초존재론의 통찰

---

57 마르틴 하이데거, 소광희 역, 『존재와 시간』(경문사, 1995). "존재는 언제나 어떤 존재자의 존재다"라는 것이 하이데거 기초존재론의 출발점이다. 같은 책, 16쪽. "현존재의 본질은 그의 실존, 즉 세계내존재에 있다"는 말도 동일한 사태를 지칭한다. 같은 책, 64쪽.

을 정치이론의 재해석으로 발전시킨 아렌트가 바라볼 때, 자유민주주의 정치는 부르주아 사회의 경제적 이해관계를 조정하는 법과 제도의 차원으로 격하되어 정쟁 또는 행정의 이중주로만 변주된다. 이를 극복하기 위해 『인간의 조건』의 아렌트는 현대 정치가 망각한 살아 움직이는 삶(Vita Activa, 활동적 삶)을 특유의 활동유형론과 공적/사적 영역의 구분을 통해 재창조하려고 시도한다.

아렌트가 개진한 활동 유형론은 공화정의 정치사상을 이끄는 시금석에 해당한다. 먼저 생존활동(labor, 노동)은 사람 몸의 생물학적 과정에 상응하는 것으로서, 우리 스스로와 종을 보존하고 유지하는 신진대사를 충족시키기 위해 필연적으로 행할 수밖에 없는 활동이다. 생물학적 삶을 영위하기 위해서도 인간은 노동할 수밖에 없는 존재로 규정된다(homo laborans). 이 지점에서는 인간은 동물과 질적으로 차별화되지 않으며 인간의 신체를 포함하는 살아 있는 유기체들은 모두 생존활동과 소비의 순환성 속에 갇혀 있을 수밖에 없다.[58] 생존활동과 소비의 대상이 되는 사물들은 그 순환적 성격 때문에 내구성이 가장 짧을 수밖에 없다.

생산활동(work, 제작)은 인간이 다른 동물들과는 달리 생존활동과 소비의 영원한 순환을 깨트리고 나와 자연환경과 질적으로 상이한 인공적 사물의 세계를 만들어 내는 활동으로 규정된다. 여기서 인

---

58 H. Arendt, *The Human Condition* (Univ. of Chicago Press, 1958), 96쪽. 앞으로는 한나 아렌트, 『인간의 조건』으로 표기.

간은 제작인(homo faber)으로 형상화되며 그의 생산활동은 뚜렷한 목적성을 가지고 자연세계를 조율한다. 생산활동은 인간에게 특유한 활동의 첫 단계를 구성하며 제작되는 인공물들은 생존활동의 대상들보다 훨씬 내구적이기 때문에 유한한 존재인 인간의 변덕스러운 삶을 보완하는 안정성과 항구성을 제공하게 된다. 생존활동과 생산활동에 대한 아렌트의 논술은 현대성이 낳은 쌍둥이인 마르크스와 로크의 노동 개념을 직접 겨냥하고 있다.[59]

인간활동(action, 행위)은 사물이나 대상이라는 매개물의 개입 없이 사람들 사이에서 이루어지는 유일한 활동이다. 인간활동의 존재론적 근거는 아렌트가 복수성이라고 부르는, 모든 인간이 평등하지만 동시에 각자 독특하다는 근원적 사태로부터 도출된다.[60] 인간들은 말과 행동을 통해서 노동이나 작업의 대상적 사물들의 공간과는 전혀 다른 '정치적인 것'의 지평을 창조적으로 조탁함으로써 스스로가 한낱 물리적 대상이 아니라 독특한 개성을 지닌 인간임을 증명해내는 것이다.

말과 행동은, 노동을 규정하는 필연성이나 제작을 지배하는 효용성의 원칙으로부터 독자적 거리를 유지할 수 있는 유일한 인간 본연의 활동이며, '당신은 누구인가'라는 질문에 응답할 수 있는 인격적 기제이다. '정치적인 것'의 지평은 인간활동을 함께 수행하는 데

---

59 한나 아렌트, 『인간의 조건』, 79-80쪽 참조.
60 한나 아렌트, 같은 책, 175-176쪽 참조.

서 나온다. 즉 "말과 행동의 나눔"으로부터 구성되는 것이다. 그 결과 아렌트가 강조하는 폴리스도 물리적으로 실재하는 도시국가를 지칭한다기보다는 함께 말하고 행동하는 역동적 과정으로부터 형성되는 사람들의 민주적 조직을 의미하게 된다.[61] 2016-2017년 촛불의 절정에서 한국 시민들은 말과 행동으로 주권자임을 증명했으며 참여과정에서 창출된 '공적 행복'을 함께 만끽할 수 있었다. 촛불혁명이 아렌트적 의미의 현대 폴리스를 시현했다는 평가도 가능하다. 나중에 아렌트는 "혁명전통 가운데 최상의 것에서 도출되는 참여민주주의에 대한 요구"를 "평의회 체제"(the council system)로 승화시키려 노력한다.[62]

활동적 삶 가운데서 인간 본연의 진정한 가치가 구현되는 유일한 양식은 두말할 필요도 없이 정치적 행위이다. 아렌트가 보기에 근현대는 이 점을 망각한 채 세 가지 양식 가운데 노동과 제작만을 중요시하는 총체적 '세계소외'의 시대로 전락하고 말았다. 마르크스가 로크의 노동가치론을 역사유물론의 방식으로 원용했고, 마르크스와 로크가 각기 마르크스주의와 자유주의의 창시자로서 정면 대립하고 있다는 사실은 아렌트에게는 본질적인 차이로 여겨지지 않는다. 마르크스와 로크가 공히 효용성이라는 근현대 시대정신의 계승자로서 활동적 삶을 노동과 제작으로 축소시키고 있으며, 삶에서

---

61 한나 아렌트, 같은 책, 198쪽 참조.
62 한나 아렌트, 『공화국의 위기』(한길사, 2011), 173쪽.

정치적 행위를 추방해 버림으로써 전체주의와 연합한 현대 기술문명을 정당화하고 있다는 것이 아렌트의 비판이다. 특히 아렌트는 파리 코뮌을 예찬한 마르크스 본인이나 소비에트를 칭송한 레닌은 모두 코뮌과 소비에트를 계급지배의 수단으로밖에 여기지 않았다고 신랄하게 공격한다.[63] 이 대목에서 우리는 현대성 비판가로서의 하이데거가 아메리카 문명과 소련 공산주의를 기술전체주의의 두 변용으로 간주해 같이 비판한 사실을 상기하게 된다.

공화정의 철학에서 중요한 위상을 갖는 아렌트의 활동 유형론은 공적/사적 영역에 대한 논의로 이어진다. 하버마스는 『인간의 조건』을 "아리스토텔레스적 실천 개념을 체계적으로 재생"한 책이라고 평가하는데, 특히 공적 영역과 사적 영역의 구분에서 이 점이 극명하게 드러난다.[64] 고대 그리스 정치철학의 구도를 좇아 아렌트는 사적 영역을 가정과 경제의 영역으로 여긴다. 근현대 사회와 경제의 공적 성격을 과소평가하는 아렌트의 확신은 독창적인 것이지만 결국 아렌트 사상의 한계로 귀결되는 측면이 있음을 부인하기 어렵다. 어쨌든 농업과 수공업 중심으로 이루어진 폴리스 사회체제에서는 가정이 경제적 활동의 중심지였다. 그 안에서 사람들은 먹고 살기 위해 노동을 해야 했기 때문에 사적 영역은 필연성의 원칙에 의해 지배된다고 아렌트는 주장한다. 당대 가족 성원들의 위계적 서

---

63 한나 아렌트, 같은 책, 173쪽, 각주 38 참조.
64 J. Habermas, *Philosophical-Political Profiles* (The MIT Press, 1985), 176쪽.

열에서 엿볼 수 있는 것처럼 사적 영역은 기본적으로 불평등이 지배하는 공간이다.

이에 비해 공적 영역은 평등과 자유가 관철되고 '정치적인 것'의 이념이 실현되는 인간활동의 고유한 영역이다. 공적인 정치의 영역은 평등하면서도 독특한 인간들이 말과 행동으로써 자유롭게 스스로를 실현함으로써 필연성과 효용성의 침입이 원리적으로 차단되는 공간인 것이다.[65] 문제는 현실적 인간존재가 사적 영역과 공적 영역 모두에 발을 걸칠 수밖에 없다는 데 있다. 사적 영역에의 소속, 특히 가정경제의 책임자인 가장의 위치를 점한다는 것은 폴리스에의 귀속을 위해 필수적으로 전제되는 사항이다. 그러나 앞서 시사된 것처럼 사적인 가정경제에만 전념하는 인간은 공적 영역에서만 온전히 구현될 수 있는 인간의 정치성을 결여한 백치 같은 존재인 것이다. 아리스토텔레스의 말처럼 경제적 제작만을 맡는 '노예에게 폴리스가 없는' 것은 이 때문이다.[66]

노동과 제작이 정치적 행위를 압도하는 시대인 근현대는 공적 영역과 사적 영역의 질적인 구분을 모호하게 만드는 새로운 영역인 '사회'를 출현시킨다고 아렌트는 고발한다. 사회란 일종의 확대된 가정경제로서, "가정의 집합체가 경제적으로 조직화되어 하나의 초

---

[65] 한나 아렌트, 『인간의 조건』, 25쪽.
[66] 여기서 아렌트는 아리스토텔레스에 전적인 공감을 표한다. 한나 아렌트, 김선욱 역, 『정치의 약속』 (푸른숲, 2007), 157쪽.

인간적 가정의 외양을 띠게 되는" 현상이라는 것이다.[67] 근대 시장 제도의 착근과 동행한 부르주아 시민사회의 출현에 대해 독창적인 진단을 내리는 아렌트의 소견에 의하면, 민족국가라는 정치적 조직 화의 형태도 '사회의 등장'이라는 근대 특유의 현상의 정치적 표현 에 지나지 않는다. 아렌트의 분석은 근대 이후 경제적 문제들이 공 적 영역을 잠식해 들어오면서 '정치적인 것'의 독자성과 고유성이 실종의 위기를 맞고 있다는 위기의식을 배경에 깔고 있다. 아렌트 가 특히 마르크스주의에 비판적인 태도를 취하는 이유는 역사유물 론이 경제사회적 분석으로 정치적인 것을 대체하려는 강한 경향을 드러내는 대표적 패러다임이기 때문이다.

　나아가 아렌트는 '정치적인 것'의 형상화에 있어 상호 이해도 중 요하지만, 정치는 과학적 진리 추구와는 달리 결코 완결될 수 없는 공적 토론과 자기 연출의 역동적 과정 그 자체를 중시한다고 말한 다. 아리스토텔레스가 정치를 '좋은 삶'의 실현이라는 목적론적 구 도에 다시 종속시키는 것과는 달리 아렌트에게 있어 정치는 그 자 체로 자기 충족적이다. "끊임없는 토론의 흐름 속에서 그리스인들 은 서로서로를 개체적 인간으로서 이해하는 법을 배운 것이 아니 라, 동일한 세계를 다른 사람의 시각에서 바라보는 방법, 즉 그 세 계의 매우 상이하고 종종 대립되는 측면을 이해하는 방법을 배운

67　한나 아렌트, 『인간의 조건』, 29쪽.

것"이라는 아렌트의 평결은 이런 문맥에서 독해되어야 한다.[68] 여기서 아렌트의 '정치적인 것'의 이념은, 정치를 미학적 연출 및 자기실현의 관점에서 이해하고 자유와 가능성의 예술로 형상화하면서 인식과 도덕 영역에서의 절대적이고 객관적인 진리 추구와는 질적으로 다른 것으로 차별화시키고 있다.[69]

이런 아렌트의 입론이 혹 상고적(尙古的) 복고주의가 아니냐는 의혹에 쉽게 노출되어 왔다는 것은 자연스러운 일이다. 이 의문은 단순한 인상비평의 차원에 머무르지 않고 아렌트 정치관이 현대 자유주의 정치세계에 유의미한 실천적 내용을 얼마나 담보할 수 있는가에 대한 근본적 질문으로 이어진다. 아렌트에 의하면, 오늘날 우리가 통상적으로 정치행위로 간주하는 거의 대부분의 것들이 정치로부터 탈락되어야 마땅하다. 계급적 의미에서의 생사를 건 승인투쟁이나 지배/피지배 관계, 권력과 강제, 배타적 권리와 이익 주장 등이 우선 '정치적인 것'의 영역으로부터 배제되어야 할 것이다.

자유민주주의 정치 실제의 대부분을 구성하는 정치세력들 사이의 밀고 당기기나 이권협상, 행정정책과 조치, 이해관계의 조정도 전(前) 정치적 행위가 될 것이다. 더욱 심각하게 음미되어야 할 사태는 자유민주주의의 뼈대를 구성하는 대의제도 자체가, 말과 행동을 통한 진정한 자기실현과 연출의 무대라기보다는 지역주민들의 경

---

68 H. Arendt, "The Concept of History," in *Between Past and Future* (N. Y.: Penguin, 1961), 51쪽.
69 H. Arendt, *On Revolution* (N. Y.: Penguin, 1962), 53-54쪽 참조.

제적·사회적 이해관계를 대변하고 담보하는 도구적 기구로 작동하며 의원이나 정당의 사익 추구를 위한 수단으로 변질되었기 때문에 비정치적이라는 아렌트의 함의이다. 경제 재화나 사회적 자본의 재분배를 둘러싼 치열한 집합적 쟁투도 아렌트적 정치의 반열로부터 탈락하거나 중요하지 않은 사안이 될 수밖에 없을 것이다.

그렇다면 일정한 철학적 호소력에도 불구하고 아렌트의 '정치적인 것'의 실제 내용은 빈곤하다는 비판이 제기될 수 있다. 이 지점에서 바로 아렌트의 복고주의가 문제가 되는 것이다. 헤겔의 말처럼, "시민사회 없는 근대국가는 생각할 수조차 없다." 부르주아 시민사회는 헤겔의 정교한 분석이 보여 주는 것같이 시장의 수탈 기제와 시민민주주의의 해방적 차원이 모순적으로 공존하는 장이다. 자본주의적 시장제도가 현대적 삶의 현실이라는 것을 감안하면 그 때문에 발생하는 온갖 문제들이 현대 정치의 주요 고려 사항이 되는 것은 불가피한 일이다. 따라서 '사회의 부상'이나 경제적 문제의 정치 이슈화 자체에 비판적인 입장을 취하는 아렌트의 시각에는 적지 않은 문제가 있어 보인다.[70]

아렌트가 확보하고자 하는 정치의 자율성과 자기 충족성 테제는 조심스럽게 다루어져야 한다. 하지만 아렌트의 테제는 마르크스주

---

70 나는 졸저 『시장의 철학』(나남, 2016)에서 보편적으로 이해된 시장의 의의를 아렌트보다 훨씬 긍정적이고 적극적으로 평가한다. '시장 없이 자유 없고, 사유재산 없이 인격도 없다'는 것이 내 입장이다. 이를 나는 시장철학의 세 가지 테제로 압축한 바 있다. 이에 대해서는 『시장의 철학』, 126-135쪽 참조.

의에 고유한 경제환원론과 유물론적 정치관의 일면성을 고발하는 반면교사로 독해될 수 있다. 헤겔의 복합적 시민사회관의 지평을 마르크스가 부당하게 좁혀 버림으로써 '정치적인 것'의 고유성을 질식시켰고 이것이 현실사회주의 체제의 비민주성의 사상적 모태가 되었다는 교훈을 되새길 필요가 있는 것이다. 이런 관점에서 보자면 헤겔의 정치철학에 대한 마르크스의 비판은 일면적이고 협소하다. 부르주아 시민사회의 해방적 측면을 무시함으로써 공산주의 사회에 대한 마르크스의 강령이 빈곤해질 수밖에 없었던 이유가 여기에 있다. 마르크스 정치학이 실패한 근본 원인은 시장과 민주주의의 모순적 동학(動學)을 경제의 논리로 좁힌 데서 발견된다.

다른 한편으로, 아렌트의 정치관은 현대 공화정의 철학을 부활시키는 데 결정적으로 중요한 통찰을 제시한다. 정치가 권력이나 강제, 지배와 피지배의 문제, 또는 경제적 재화의 분배 문제로만 좁혀질 수 없다는 아렌트의 되풀이되는 주장에는 깊은 통찰이 엄존한다. '정치적인 것'의 이념이 이런 문제들을 송두리째 무시해야 한다는 아렌트의 주장을 액면 그대로 수용하기는 어렵지만, 정치의 지평을 여러 사람들이 서로 어울리는 자유롭고 자발적인 행위를 통해 스스로를 실현해 가는 미학적 장이자 과정으로 형상화하는 것은 현대 공화정의 철학을 정초하는 데 결정적 의미를 갖는다.

자유민주주의 정치 담론에 수용된 공리주의 정치관과 계약론의 유산 때문에 '정치적인 것'의 실천이 사적 이해관계 추구를 위한 수단이나 도구적 행위로 환원될 때 정치 자체의 깊은 의미가 사라져 버린다는 아렌트의 통찰은 공화정의 정치철학을 발전시키는 데 필수불가결한 전제조건이다. 국지적, 국가적, 국제적 차원을 통틀어 모든 공적 관심사에 대한 공적 토론과 협의는 정치적 존재인 인간 삶의 출발점이다. 정치공동체에 영향을 끼치는 결정과정에 대한 시민들의 적극적 참여가 정치의 근본을 이룬다는 아렌트 정치관의 울림은 심대하다. 이는 현대사회에 만연한 정치 무관심이 초래한 정치의 종언 현상을 극복하고 공화정치의 잠재력을 일깨움으로써 '나라다운 나라'로 나아가는 데 있어 빠트릴 수 없는 본질적 통찰인 것이다.

공화정의 정치철학에서 아렌트의 '정치적인 것'의 이념은 핵심적인 위상을 차지한다. 아렌트가 강조해 마지않는 진정한 참여정치와 풀뿌리 민주주의의 잠재력을 극대화시켜야만 제도정치에 대한 환멸과 무관심을 극복할 수 있는 것이다. 사실 촛불시민혁명은 아렌트가 꿈꾸었던 입헌적 공화정의 실험과 수립이라는 영웅적 계기의 한국적 버전이라고 평가할 수 있다. 촛불혁명의 결과 탄생한 새 정부가 제6공화국의 87년 체제 안에서 작동하고 있지만 언젠가는 도래할 새로운 체제 패러다임을 예비하고 있는 것도 사실이다. 새로운 패러다임은 지금까지 한국 사회에서 압도적 영향력을 행사해 왔던 박정희 패러다임을 대체하는 포스트 박정희 패러다임일 것이며 공화정의 철학이 새 패러다임의 중추를 이룰 것으로 예측된다.

아렌트 정치이론의 진정한 강점은, '정치적인 것'의 이념에서 불필요한 미학적 영웅주의와 엘리트주의를 최소화하고 그 잠재력을 일상적 삶의 영역 전반으로 개방할 때 극대화될 수 있을 것으로 판단된다. 궁극적으로 공화정의 정치는 일상의 세계와 접목되어 참여정치의 생활세계화를 지향하지 않으면 안 된다. 갈수록 형식화되어 가고 제도정치의 차원으로 왜소화하고 있는 현실정치를 생활정치와 일상적 해방정치의 차원으로 심화시킬 수 있는 단초를 아렌트적인 공화정의 철학을 통해 마련해야만 하는 것이 우리의 주된 과제이다. 당시로서는 신생국가였던 미국 민주주의의 역동성을 경이의 눈으로 평가했던 프랑스 귀족 출신 토크빌은 아렌트와 비슷한 취지로 미국인과 미국 사회의 '마음의 습관'에 주목한다. 현실정치와 생활정치의 유기적 상관관계 위에 굳건하게 정립되어 있는 미국 민주주의의 강점을 토크빌은 다음과 같이 요약한다. "아메리카인들은 공공생활의 습관을 사사로운 생활태도에 옮겨 놓는다. 아메리카에서는 배심원제도가 어린 학생들의 놀이에도 나타나며 의회의 형식들이 축제의 분위기에서도 준수된다"는 것이 토크빌의 날카로운 관찰이었다.[71]

여기서 우리는 아렌트가 정치를 진리의 영역이 아니라 의견의 지평에 귀속시키는 사실에 주목해야 한다. 사람들은 각기 자신이 서

71 A. 토크빌, 임효선 외 역, 『미국의 민주주의 I』(한길사, 1997), 400쪽.

있는 자리에서 세계를 바라보므로 특정 사안에 대해 서로 다른 의견을 가질 수밖에 없다. 이는 특히 역사관과 현실적 이해관계가 날카롭게 교차하는 현실정치의 세계에서 전형적으로 나타나는 현상이다. 정치에서 우리가 바랄 수 있는 최대치는 "사실적 진리"(factual truth)이다. 이는 수학·과학·철학적 탐구에서 획득할 수 있는 것으로 기대하는 "이성적 진리"(rational truth)와는 전혀 다른 종류의 것으로서 정치는 객관적 진리를 바랄 수 없는 성격의 실천 지식이자 활동 양태임을 아렌트는 분명히 밝히고 있다.[72] 자신의 정치적 입장만이 옳다고 확신하는 '진리의 정치'가 기승을 부리는 한국 사회의 원리주의적 풍토에서 되새겨야 할 고언(苦言)이 아닐 수 없다.

아렌트의 유고인『정치의 약속』은 이러한 교훈과 연관된 공화정의 정치철학적 통찰을 풍부하게 담고 있다. 생각과 이념이 다른 사람들을 존중하지 않고 '틀렸다'고 비난하는 한국인의 마음의 습관은 성숙한 정치의 약속을 위협한다. 서로 다른 인간들의 공존과 연합을 다루는 게 정치의 본질이기 때문이다. 촛불에서 비롯한 19대 대선과정과 새 정부의 실험 자체가 정치의 약속을 실천한 한국적 현장으로 이해되어야 마땅한 이유다. 우리는 대통령 탄핵이라는 미증유의 위기상황을 슬기롭게 극복해 정통성 있는 민주정부를 수립하는 성숙함을 과시했다. 따라서 아렌트적인 공화정의 통합정치야말

72 H. Arendt, "Truth and Politics," reprinted in *Philosophy, Politics, and Society* (Basil Blackwell, 1978), 106쪽.

로 미래 한국정치의 약속이 되어야 한다.

민심은 오늘의 시대정신이 개혁과 변화임을 선포하면서 촛불의 정당성을 인정했지만 이와 동시에 대한민국이라는 정치공동체 '내부의' 경쟁자들에게도 독자적인 정치 공간을 열어 주었다. 여러 정당과 사회정치세력 간의 협치와 분권을 통한 국가공동체 통합을 요구한 것이다. 이런 관점에서 보자면 19대 대통령 선거 결과가 특히 흥미롭다. 새롭게 출범한 정부에 안정적으로 출발할 수 있는 만큼의 추동력(득표율 41.1%)을 부여하면서도 혼자 독주하지는 말라(다른 주요 대선 후보자들의 득표율 합계 52.2%)는 분명한 신호를 보냈다. 여러 정당들 사이의 절묘한 황금분할로 해석될 수밖에 없는 구도다. 민의(民意)가 협치와 연정을 새 정부에 강력하게 요구한 셈이다. 따라서 협치와 분권은 새 정부의 선택이 아니라 반드시 이행해야 할 정치적 의무에 해당한다고까지 표현할 수 있다. 이는 촛불 직후에 출범한 정부뿐만 아니라 앞으로 민심을 얻게 될 어떤 진보·보수 정부에게도 공통적으로 부과되는 엄숙한 역사의 소명임이 분명하다.

'개혁과 통합으로 국민 모두의 대통령이 되겠다'는 문재인 대통령의 약속은 민심을 정확히 읽은 것이었다. 민주주의가 말의 정치임을 돌아볼 때 문 대통령의 취임사는 군더더기 없고 진솔하며 시대의 과제를 직격(直擊)한 문장이었다고 평가된다. 이는 과장과 이미지, 분열과 적대로 가득했던 기존의 정치언어에 대한 성찰로 읽힌다. 가장 인상적인 부분은 대선 승리의 공을 국민에게 돌린 대목이다. 궁극적으로 말은 실천과 결합할 때 위력이 증폭된다. 문 대통령의 소탈함과 열린 행보가 취임사와 맞물린다는 긍정적 인상을 국민에게 준 것이 이례적으로 장기 지속되었던 임기 초반 대통령 지지율 고공행진의 배경이었던 것으로 판단된다.

따라서 새 정부는 난제가 돌발하고 위기가 닥쳐도 출범 당시의 겸허한 말과 실천을 유지해야 한다. 협치와 통합만이 공화정의 국정 성공을 가능케 할 것이기 때문이다. 새 정부가 가장 조심해야 할 것은 자신들이 '정치적 진리'를 대표하고 있다는 확신이며 선악의 이분법이다. 현실정치에서의 선악 이분법은 정치를 파괴하며 정치의 약속을 붕괴시킨다. 돌이켜 보면 87년 체제의 모든 민주정부가 뜨거운 국민적 기대 속에 출범했다. 정치의 약속을 저버린 끝에 비참하게 몰락한 박근혜 정권조차 취임 직후엔 상당한 국민적 열망을 업고 있었다는 교훈을 유념해야만 한다. 그러나 역사가 입증하듯 환호가 식는 건 순간이다. 미래의 어떤 정부든 이 쓰디쓴 교훈을 깊이 새겨야 한다. 대한민국의 모든 민주정부는 '권력은 나눌수록 커진다'는 공화정적 통합정치의 기회와 도전 앞에 서 있다고 할 수 있다.

우리는 법치주의와 주권재민의 원칙을 되새김과 동시에 분열과 적대를 치유할 수 있는 방안을 찾아야 한다. 촛불과 맞불로 나타났던 광장정치의 에너지를 정당정치와 국회 안으로 녹여 내도록 노력해야 한다. 우리는 정의가 강물처럼 흐르는 나라가 단번에 건설될 수 있다고 선전하는 포퓰리스트 정치인을 경계해야 한다. 명백한 반헌법적 범죄와 위법행위는 엄격히 처벌하되, 모든 개혁정책의 주안점은 통합된 미래로 나아가는 것이 되어야 한다. 적폐가 일거에 청산되고 발본색원될 수 있다는 주장은 민주주의에도 위배되고 공화정의 정신에도 어울리지 않는다. 자신이야말로 정의의 화신인 것처럼 외치며 상대방을 적으로 규정하는 식의 적대정치는 공화정의 정치가 아니다. 협치와 연정을 본격화하지 않고서는 기본적인 국가운영조차 불가능한 시대에 한국 사회가 진작 진입했기 때문이다.

갈라진 나라를 치유하는 리더십의 최대 조건은 지도자가 공공성에 충실한 인물이어야 하며, 공공성이 그의 행동과 이력을 통해 검증된 인물이어야 한다는 점이다. 한국 사회의 최대 문제점 가운데하나가 공공성의 결여에 있기 때문이다. 특히 정치인과 권력자들의 존재 이유는 공공성을 진작시키는 방향으로 모아져야 하며 권력 행사 자체가 국가와 사회를 위하는 데서 정당화된다. 지도층이 누리는 명예와 권리에는 솔선수범과 자기희생이 반드시 동행해야 하는데 우리의 현실은 공화정의 기준에 훨씬 못 미친다. 노블레스 오블리주야말로 공공성의 핵심이며 천하위공(天下爲公)은 공공성의 원리를 가리킨다. 공공성의 원칙을 정치철학적으로 표현하면 공화정의 사상이 되고, 시급한 구체적 정책으로 옮기면 격차사회 시정과 튼튼한 안보 위에 건설된 한반도 평화정책이 될 터이다.

우리는 지금까지 공화정의 철학의 핵심 테제를 법치주의와 비지배 자유(non-dominant freedom)의 본질적 상관관계라는 맥락에서 논의해 왔다.[73] 공화정의 시민은 자신이 동의한 법규범 안에서 비로소 자유로워지는 것이므로 법치주의는 시민적 자유의 전제조건이나 마찬가지이다. 이와 동시에 현대 민주주의의 출발점인 주체성의 한계 안에 머무르고 있는 자유주의적 자아를 상호 주관적인 공화정의 시민으로 확장시켜야 할 이론적 필요성과 실천적 긴박성을 강조해 왔다. 권리와 의무의 복합체로서의 시민권 개념을 시민적 덕성의 원리에 입각한 공화주의적 인간으로 심화시켜야 현대사회의 분열과 소외에 대응할 수 있다. 매킨타이어와 찰스 테일러에 의해 공화주의적 테제로까지 격상된 시민적 덕의 이념은 그 구체적 표현물로서 헌정주의적 애국심을 낳는다.

5. 공화정의 길, 대한민국의 꿈

공화정의 철학에서 핵심적 위치를 차지하는 헌정주의적 애국심은 우리 사회에서 매우 취약하다고 보아야 한다. 예컨대 상류계층의 병역 면제율이 서민층에 비해 비정상적으로 높은 현상은 합리적

---

73 곽준혁은 서구 학계에서 공화주의가 각광받고 있는 배경을, 타인의 자의적 의지로부터의 자유인 비지배 자유 개념이 자유주의·공동체주의 논쟁의 출구가 될 수 있다는 기대에서 찾는다. 세실 라보르드 외, 곽준혁 외 역, 「역자 서문」, 『공화주의와 정치이론』(까치, 2009), 13쪽.

으로 설명하기가 어려울 지경이다. 공화국 시민의 핵심 덕목 가운데 하나가 헌법정신에 대한 충성이라는 뜻에서의 애국심이다. 따라서 성숙한 공화정의 전통이 강한 나라일수록 국가지도층이 병역의무 수행에 앞장선다. 이른바 사회지도층인 고위공직자나 대기업 소유주 가문의 석연치 않은 병역 면제율이 서민층에 비해 아주 높은 한국의 현실은 '상놈만 군역(軍役)을 졌던' 봉건조선의 유산이 현대 한국에서 재현되어 공화정의 정신을 파괴하는 경우이다.

한국 사회에 널리 퍼져 있는 속설인 '유전무죄·무전유죄'는 법치주의에 대한 정면 도전이 아닐 수 없다. 전관예우는 법조계를 비롯한 고위관료 출신 공직자가 공공재(公共財)인 공적 이력을 퇴직 후 사적 이익을 위해 남용하는 행위이다. 엘리트계층이 공공선을 무시한 채 '그들만의 리그'를 누릴 때 공화정의 핵심인 법치주의와 애국심은 붕괴되고 만다. 강자의 횡포가 실정법과 관행의 이름을 빌려 계속되면 르상티망(패자의 원망과 약자의 질투)이 만연한다. 각자도생이 삶의 문법이 되고 '모두가 모두에게 늑대'가 된다. 세계 10대 경제강국임과 동시에 역동적인 민주국가임에도 불구하고 한국인의 삶이 각박하고 불행한 것은 이 때문이다.

사회지도층의 이름에 걸맞지 않은 상류층의 행태에서 공화국의 필수요소인 공공의식과 공공선에 대한 존중심을 찾는 것은 쉬운 일이 아니다. 노블레스 오블리주의 전통은 조선 시대는 말할 것도 없고 대한민국 건국 이후에도 찾아보기 쉽지 않은 덕목이었다. 왜의 침략에 혼비백산해 도탄에 빠진 백성들을 버리고 의주로 도주한 후 시종 명나라 망명을 애걸한 선조의 모습과, 6·25전쟁 당시 서울함락 때 시민들에게 허위 선무방송을 남긴 채 남쪽으로 도망간 이승만 전 대통령의 얼굴이 겹쳐 보이는 것은 불가피하다. 보통사람의 사회생활 자체가 사회적 학습과정에 다름 아니기 때문에 그 결과는 치명적이다.

지배계층의 공공의식 부재는 선공후사(先公後私)가 아닌 선사후공(先私後公)의 타락상을 낳는다. 공공선에 대한 존경심 결여는 시민들의 공중의식 부족으로 이어진다. 그리하여 나라 전체가 위선의 도가니가 되고 국민은 지도층과 국가 자체에 대해 원망하는 마음을 갖게 된다. 민주주의의 꽃이라는 지방자치제도가 도입된 지 수십 년이 되었건만 역대 민선 기초자치단체장의 절반 가까이가 부정부패나 독직혐의로 형사처벌 되었다는 통계는 풀뿌리 민주주의를 배반하는 공직의 사적 전용 현상을 입증한다. 고위공직자 후보 인사청문회에서 자주 발견되는 부동산 투기는 사회지도층 인사가 집 없는 서민들의 피와 땀을 빼앗는 반공화국적 작태의 전형이 아닐 수 없다.

한 사회의 성장이 외연적 단계에서 내포적 단계로 도약해 명실상부한 선진국이 되기 위해서는 보통사람이 자기가 사는 나라에 긍지를 느낄 수 있어야 한다. 평범한 시민이 일상의 자족감과 기쁨을 누리기 위해서는 스스로가 속한 정치공동체에 긍정적 귀속감을 지니지 않으면 안 된다. 시민 개개인이 갖는 자존감과 공동체의식을 통해 자연스럽게 생성되는 연대감과 신뢰 같은 사회 자본의 존재는 성숙한 사회생활을 가능케 할 준거점이다. 이는 우리가 '좋은 나라'를 떠올릴 때 공화국의 이념과 실제가 절박한 현실적 의의를 갖는다는 사실을 입증한다.

87년 체제 이후 절차적 정당성을 지닌 민주정권들의 국정운영에서 예외 없이 발견되는 출범 초창기의 과잉기대와 후반부의 과잉환멸의 악순환 현상은 '민주화 이후 민주주의의 위기'를 초래했다. 세계가 찬탄하는 대한민국의 성취에도 불구하고 일반 시민들의 불만은 하늘을 찌르고, OECD국가 중 자살률이 최고이며, 국민적 불행지수도 가파르게 상승하고 있다. 그 근인(根因)은 한국 시민들이 정치공동체의 존재 근거인 공공성을 내면화하지 못한 결과 각자도생과 각개약진이 생활화했기 때문이다. 공화정의 철학이 한국인의 생활세계에 내면화되어 있지 않기 때문이다. 촛불의 섬광조차도 왜곡된 현실을 온전히 가리지는 못한다.

나라와 공동체를 위해 희생하는 사람들이 가끔 있지만 대부분의 시민들은 그래 봐야 자기만 손해라고 느낀다. 영화 〈명량〉 열풍이 충무공 신드롬으로 확산된 적이 있었지만 만약 충무공 이순신이 노량대첩에서 명예롭게 전사하지 않았다면 십중팔구 선조의 질투와 당쟁의 희생양이 되었을 것이다. 천안함 폭침 당시 자신을 희생해 대한민국 해군의 명예를 살린 한주호 준위의 살신성인도 지금은 거의 잊혀졌다. 사회지도층에 대한 냉소가 널리 퍼져 있는 사회에서는 우리가 '법 안에서만 진정으로 자유로운 삶을 영위할 수 있다'는 자유와 법치주의의 불가분리성에 대한 공화주의적 삶의 태도가 널리 받아들여지기 어렵다.

나라에 대한 귀속감과 자부심을 느끼지 못하는 시민들 사이의 연대의식이 옅은 것은 당연한 일이다. 한마디로 현대 한국은 원심력이 구심력을 압도하는 '反공화국적 국가'라고 해도 과언이 아니다. 이런 반공화국적인 현실을 고치지 않는 한 개인이 아무리 열심히 노력해도 좋은 삶의 실현은 연목구어에 불과하다. 이처럼 공화정은 '자유롭고 성숙한 시민들이 정치공동체의 주인으로서 서로 배려하며 연대해 살아가는 좋은 나라'를 지칭한다. 공화정 이념의 잣대로 보면 오늘날 한국인의 일상생활과 국가운영에 가장 부족한 부분이 무엇인지 선명히 드러난다.

공화국의 이상은 동북아의 안정과 평화를 지향하는 데도 쓸모가 있다. 우리는 3장에서 안중근 의사의 동양평화론을 변증법적 국가이성의 모델로 재평가한 바 있다. 공화정의 핵심 덕목인 시민의식의 배양은 인종주의적이고 민족지상주의적인 배타적 애국심을 순화시켜 동북아 3국의 민족주의를 열린 형태로 진화시키는 동력이 될 수 있다. 공화주의적인 시민의 주체화가 순조롭게 진행될 때 동북아 세 나라 시민들이 좀 더 깨어 있고 코즈모폴리턴적인 삶의 기회를 가질 수 있다. 시민이 공민으로 상승해 가는 과정이다. 이때 얻게 될 균형감각과 개방성은 각국의 시민을 한 나라의 국민임과 동시에 동북아 사회의 공동 정주자(定住者)이자 세계 시민사회의 성원으로 상승하게 만든다. 한·중·일 세 나라 관계가 어려움을 겪는 오늘의 현실은 공화정 이념의 국제정치적 중요성까지 절감케 한다.

앞에서 논증한 것처럼 국가이성론으로 조명한 대한민국과 조선민주주의인민공화국 사이에는 접점이 존재하지 않는다. 헌법철학으로 판단해도 지금의 남북 사이에는 제3의 통합 지평을 찾아볼 수 없다. 대한민국은 민주공화국임을 헌법의 제1조에서 선포함으로써 공화정을 나라의 근본 가치로 삼겠다고 선언했다. 조선민주주의인민공화국도 스스로를 '공화국'으로 줄여 부른다. 헌법 조문상으로는 공화국이 남북에 공통된 근본이념으로 되어 있다. 하지만 공화정에 대한 남북의 실천 사이에는 눈에 띄는 공통점을 찾는 것이 거의 불가능하다. 조선민주주의인민공화국은 민주주의도 아니며 인민의 나라라고 할 수도 없다. 나아가 북한을 공화국이라고 부를 수 있는 여지는 거의 존재하지 않는다.

공화국의 어원이 'res publica'에서 비롯했고 '시민 모두의 나라'를 지칭한다는 것을 감안하면 나라 전체가 한 개인의 사유물로 전락한 북한 유일체제의 현실은 공화국의 이념과 정면에서 충돌한다. 북한 최고의 통치 원리인 유일사상체계 확립 10대 원칙은 수령(首領)에 대한 '절대적·무조건적 복종'을 강조한다. 한마디로 북한은 '수령의, 수령에 의한, 수령을 위한' 나라인 것이다. 김정은과 그 일가가 국가 전체를 포획(捕獲)해 자신들의 사적 이해관계 밑에 종속시켜 사적 소유물로 만들어 버린 나라가 바로 북한이다. 이것이 북핵과 북한 인권 문제를 포함한 북한 문제의 철학적 근원이다. 북한이 나라로서 실패했다고 확언할 수 있는 철학적 근거는 공화정을 철저한 빈껍데기로 만들어 버린 데 있다.

앞에서 우리는 헌법적 핵심 가치인 공화정의 의미를 집중적으로 조명해 왔다. 공화정이야말로 한국 사회를 성찰하는 데 있어 가장 중요한 이념적 준거임에도 불구하고 제대로 이해되지 못했던 게 우리의 현실이었기 때문이다. 공화정의 이념과 실천이 우리의 생활 세계에서 갖는 의의를 비근한 사례들을 들어 설명한 이유가 여기에 있다. 대한민국 헌법정신의 핵심인 자유주의·민주주의·공화정 이념에서 가장 중요한 것은 공화정이라고 나는 본다. 세 가지 이념의 역사적 뿌리가 다르고 지향도 상이한 까닭에 세 이념의 유기적 통합은 민주공화국 대한민국이 직면한 최대 도전 가운데 하나임이 분명하다. 남북의 평화공존을 위해서도 공화주의의 실천이 긴요하다. 이처럼 공화정의 헌법정신은 정의와 공정성 구현, 격차사회 시정, 삶의 질 상승 등을 지향하는 오늘날의 시대정신을 견인하는 핵심적 잣대가 아닐 수 없다.

대한민국 헌법에서 드러나는 공화정의 요소는 헌법 제1조와 4조, 그리고 헌법 119조에 대한 비교분석을 통해 더 분명해진다. 대한민국 헌법은 "민주공화국"(제1조 1항)을 선포함과 동시에 "자유민주적 기본질서"(제4조)를 천명한다. 정치 이념적으로 민주주의, 공화정, 자유주의가 섞여 있다. 세 이념은 상호 침투와 만남의 과정을 거쳤지만 이들의 역사적 연원과 지향은 같지 않다. 세 이념을 토대로 해서 포스트 분단 시대의 통일헌법에 대한 탐구와 통일철학에 대한 연구가 풍성하게 진행될 수 있음은 물론이다. 보다 구체적으로 말하자면 정의와 공정성 같은 공화정의 중심 가치는 자유주의·민주주의·공화정을 통합하는 화두 역할을 한다.

학계에서조차 정의(justice), 공정성(fairness), 공평성(equity)이 혼란스럽게 혼용되는 경우가 적지 않은데, 나는 기본적으로 정의 〉 공정 〉 공평의 순서대로 위계관계가 성립한다고 본다. 현대 정의론의 선구자 롤스가 '공정성으로서의 정의' 이념을 정초한 이래 공정과 정의 개념이 섞여 쓰이지만 원래 정의는 공정성보다 넓은 개념이다. 이것은 '같은 것은 같게, 다른 것은 다르게'를 정의의 원칙으로 삼은 아리스토텔레스(기원전 384-기원전 322)의 정의 개념을 살펴보면 이해할 수 있다. 공정성에 모두 담기지 않는 정의의 차원이 엄존하기 때문에 21세기적 현실에 부응하는 정의의 차원을 발굴하는 것은 여전히 미완의 과제로 남는다.

나아가 공정과 공평의 차이는 다음과 같이 규정 가능하다. 공평은 사회적 재화의 분배를 향한 경쟁의 출발과 과정이 투명하고(숨김 없이 드러낼 公), 균등해야 함(평평할 平)을 뜻하며 산술적 비례에 가깝다. 이에 비해 공정은 기회균등(公平)에 더해 합당한 결과적 차이를 담아내야 정의에 더 가까워진다(公正)는 개념이다. 너무 지나친 결과의 차이도 불공정하지만 기여와 능력의 차이를 무시해 결과를 억지로 같게 하는 기계적 균등도 공정하지 않다. 결론적으로 공정은 동등함과 차이를 함께 담아냄으로써 공평보다 상위에 서는 개념이다.

공평성의 차원은 개인의 자유와 창의성이 존중되는 가운데 모든 사람이 최대한의 능력을 발휘할 수 있도록 경쟁의 출발과 과정에서 동등한 기회를 주는 것이다. 이에 비해 공정성의 차원은 경쟁의 결과에 대해서는 책임지도록 하되 탈락자와 패자에게 재기의 기회를 제공하는 것이다. 롤스적 공정성의 핵심인 차등 원리가 보수·진보를 불문하고 역대 한국 정부의 사회경제정책에서 태부족인 현실은 단순한 우연이 아니다. 차등의 원리가 함축하는 평등 지향성과 복지 강조를 우리나라의 사회경제정책이 제대로 수용하지 않고 있기 때문이다. 롤스적 차등 원리가 정부의 사회경제정책에 잘 반영되고 있지 않다는 사실과, 기득권층의 복지 개념이 시혜적 복지에서 벗어나 있지 않은 현실 사이에는 일정한 상관관계가 있는 것처럼 보인다.

대한민국 헌법의 사회경제 조항과 공화국의 이상이 만날 수 있는 여지도 풍성하다. 우리나라는 "개인과 기업의 경제상의 자유와 창의를 존중"(제119조 1항)한다. 대한민국의 최고 법규범인 헌법 자체가 자유민주주의와 시장경제를 지향하면서 정의의 첫 부분인 공평성을 전제한다. 동시에 대한민국 헌법은 "국가는 균형 있는 국민경제의 성장 및 안정과 적정한 소득의 분배를 유지하고, 시장의 지배와 경제력의 남용을 방지하며, 경제 주체 간의 조화를 통한 경제의 민주화를 위하여 경제에 관한 규제와 조정을 할 수 있음"(제119조 2항)을 분명히 한다. 정의의 뒷부분이자 그 완결 개념인 공정성의 사회경제적 지평을 환기시키는 대목이다.

헌법 119조의 전체 취지는 1조와의 긴밀한 상관관계 속에서만 온전히 이해될 수 있다. 경제민주화의 헌법적 정당화와 연관해 논쟁을 양산해 왔고, 자유와 평등이라는 민주적 기본 가치들 사이의 갈등을 야기해 온 119조 1항과 2항 사이의 우선성 논란은 헌법 1조에서 말하는 공화정의 지평 위에서만 온전히 통합 가능하다. 대한민국 헌법에 의해서도 국가는 패자부활전을 확립해야 하며, 사회경제적 약자를 보호해야 할 공적 의무를 진다. 보편화한 정의사회의 이념은 대한민국 헌법질서와 부합하며 선진국의 규범적 표준이자 근본 가치인 사회정의론과도 일치한다.

무릇 정의롭지 않은 국가는 제대로 된 국가라고 할 수 없다는 교훈은 인류의 오래된 직관이다. '부정의(不正義)한 공화정'은 형용모순에 가까운 개념이기 때문이다. 불공정한 정치공동체에서 안개처럼 피어나는 르상티망은 헌법적 애국주의의 형성을 막아 헌정(憲政)의 활력을 시들게 한다. 열린 애국심은 인종과 민족에 대한 충성심이 아니라 삶의 질서를 이끌어 가는 대한민국 헌법에 대한 충실성으로 다시 정의되어야 한다. 한국사의 오랜 숙제였던 정의와 공정성의 화두가 새롭게 주목받고 있는 오늘의 흐름은 역사적 필연에 가깝다.

시대적 과제에 담대히 직면해 그것을 실천할 수 있는 용기를 지닌 시민들만이 미래의 희망을 꿈꿀 수 있다. 정치공동체의 궁극 목표가 정의실현에 있고 정의의 최고법적 표현이 헌법이라는 사실을 감안하면 정의·공정성과 대한민국의 헌법정신은 일심동체에 가깝다. 다시 강조하거니와 한국의 정치사회적 현실에서 가장 생소한 가치 가운데 하나는 공화정의 이론과 실천이다. 공화주의적인 삶의 부재는 산업화와 민주화의 진전에도 불구하고 시민들 사이에 상호 적대적인 삶을 널리 퍼트렸다. 헌법문서의 차원에 머무름으로써 박제화되어 온 공화국의 꿈에 다시 숨결을 불어넣는 작업은 우리 사회 진화의 현 단계에서 최대의 도전에 해당한다. 촛불은 성숙한 공화정의 가능성을 불꽃처럼 우리에게 시현해 주었다.

공화정의 이상과 실천은 분열을 줄이고 적대감을 치유하며 사회통합을 제고시킨다. 대한민국을 '자유롭고 평등한 시민 모두를 위한 좋은 나라'로 만드는 최대의 정치철학적 기획이 바로 공화정인 것이다. 따라서 지금 시점에서 그럴듯한 통일 담론을 만들어 내는 일 자체는 전혀 중요하지 않다고 나는 본다. '남북의 주민들이 각각 공화정적인 삶을 생활 현장에서 얼마나 구체적으로 살아가고 있는가'의 여부가 미래의 한반도 모습을 결정할 것이기 때문이다. 공화정이 실현되어야 동북아와 세계 사회도 성숙한 지구촌의 모습에 더 가까워진다. 한반도 전체가 진정한 민주공화국에 한 걸음 더 가까이 갈 때 진정한 평화가 성취된다. 공화정의 길이야말로 한반도의 평화와 통일로 가는 가장 큰 대로(大路)인 것이다.

간난(艱難)의 세월 동안 우리는 세계 최빈국에서 10대 경제강국으로 수직 상승했다. 역동적인 민주주의도 이루었다. 한국적 산업혁명과 민주혁명의 결과 채 100년도 안 된 대한민국이 준(準)선진국으로 떠오른 것이다. 세계사에서 유례를 찾기 어려운 성취이다. 하지만 아직 갈 길이 먼 것도 사실이다. 시민들의 삶은 팍팍하며 미래는 불확실하다. 자살률이 OECD국가 중 압도적 1위다. 불만과 불신이 끓는 우리 사회 일각에서는 나라를 지옥에 빗대는 '헬 조선', '망한 민국'이란 말까지 나온다.

빛과 그림자가 이처럼 극단적으로 엇갈려도 전반적 통계지표들은 한국이 선진국 문턱에 이르렀음을 보여 준다. 한때 우리가 아메리칸드림을 꿈꾸었던 것처럼 수많은 제3세계 노동자들이 코리안드림의 희망으로 한국 사회의 문을 두드리고 있는 게 생생한 증거다. 하지만 우리가 선진국으로 가는 길엔 커다란 걸림돌이 놓여 있다. 북한 문제, 경제 살리기, 복지 강화, 정당혁신, 공공개혁과 교육개혁 등의 난제들이 쌓여 있는 가운데 사회적 신뢰의 부재가 치명적 장애물로 등장했다.

OECD가 발표했던 '한눈에 보는 정부 2015'(Government at a Glance

2015) 보고서는 한국인의 민낯을 폭로한다. 사법제도에 대한 한국인의 신뢰도는 27%로 드러났는데 조사 대상 42개국 중 밑바닥 수준인 39위다. 사법신뢰도가 우리보다 낮은 국가는 콜롬비아(26%), 칠레(19%), 우크라이나(12%) 3개국에 불과하다. 반군조직과 극우단체의 테러가 난무하고 마약범죄가 들끓는 콜롬비아 국민의 법에 대한 신뢰도가 우리와 비슷하다는 사실이 놀랍다. '총체적 불신사회, 한국'의 충격적 단면이다.

한국 사회에서 사법제도가 불신받는 이유는 자명하다. 법조계의 오랜 악습인 전관예우로 국민들이 유전무죄·무전유죄를 의심하기 때문이다. 법의 공정성이 흔들릴 때 공적 제도에 대한 신뢰는 수직 추락한다. OECD 보고서에 의하면 한국 국민 10명 중 7명은 정부를 믿지 않는다. 2015년에 서울대와 조선일보가 수행했던 '광복 70주년 국민의식조사'에선 더 형편없는 결과가 나왔다. 청와대와 검찰, 국세청과 정당에 대한 신뢰가 참담할 정도로 낮다. 한국 사회가 이처럼 만성적인 저신뢰사회가 된 데는 사회 엘리트들의 무책임과 공적 기관의 책무가 막중하다. 강력한 공적 권력이 막대한 힘에 상응하는 책임과 의무를 다하지 않았기 때문이다.

하지만 신뢰의 부재가 힘 있는 자들만의 고질병은 아니다. 우리네 일상에서도 신뢰라는 마음의 습관이 태부족하다. '거짓말 범죄'인 사기, 무고, 위증사범 발생률이 이웃 일본에 비해 수십 배에서 수천 배까지 높은 게 단적인 사례다. 타인과 공적 제도에 대한 신뢰가 없는 곳에서는 '모두가 모두에 대해 늑대'인 존재로 타락하기 쉽다. 불공정한 데다 불투명하기까지 한 '게임의 규칙'에 대한 의심은 사회 구성원들의 분노와 원망을 키운다. 불신과 불공정은 공화정의 최대 적(敵)이다. 자유로운 시민들이 함께 어울려 사는 공화정은 결코 헛된 유토피아가 아니다. 공정한 게임의 규칙인 법질서와 시민정신이 두루 성숙한 현실사회야말로 온전한 공화국에 가깝기 때문이다. 시민 스스로 동의한 법치주의로 자유와 정의(正義)를 실천해 가는 공동체가 곧 공화정인 것이다. 이런 의미의 공화사회는 헌법 제1조가 규정한 민주공화정을 실현하려는 시민사회 차원의 구체적 시도이기도 하다.

진정한 공화정으로 가는 길은 멀고도 험하다. 하지만 성숙한 시민들이 자유롭고 풍요로운 삶을 누리는 평화로운 한반도의 미래를 우리가 진정 바란다면 함께 반드시 그 길로 나아가야만 한다. 다른 대안은 존재하지 않는다. 권력이 강할수록 공정하려 애쓰며 가진 자일수록 의무를 다하는 풍토에서만 사회적 신뢰가 싹튼다. 신뢰와 공정성이라는 사회 자본에 비례해 통합과 관용지수가 증가하고 경제성장이 빨라진다는 건 확고한 경험칙(經驗則)이다. 신뢰야말로 삶을 풍성하게 하고 국격(國格)을 드높이는 결정적 힘이다. 결국 신뢰 없이 선진국도 없다. 신뢰와 공정성, 정의 같은 미래 지향적 가치들은 성숙한 공화정의 바탕 위에서만 실현 가능하다. 국가이성이 변증법적 국가이성으로 진화하고 민주공화정의 헌법철학으로 완성될 때 대한민국의 꿈은 영글어 간다. 결국 공화정이야말로 우리를 미래로 이끌 진정한 한국몽(韓國夢)이다.

공화정의 철학은 오늘의 시대정신으로 떠오른 '공정하고 정의로운 나라'에 대해서도 선명한 가이드라인을 제시한다. 여기서 우리는 헌법 1조 1항 '민주공화정'의 의미에 대해 다시 성찰해야 한다. 공화정의 핵심 내용인 비지배 자유를 이루기 위해서는 양극화를 줄여 격차사회를 극복해야 한다. 공정한 차이는 장려하되 불공정한 격차를 줄이고 최소한의 인간 존엄권이 보장되는 사회만이 진정한 시민적 자유를 보장할 수 있다. 법 앞의 평등을 실천하는 법치주의는 공화정의 또 다른 본질이다. 나아가 인종이나 혈통이 아니라 헌재 심판 결정문이 강조한 바 있는 헌법정신에 대한 충성심이야말로 공화정이 강조하는 시민적 애국심의 원천이다.

적어도 지금까지 문재인 정부가 순항하고 있는 것처럼 보이는 배경에는 이런 맥락이 자리한다. 문재인 정부의 출범이 촛불시민혁명의 시대정신과 만나는 지점이 엄존했기 때문이다. 문 대통령이 약속한 '사람이 먼저다'와 '공정하고 정의로운 나라'가 상징하는 '가치의 정치'의 호소력 덕분이다. 먹고사는 문제를 넘어 삶의 질을 갈망하는 대중의 요구에 문재인 정부가 '응답'하고 있다고 적지 않은 사람들이 느꼈던 것으로 보인다. 선전이나 홍보로 달성하기 어려운 문재인 팬덤이 창출되었던 이유이기도 하다. 일자리 만들기, 공공기관 비정규직 정규직화, 최저임금 인상, 문재인 케어(의료정책) 등이 예산 문제를 넘어선 근본적 호소력을 가졌던 이유도 비슷하다. 그런 정책들이 '인간다운 삶, 공정한 나라'라는 국가철학의 근본 가치를 가리키고 있는 것으로 보였기 때문이었다.

돌이켜 보면 박근혜 정부가 몰락한 근본 원인은 국가운영의 근본인 공공성과 공정성을 파괴한 데서 비롯된다. 국가공동체가 일개 사인(私人)의 약탈 대상으로 전락한 사실이 폭로되자 국민적 공분(公憤)이 폭발했다. 공화정 시민들의 역린을 건드린 셈이다. 이화여대의 청춘들이 '느린 민주주의'로 공화정으로 가는 문을 먼저 열었다. 광화문 광장의 촛불은 세대·지역·이념·성별의 경계를 넘어 수백만 자유시민이 동참한 축제의 현장이었다. 서울 도심과 전국 곳곳을 밝힌 비폭력 촛불의 바다는 세계 정치사의 기적이었다. 공화국이 죽지 않고 살아 있음을 웅변하는 한국 시민의 압도적 존재 증명이었다. 공화(共和)의 화룡점정(畫龍點睛)을 찍는 시민참여는 현재진행형으로 계속되고 있다. 촛불혁명은 '이게 바로 진정한 나라다'를 확신할 수 있을 때만 그 대장정을 마무리할 수 있을 터이다.

진정한 국가, 나라다운 나라는 공화정일 수밖에 없다. 하지만 민주공화국의 대장정은 이제 막 출발했을 뿐이다. 공화정으로 가는 길엔 온갖 장애물이 가득하다. 참된 공화정의 길은 '끝날 때까지는 결코 끝난 게 아니다.' '옛것'은 사라졌지만 '새것'은 아직 오지 않았다. 국가가 주도한 근대화와 산업화의 뒤안길에서 정경유착과 인권탄압이 함께 자라고 있었다는 것이 한국 현대사의 빛과 그림자였다. 권위주의 시대 국가 모델의 최대 약점은 국가가 주체가 되고 국민을 객체로 전락시켰다는 데 있다. 정부의 권위주의적 통치, 정경유착과 관료·재벌 기득권동맹, 구조화한 부정부패, 무너진 공정성, 사회양극화, 결과지상주의 등이 국가지상주의의 부정적 유산이었다.

촛불혁명은 국가중심주의 모델 자체의 지양을 요구한다.[74] 국가지상주의와는 정반대로 촛불의 시대정신은 국민이 주체이고 국가가 객체임을 선포한다. 촛불의 바다를 평화적 축제로 승화시켰던 시민적 주인의식이야말로 우리가 주인이라는 생생한 증거가 아닐 수 없다. 하지만 21세기 시민정치의 불꽃인 촛불이 무한정 지속될 수는 없다. 불꽃축제가 무기한 계속되기 어려운 것과 같은 이치다. 경제와 국가안보를 시민정치의 열정으로 해결하는 데는 본질적 한계가 있는 것이다. 대한민국이 '촛불 그 너머'로 나아가야만 하는 까닭이다.

촛불 너머에서는 성숙한 공화정이 우리를 기다린다. 국가중심주의적 국가이성이 견인하는 권위적 국가가 아니라 변증법적 국가이성이 이끄는 민주공화정의 국가가 우리 앞에 놓여 있다. 공정한 국가, 투명한 시장, 성찰적 시민사회가 함께 가는 정치공동체가 공화정이다. 민주공화국의 시장에서는 재벌의 비대한 힘을 사회가 통제

---

74 최장집 교수는 이를 "박정희 패러다임의 붕괴"라고 표현한다. 최장집 외, 『양손잡이 민주주의: 한 손에는 촛불, 다른 손에는 정치를 들다』(후마니타스, 2017), 13쪽.

하고 경제적 불평등을 줄인다. 공화정의 국가는 특권을 철폐하며 무소불위의 검찰과 대통령 권력을 법 아래에 두는 법치주의를 실천한다. 공화주의적 시민사회는 일상 속의 국가지상주의 모델을 넘고 시민윤리를 뿌리내려 헌정(憲政) 애국주의로 사회 통합을 높인다. 이러한 모든 덕목을 구현한 시민들의 나라인 공화정은 외침과 내란의 위협으로부터 단호하게 수호되어야만 한다. 내가 머리말에서 힘과 도덕을 결합해야만 나라다운 나라가 만들어질 수 있다고 거듭 강조한 이유이다.

지금은 북핵 위기가 야기한 총체적 국가 위기에 직면해 있는 상황임에도 한국 민주주의의 건강함과 시민들의 주체적 역량이 한껏 고조되고 있는 시기이기도 하다. 한국 역사의 일대 위기이자 호기(好機)가 아닐 수 없다. 촛불을 통합 지향의 공화혁명으로 승화시켜야 할 엄중한 시간이기도 한 것이다. 우리는 한국적 산업혁명과 민주혁명을 넘어 제3의 국가 비전인 성숙한 공화혁명으로 가는 출발점에 서 있다. 도전과 응전의 선순환구도를 잘 견뎌 차분하게 역량을 키워 간다면 대한민국이 '통합과 화해의 中강국인 민주공화국'으로 격상되는 것은 결코 먼 미래의 일이 아닐 것이다.

돌이켜 보면 촛불 자체가 '제도정치와 시민정치의 변증법'이 살아 움직이는 현장이기도 했다. 국민이 정치권에 국정을 잠정적으로 위임한 제도정치가 제 몫을 하지 못할 때 시민정치의 대두가 불가피하다. 우리 역사의 역동적 유산이다. 불의한 권력에 항거한 시민정치였던 3·1운동과 4·19의거를 헌법 전문(前文)이 강조하고 있을 정도이다. 하지만 지금은 '촛불 너머'를 준비해야 할 때다. 우리는 촛불의 이상주의를 국가철학의 현실주의와 변증법적으로 통합해야 할 결정적 순간을 맞고 있다. 힘과 도덕이 하나로 통합되어야 국가를 지키고 역사를 창조할 수 있다는 교훈이 지금보다 긴박한 울림을 갖는 때도 드물다. 박정희 모델을 넘어 포스트 박정희 모델의 제도화로 나아가야 하는 과정에서 변증법적 국가이성의 엄중함을 되새겨야 할 시점이기도 하다. 촛불혁명의 에너지를 대한민국이라는 21세기 공화정 세우기의 장(場)으로 승화시키는 것은 전적으로 우리 자신의 몫이다.

제 5 장

종합토론

■ 1주차 강연 〈21세기 국가이성의 이념〉 관련 질문

[질문 1] 후쿠자와 유키치는 합리적 계몽주의자이면서도 정한론을 주장했고, 마루야마 마사오는 평양에서 첫 군복무도 했고 진보적 지식인이면서도 한국에 무관심했습니다. 그들은 왜 정한론을 주장했고 한국에 무관심했을까요?

[답변] 후쿠자와 유키치는 근대화론자이자 일본을 대표하는 계몽주의적 교육자·언론인이었음에도 불구하고 나중에 노골적인 정한론에 기울어지게 됩니다. "하늘은 사람 위에 사람을 만들지 않고 사람 밑에 사람을 만들지 않는다"(『학문을 권한다』, 1872)는 유명한 선언이 계몽주의자로서 그의 한 얼굴이라면, 후쿠자와의 다른 얼굴은 근대화를 중시한 탈아론(脫亞論)을 가지고 서구 제국주의를 모델로 삼은 부국강병론자(1862년의 『西洋事情』과 1875년의 『문명론의 개략』)라고 할 수 있습니다. 민권의 중요성을 강조하던 후쿠자와 유키치가 차츰 일본 국가중심주의에 경도되어 갔던 것이지요. 그가 국권과 민권의 균형을 강조하던 입장에서 국권우선론으로 방향을 바꾼 데는 제국주의가 득세한 당대의 국제정세를 불가피한 것으로 보았기 때문입니다. 구체적으로 후쿠자와는 청일전쟁의 승리에 환호하면서

정한론을 주장하게 됩니다. 후쿠자와에게 큰 영향을 받은 마루야마 마사오는 후쿠자와 유키치 사상의 이런 자기배반적 행로를 정밀하게 분석하고 있습니다. 초국가주의로 나타난 일본 파시즘에 대한 최대 비판가인 마루야마 마사오가 정작 그 피해자인 한반도의 운명에 무관심했던 이유에 대한 제 추론은 아래에서 설명하겠습니다.

[질문 2] 마루야마 마사오가 미국이나 유럽의 정치철학 속에 비밀이 있다고 믿었다는데, 그 비밀이란 무엇인가요?

[질문 3] 마루야마 마사오는 논리의 치밀성이 있음에도 서유럽의 '근대성'과 역사 전개 방식을 의심 없이 전제로 삼은 것은 허구적이고 협소하다는 비판에 대해서 어떻게 생각하시나요?

[질문 4] 마루야마의 논문 「초국가의 논리와 심리」의 내용이 어떤 점에서 야스퍼스의 일본판이라고 볼 수 있는지요?

[질문 5] 마루야마의 "문어항아리 문화"와 "부챗살 문화"가 어떤 것인지 궁금합니다.

[답변] (질문 2-5) 마루야마 마사오는 '일본 학계의 천황'이라 불릴 정도의 학문적 성취를 대내외적으로 인정받고 있습니다. 대단히 정교하고 치밀한 논리와 방대한 학문 영역을 과시하는 거장이지요. 한편으로 마루야마가 서양 학계의 논리와 전제들을 보편적 잣대로 삼고, 그 잣대로 일본의 사상과 일본 사회의 현실을 재단하고 있다

는 비판도 제기됩니다. 그렇게 볼 수 있는 여지가 존재합니다. 하지만 그를 '서양중심주의자'로 규정하기에는 일본인으로서 그의 성찰적 자의식과 일본문화에 대한 그의 천착이 너무 깊고도 해박합니다. 서양의 보편적 성취에 열려 있으면서 일본의 약점을 예리하게 비판하는 그의 학문적 태도는 높이 평가되어야 한다고 봅니다.

"문어항아리 문화"와 "부챗살 문화"는 마루야마의 『일본의 사상』에 등장하는 흥미로운 일본문화론입니다. 서양에는 고대-중세-르네상스문화로 이어지는 공통의 기반이 있고 거기서부터 근현대의 각 학문분과가 부챗살처럼 갈라지고 있다고 그는 봅니다. 그 결과 학문분과들의 자율성과 다원성이 확보됨과 동시에 그런 공통기반에서 비롯된 공동언어와 개념을 통해 각 학문분과들이 서로 소통하면서 발전할 수 있었다는 것입니다. 이에 비해 고대-중세를 관류하는 공통의 문화지반을 결여한 일본문화는 바닷속에 가라앉은 문어잡이용 항아리가 병렬해서 놓여 있을 뿐 서로 만나지 않는 것처럼 각 학문분과가 자기 항아리 안에서만 연구를 심화시키기 때문에 다양한 학문들 사이에 상호 소통과 교류가 드물다는 것입니다.

마루야마 마사오는 이런 문어항아리 현상으로 학계뿐만 아니라 일본 사회 전반을 설명할 수 있다고 봅니다. 사회적 단위들 사이에 횡적·수평적 연계가 약해 각기 따로 노는 상황에서 위에서 내려오는 국가 중심의 논리가 일방적으로 시민사회와 개인에게 적용되면서 시민사회의 발전이 지체되고 개인이 파편화되고 말았다는 진단입니다. 흥미로운 가설입니다.

마루야마가 1946년에 발표한 「초국가주의의 논리와 심리」는 독일 철학자 야스퍼스가 1946년에 발표한 「죄책의 문제」와 서로 대응하는 측면이 일부 있습니다. 제2차 세계대전의 참화에 대한 내부 성찰을 촉구하는 글이라는 측면에서 그러합니다. 하지만 각기 독일과 일본의 지성을 대표하는 두 사상가의 입장에는 중대한 차이가 있습니다. 나치를 비판해 탄압받은 야스퍼스는 모든 독일인이 모든 전쟁범죄에 같은 책임을 져야 한다는 논리는 아무에게도 책임을 묻지 않는 것이나 다름없다고 주장합니다. 큰 죄를 진 자는 큰 책임을 져야 마땅하다는 것입니다. 그리하여 그는 법적인 죄, 정치적인 죄, 도덕적 죄, 형이상학적 죄를 구별하지만 동시에 독일인들의 깊은 성찰을 촉구합니다. 특히 독일인들이 독일 바깥과 다른 나라 사람들에게 지은 죄를 부단히 반성해야 비로소 세계 시민이 될 수 있다고 역설합니다.

이에 비해 마루야마는 일본 파시즘의 논리와 그 논리에 맹종한 일본 국민의 심리를 예리하게 파헤치면서도 일본의 초국가주의가 일본 바깥의 다른 국가와 다른 나라 시민들에게 끼친 책임은 거의 거론하지 않습니다. 일본 파시즘이 일본 사회를 어떻게 망가뜨렸는가를 현미경처럼 자세히 분석하면서도 일본 파시즘이 한반도를 비롯한 타국과 다른 나라 국민들을 노예화한 데 대해서는 침묵하는 태도는 기이하다고 할 수밖에 없습니다. 혹시 마루야마 자신이 일본 내부에만 매몰된 '문어항아리' 방식의 사유를 전개하고 있는 것은 아닐지 의문입니다.

[질문 6] 한일 두 나라는 "한 줄기의 띠와 같은 좁은 냇물"을 사이에 둔 가까운 이웃인데도 불구하고, 가해자 일본과 피해자 한국 두 나라는 서로가 서로를 미워하고 깔보고 업신여기는 불구대천의 사이로 지내 왔으며, 악랄한 일본 제국주의의 침략으로 인한 한국 민족의 깊은 상처가 아직도 아물지 않고 있습니다. 역사적으로, 민족적으로 상반되는 다른 길을 걸어온 두 나라가 대국적인 견지에서 서로 화합을 하여 좋은 이웃, 영원한 친구가 되려면 한일 두 나라가 어찌해야 하는지? 소상하게 밝혀 주십시오.

[질문 7] "일본인은 친절하고 정직하다"고 알려져 있습니다. 그런데 왜 독도 문제와 위안부 문제를 부인하는지 선생님의 견해를 말씀해 주십시오.

[질문 8] 안중근 의사의 이토 히로부미 저격에 대해서 일본인들이 안 의사를 "테러리스트"라고 하는데 우리는 어떻게 대처해 나가는 것이 좋은지 선생님의 고견을 부탁드립니다.

[질문 9] 일본의 이토 히로부미는 영웅적 인물로 화폐에까지 등장하여 우리나라를 계속 깔보고 있는 지 오래되었는데 이 시점에서 만시지탄은 있으나 "안중근" 의사를 우리나라의 영웅적인 존경인물로 화폐에 정중히 모셔야 된다고 보는데 불가능한 일일까요? 그

문제점이 있다면 무엇일까요? ― 대일 적극자세가 필요하다고 봅니다(독도, 위안부, 교과서 등).

[질문 10]

대한민국의 독립과 건국에 대한 정체성?

- 민족을 기본으로 하는 설명을 부탁드립니다.

친일파 및 뉴라이트 세력의 쇠퇴는 언제쯤일까?

- 대법원에 방응모, 김성수, 이해성 친일행위자 결정 재판이 7년째 계류 중에 있습니다.

[답변] (질문 6-10) 한국과 일본 시민 모두 정직하게 자국의 역사를 직시하면서 계속 교류하고 논쟁하며 대화를 이어 가야 할 것입니다. 민간 차원에서 한일 공동 역사교과서를 만드는 시도 같은 협력 작업이 아주 중요합니다. 각국 시민사회가 더 관용적이고 개방적인 삶의 태도를 갖도록 하는 것이 문제 해결의 관건입니다. 또 한일관계를 한·중·일 차원의 지역협력체제로 격상시키는 것을 적극적으로 모색해야 하며 한일 정상회의와 한·중·일 정상회의를 정례화해야 합니다. 이미 존재하고 있는 한·중·일 3국 협력사무국을 내실화하고 더 확장시켜서 동북아 지역협력체를 국제적 제도의 형태로 착근시켜야 합니다.

일본이 세계 유수의 대국이자 경제강국의 위상에 걸맞게 전후 독일처럼 자신들의 과거 잘못을 진솔하게 인정한다면 참 좋겠지요.

일본이 앞장서 사죄하며 피해자들에게 각종 보·배상을 하는 것이 바람직하지만 아쉽게도 일본의 수준은 독일에 현저히 미달합니다. 일본의 국격이 세계 일류에 훨씬 미치지 못한다는 사실을 과거사 문제에서 일본의 후진적 행태가 스스로 입증하고 있는 셈입니다. 따라서 우리는 일본의 전향적 변화를 촉구해야 하지만 그러한 비판 논리를 개진할 때 한국 민족주의의 감성적 대응은 절제하면서 인류 보편주의에 맞추어 세계 시민사회와 보조를 맞추는 것이 현명하다고 봅니다.

궁극적으로 우리의 국력과 국격, 민주주의와 경제의 수준이 일본을 능가하게 될 때 우리가 일본에 대한 복잡한 양가감정(우월감과 열등감의 혼재)을 극복할 수 있을 것이라고 봅니다. 친일 청산도 적극적으로 해야 하겠지만 종국에 가서 우리가 일본보다 더 나은 나라가 되고 한국 시민사회의 수준이 일본보다 높아질 때 친일의 불행한 유산이 완전히 청산된다고 생각합니다. 진정으로 스스로에 대해 건강한 자존감이 있는 주체는 타자의 시선에 일희일비하지 않겠지요. 스스로 당당하게 우리의 입장을 설명하면서 일본의 자폐적 경향을 지적할 수 있다고 봅니다. 예컨대 일본 시민들에게 안중근 의사와 이토 히로부미의 본질적 차이를 차분하게 설명해야 합니다. 나아가 일본 사람들에게 자신들의 덕목인 친절과 정직성을 왜 과거사와 국제관계에는 적용하지 않느냐고 촌철살인으로 질문해야 마땅합니다.

[질문 11]

(1) 국가이성론과 정치적인 것의 통합을 통한 변증법적 국가이성 패러다임은 자유의식의 진보를 강조하는 헤겔의 역사관을 지남으로써 한층 더 심화된다. 여기서 출발점이 되는 것은 헤겔『정신현상학』의 화두인 인정투쟁의 개념이다. … (노예는) 인간이 부단한 자기 형성의 노력을 통해 자유와 존엄성을 가진 타인과 동등한 존재로 높아진다는 철학적 인간학에 가깝다. … 인정투쟁은 상호 승인을 함축할 수밖에 없는 것이다. 인정투쟁의 동역학이 철학적 인간학을 넘어 정치사상과 역사관으로 확장 가능한 것은 이 때문이다 (이 책의 제2장 1. 주인과 노예의 인정투쟁).

(2) 악셀 호네트는 헤겔의 '인정투쟁' 개념을 조지 허버트 미드의 사회심리학, 정신분석학적 대상관계 이론, 사회운동사 등을 통해 경험과학적으로 재구성함으로써 현대적 맥락에 맞게 되살린다[철학아카데미,『처음 읽는 독일 현대철학』(동녘, 2013), 337-369쪽; 악셀 호네트,『인정투쟁』(사월의책, 2011)].

(3) 낸시 프레이저는 〈재분배나 인정이냐〉를 둘러싸고 악셀 호네트와 상호 간 이론적 대결을 한 바 있다. 포괄적 정의론 속으로 인정문제를 포용하려는 프레이저와 재분배 문제도 인정이론 속에서 합당하게 다룰 수 있다고 주장하고 있다[철학아카데미,『처음 읽는 영미 현대철학』(동녘, 2014), 289-315쪽].

헤겔, 악셀 호네트 및 낸시 프레이저 교수가 각각 주장하는 '인정 투쟁'의 내용을 잘 모르겠습니다. 이것을 쉽게 정리하여 주시면 고맙겠습니다.

[답변] 저는 헤겔의 인정투쟁 개념을 마르크스가 계급투쟁에 대한 비유로 읽은 것과는 달리 일종의 철학적 인간학으로 이해했습니다. 나와 동등한 타자에게서 존엄한 존재로 인정받는 것이 인간이 주체성을 정립하는 데 필수적이라는 것입니다. 인정받는다는 사실 자체가 인간존재의 근본 요건이라는 주장입니다. 나아가 저는 그런 인정은 일방적인 관계로 제한되지 않으며 본질적으로 상호 인정의 계기를 포함한다고 확신합니다.

프랑크푸르트학파의 3세대 철학자인 악셀 호네트는 헤겔의 인정 개념을 빌려 와 스승인 하버마스의 의사소통 합리성이론을 넘어 사회심리학·정신분석학·사회이론까지도 포괄함으로써 한층 더 발전시키고 있습니다. 낸시 프레이저는 이런 독일적인 인문주의적 인정이론이 분배 문제를 소홀히 취급함으로써 경제적 불평등이라는 현대사회 최대의 도전을 경시하고 있다고 주장합니다. 재분배라는 이슈는 인정 문제로 환원되지 않는 독자성을 지니므로 사회비판이론이 재분배와 인정이라는 두 개의 독립적 차원으로 분별되어야 한다는 주장입니다. 이에 비해 호네트는 인정 개념 자체가 재분배의 차원을 포괄하고 있는 상위 개념이므로 프레이저 방식의 이원론적 접근이 불필요하다고 봅니다. 군이 비유를 하자면 둘 다 진보적 학자이지만 프레이저는 경제를 중시한다는 점에서 마르크스에 더 가깝고 호네트의 입장은 헤겔에 더 근접한다고 해석될 여지도 있습니다.

[질문 12] 변증론과 변증법적 국가이성을 이론적으로 설명해 주십시오.

[답변] 사전적으로 설명하자면 변증론은 논리적 추론의 규칙에 대한 탐구를 뜻하며, 변증법은 객관세계의 변화법칙에 대한 해명으로 이해되는 경우가 많습니다. 철학사적으로는 아리스토텔레스가 변증론을 집대성한 후 중세에는 변증론이 기독교 신앙을 정당화하는 호교론(護敎論)으로 이용된 데 비해, 객관세계를 법칙적으로 설명하는 변증법은 헤겔이 관념변증법으로 집대성하고 마르크스가 유물변증법의 형태로 재구성했다고 할 수 있습니다. 제가 사용한 변증법적 국가이성이라는 표현에는 수사학적 측면이 있으며, 기존의 국가이성을 넘어선 21세기적 울림을 갖는 보편적 국가이성의 뜻으로 사용한 개념입니다.

[질문 13] 헤겔은 "국가의 본질이 개체이며, 한 국가의 개체성 속에는 타자에 대한 부정이 포함되어 있다"고 하였습니다. 그렇다면

인간 각 개인에게도 타자를 부정하는 속성이 있다고 보아야 되겠지요?

[답변] 그렇게 볼 수도 있겠습니다. 인간이 스스로를 정립해 가는 과정에는 타자를 부정하는 과정과 긍정하는 과정이 모순적으로 혼재되어 있다고 할 수 있습니다.

[질문 14] 칸트의 '영구평화론'에 대해서 한 말씀해 주시죠.
 - 국가 간의 영구평화를 위해 범해서는 안 될 금기조항, 곧 예비조항, 국가 간의 영구평화를 확정 짓는 조항, 영구평화를 위한 보증조항에 대해서

[답변] 칸트의 『영원한 평화를 위하여』는 일시적이 아닌 영원한 평화, 지역적 평화가 아닌 전 지구적 평화의 전제조건들을 체계적으로 밝힌 중요한 저서이며, 현대의 평화 연구에서도 필수불가결한 고전으로 여겨집니다. 이 책에서 칸트는 영원한 전 지구적 평화를 달성하기 위한 6개의 예비조항과 3개의 확정조항을 통해 국내법·국제법·세계시민법의 차원을 관통하는 세계평화의 규제적 이념을 설파합니다. 하지만 헤겔은 칸트의 평화론을 공허하고 형식적인 이상론이라고 비판하게 됩니다.

[질문 15] 안중근의 동양평화론과 칸트의 영구평화론을 비교하는 논문들을 열거해 주셨으면 합니다.

[답변] 2009년 안중근·하얼빈학회가 안중근 의거 100주년 기념 국제학술회의를 서울에서 개최하였고, 그 전후로 여러 학회에서 관련 논문이 나왔습니다. 그 가운데 중요한 논문들을 모아 놓은 책이 『영원히 타오르는 불꽃: 안중근의 하얼빈 의거와 동양평화론』(지식산업사, 2010년 재판)입니다. 이 책 제2부에는 안 의사의 동양평화론과 칸트의 영구평화론을 분석한 논문 6편이 함께 실려 있으니 참고하시기 바랍니다.

[질문 16] 미완의 안중근 의사의 동양평화론을 오늘날 동북아에서 구현하기 위해서는 어떤 조건이 중요하다고 보십니까? 한·중·일 간 영토·경제·문화 갈등이 얽힌 지정학 속에 한반도 북쪽의 폐쇄집단 북한의 핵무장까지 겹쳐 평화 파괴 우려가 직면한 현상에서 한국 주도의 동양평화를 이루려면 국가적·개인적·철학적으로 어떤 것이 준비되고 선행되어야 할까요?

[답변] 제가 설파하고 있는 공화정의 철학이 그에 대한 간접적 답변입니다. 유럽연합의 경우에서 보듯 지역평화는 장구한 시간과 각국의 엄청난 노력을 필요로 합니다. 유럽조차도 현재의 단계에 이

르기 위해서 두 번의 세계대전과 무수한 전쟁을 경험하지 않을 수 없었습니다. 동북아에 구조적 평화를 뿌리내리는 건 유럽보다 훨씬 더 힘들 것입니다. 핵무장 국가로 등장하고 있는 북한의 존재가 상황을 한층 어렵게 만들고 있는 형국입니다. 유럽에는 거대한 중국 같은 존재가 없는 데다, 유럽 각국마다 수백 년에 걸쳐 축적된 시민사회와 법치주의의 전통이 있었습니다. 동아시아와 상황이 많이 달랐지요. 따라서 우리도 동북아 평화를 이루기 위한 수십-수백 년의 소요 시간을 염두에 두면서 혹시 발생할지도 모르는 무력충돌을 극력 회피해 평화의 동력을 각국 안에서부터 차근차근 쌓아 가야 합니다. 지금 단계에서 가장 긴급한 것은 북한의 군사적 모험주의를 억제해 장기 지속 가능한 한반도 평화체제를 만들어 내는 일입니다. 통일 담론은 더 이상 긴박한 주제가 아니라고 저는 생각합니다. 통일을 강조할수록 평화의 가능성이 줄어드는 것도 심각한 문제입니다.

[질문 17] 경제발전과 민주주의 두 개의 트랙을 고르게 발전시키려면, 이조 시대 태종이 세종의 왕권 강화를 위해서 친인척 세력을 제거했는데 … 우리나라도 우민 민주주의를 방지하고 또 미국의 트럼프처럼 미국 공화당 링컨의 정신을 완전히 망각한 우민 민주주의의 (욕구불만세력의 투표행위) 태동을 방지하려면, 도덕성과 지도력의 자질을 갖춘 강력한 지도자가 나타나서 국민을 계도할 필요가 있지

않을까요?

　[질문 18] 정치지도자와 도덕성에 대한 관계를 교수님께서는 어떻게 보고 계시는지요? 교수님의 관점에서 보는 점을 말씀해 주셨으면 합니다. 정치와 도덕성이 천칭 저울과 같이 간다면 국민을 위한 정치가 되지 않을까 합니다.

　[답변] (질문 17-18) 정치와 도덕이 단순한 대립관계만은 아니라는 주장을 처음으로 펼친 게 마키아벨리 사상이라고 할 수 있습니다. 베버는 정당한 폭력 위에 구축된 국가가 우리의 생사를 좌우할 수도 있기 때문에 나랏일을 다루는 현실정치인은 자신의 행동이 가져올 결과에 책임을 져야 한다는 책임윤리를 말한 바 있습니다. 동기만 선하면 되는 심정윤리의 차원과는 본질적으로 상이한 측면이 정치적 행위에 내재한다는 주장입니다. 이처럼 정치적 리더십이 중요하긴 하지만 저는 어떤 영웅적 지도자일지언정 국가적 문제를 단칼에 해결할 수 있다고 믿지 않습니다. 민주정치는 시민들이 최선이 아니라 차선을, 그리고 경우에 따라서는 최악을 피해 차악을 선택하는 지난한 시행착오의 과정 그 자체일 수밖에 없기 때문입니다. 트럼프의 출현도 사실은 미국 민주주의가 치르고 있는 비싼 비용 가운데 하나입니다.

　[질문 19] 사회양극화를 줄여야 하는 것은 누구나 다 아는 명제입

니다. 그 방법이 문제입니다. 선생님이 생각하시는 양극화를 줄이는 방법이 있다면 얘기해 주십시오.

[답변] 제 졸저인 『시장의 철학』(나남, 2016)을 참고하시기 바랍니다. 일자리 창출정책이 열매를 거두어야 함과 동시에 경제민주화와 복지 강화도 국가의 우선순위가 되어야 합니다. 세계적 차원에서나 국가적 맥락에서 고도성장 시대가 종언을 고했음을 인정하면서 성숙사회로 가는 토양을 가꿔 나가야 합니다. 한국의 복지비용은 OECD국가 평균의 절반에도 미치지 못합니다. 우리 사회 분위기가 이토록 팍팍한 데는 이 부분이 큰 영향을 주고 있습니다.

[질문 20] 특정한 정치공동체의 통합성에 대한 고려 없이 국민의 권리만을 일방적으로 강조하면 고대 아테네의 경우처럼 국가는 해체 위기를 맞게 되고, 이와는 달리 국가의 통합성만을 강조하다 보면 히틀러의 나치나 일본 제국주의처럼 국민의 권리가 유린, 파괴된다고 하셨는데, '국민의 권리'로서의 '민권'과 '국가의 통합성'으로서의 '국권' 두 가지 모두를 조화롭게 갖출 수 있는 이상적 국가 형태는 어떤 것이라야 하는지 설명하여 주십시오.

[질문 21] 국권과 민권의 통합을 지향하는 접근방안은 무엇이 되겠습니까?

[질문 22] 좋은 강연 잘 들었습니다. 베버는 국가는 "폭력"의 사용

이 아니라 "정당한 폭력" 사용이라 하고 그 정치권력도 물리적 강제력만이 아니다 → 정치적 정당성이 확보되고, 안정적 지배가 유지되어야 한다고 했지요. 그러므로 합법적 권위가 중요하다는 주장입니다. 그러나 21세기 선진국가의 자유민주주의에서는 이 합법적 권위에 더하여 국민의 정치참여와 그리고 국가지도체제가 국민의 요구에 응답하고 있는가가 불가결하다고 하지요. 이에 비추어 우리의 소위 '국가이성' 강조만으로는 정치적 정당성도 없고, 권위주의만 횡행하는데 이러한 현 체제의 실천적 개선방안을 말씀해 주십시오.

[질문 23] 국가의 이성 및 목표와 대립관계를 형성하는 각종 이익집단의 여론 및 선동에 대한 문제들을 어떻게 풀어 나가야 하는지요?

[답변] (질문 20-23) 저는 1·2주차 강의에서는 민권과 국권을 유기적으로 통합하는 출발점으로서 변증법적 국가이성을 주장했습니다. 3주차 강의에서는 더 나아가 변증법적 국가이성이 공화정으로 진화하고 상승해 가야 국민의 권리로서의 민권과 국가 통합성으로서의 국권이 온전히 연결될 수 있음을 자세히 논변했습니다.

[질문 24] 교수님께서는 제1강에서 2016년 4월 총선에서 나타난 결과를 언급하면서, 통치가 아닌 협치를 해야 한다고 말씀하셨습니다. 그러나 총선의 결과를 보면 배신자, 막말하는 자, 선거법을 위

반하는 자들이 당선되었습니다. 그래서 선거는 도덕적 결함이 있는 자들을 걸러 내지 못하고 당선시키는, 도덕적으로 볼 때 진리가 아닌 선거였다고 생각됩니다. 지금 벌써 야당 원내대표가 청와대에서 배신하고 나가서 당선된 자를 이용해서 폭로 전술로 현 정부를 곤란하게 만들겠다고 합니다. 이것은 협치가 아니라 정권 탈취를 위한 권모술수일 뿐입니다.

[답변] 그렇게 보실 수도 있겠지만 저는 의견이 다릅니다. 저는 2016년 4월 총선이 정치권의 변화를 요구하는 거대한 민심의 표출이었다고 생각합니다. 주권자인 시민이 정부 여당의 실정을 매섭게 채찍질한 것과 동시에 야당에게도 경종을 울렸다고 해석합니다. 모든 정치세력에게 앞으로 잘해 보라는 기회를 함께 주었다고 봅니다.

▣ 2주차 강연 〈변증법적 국가이성으로 본 남북관계〉 관련 질문

[질문 25] 윤노빈에 관한 사항입니다. 윤노빈은 1941년생으로 1960년 서울대 철학과를 나온 것으로 되어 있는데 그의 연령으로 보아 1960년에 대학을 졸업할 수 없었을 것 같습니다.

[답변] 1960년을 1960년대로 고쳤습니다.

[질문 26] 윤노빈의 『신생철학』은 내용은 '묵시철학'에 가깝고, 형식은 '풍자철학'에 가깝다는 주장에 대해서 한 말씀 부탁드립니다.

[답변] 윤노빈의 신생철학이 풍자철학에 가깝다고 표현하신 분의 입장은 비판적 시각에서 윤노빈 철학을 힐난하는 어감이었던 것으로 판단됩니다. '풍자'라는 말의 의미를 어떻게 받아들이느냐에 따라 다양한 해석이 가능할 것입니다. 저는 윤노빈 철학은 풍자라기보다는 한 편의 비장한 묵시록이라고 봅니다. 매우 장엄하고 진지하며 거의 순교자적인 태도가 드러나는 텍스트를 풍자철학이라 부를 수 있을지 의문입니다.

[질문 27] 윤노빈 교수의 신생철학, 안중근 의사의 동양평화론은 국가이성의 결정체라 할 수 있다고 봅니다. 이러한 사상의 근원은 우리 역사에서는 선비정신과 무관치 아니하다고 보는데 교수님의 견해는요?

[답변] 안중근 의사의 동양평화론이 변증법적 국가이성의 모델이라고 할 수 있는 데 비해 윤노빈 교수의 신생철학은 민족주의에 기울어져 국가이성의 중요성을 소홀히 하고 있다는 비판을 1·2주차 강연에서 주장한 바 있습니다. 다만 두 사람 모두에게서 현대적인 선비의 자취가 풍기는 건 사실입니다.

[질문 28] 북한 정치서열 23위의 노동당 당원이자, 김일성을 만나 나란히 찍은 사진과 김일성 사망 시 조문객으로 입북하여 김정일의 손을 잡고 오열하는 송두율. 대한민국의 자유민주체제는 독재라고 매도하고 부정하면서, 당시 지구상 가장 악랄한 독재자라고 세계인들의 악평을 듣던 김일성에겐 머리를 조아리고, 황장엽을 상대로 돈을 갈취하기 위해 손해배상 청구소송까지 한 송두율에 대한 평가를 부탁드립니다.

[답변] 송두율 교수는 남북을 유기적으로 통합하려는 목표를 앞세우는 통일철학자임을 자임했지만 변증법적 국가이성의 중요성을 망각함으로써 결과적으로 실패하고 말았다고 저는 생각합니다. 그 결과 그의 통일철학은 북한철학으로 왜소화되었고, 그 북한철학의 버전조차도 온전한 것이 아니라고 봅니다. 국가를 경시하는 데 반해 민족을 지나치게 부각시키는 그의 입론이 문제의 근원이라고 생각합니다.

[질문 29] (지난 월북 교수 설명 중 가족동반관계와 관련하여) 국민대학교 명예교수 김영작은 월북 후 부산으로 입국하다가 체포, 형벌도 받았습니다. 가족과 함께 월북한 교수의 국가관과 김영작 교수의 국가관은 어떻게 다른가요? 즉 국가이성적 관계로 보면 국가사관은 무엇인가요?

[답변] 김영작 교수도 파란만장한 삶의 족적을 보여 줍니다. 다만 윤노빈 교수가 자신의 전 삶을 던지는 실존적 결단에 가까운 모습을 보이는 데 비해 김영작 교수의 경우는 다른 체제와 이데올로기에 대한 단순한 지적 호기심이 더 컸던 것으로 판단됩니다. 귀국하고 형을 치른 후 김영작 교수가 보인 변화(대한민국 정권에의 참여 등) 등도 그렇게 해석될 여지가 있어 보입니다.

[질문 30] 한반도가 일제강점기와 미군정을 거친 후 남한과 북한의 두 신생국으로 탄생한 것으로 본다면 민족사적 관점에서 이 과정의 의의는 무엇인가요?

[답변] 외부 요인을 일단 배제한다면 남북분단은 국가철학의 산물이었으며, 국가와 민족의 범주가 반드시 일치하지는 않는다는 교훈을 증명합니다.

[질문 31] 현재의 남북한은 서로 장단점을 지니고 있다고 하였는데 과연 북한체제에 어떤 장점이 있는지요?

[답변] 그 표현은 제 입장이 아니라 제가 비판한 수렴이론의 주장입니다. 저는 지금의 유일체제는 실패한 체제라고 봅니다. 북한 인민과 공화정의 관점에서는 더욱 그러합니다.

[질문 32] 북한의 주체사상은 중국과 소련의 이념 대립이 극심할 때, 처신이 어려워지자 그 해결책으로서 나왔다는 말을 들은 적이 있습니다. 이에 대해 어떻게 생각하시는지요?

[답변] 주체사상 형성사에서 그런 측면이 다분히 있습니다. 바깥, 특히 중국과 소련 두 후견국과의 밀고 당기기가 작용한 점이 존재합니다. 특히 스탈린 사후 흐루쇼프의 스탈린 비판과 각종 개혁조치들에 대응하는 과정에서 개인숭배 비판을 비롯한 외부로부터의 개혁 바람을 차단해 김일성의 절대권력을 강화하기 위해 북한의 자주성을 강조한 것이 사실입니다.

[질문 33] 김일성의 주체사상의 주요 내용을 명기하여 주시오.

[답변] 이 책의 본문 제2장과 3장을 참고하십시오.

[질문 34] 조선민주주의인민공화국 사회주의 헌법은 아예 김일성 헌법임을 명시하고 있으면서 왜 헌법 위의 당 규약을 만들었을까요? 당 규약에만 있는 주요한 내용은 어떤 것들이 있나요?

[답변] 북한이 당-국가이기 때문입니다. 즉 북한이라는 국가를 영도하는 기관이 노동당입니다. 당 규약은 노동당의 최고규범으로

서 헌법보다 상위에 있으며 '북한헌법〈노동당 규약〈유일사상체계 확립 10대 원칙'의 위계구조를 구성하지만 내용적으로 서로 거의 동일체라고 할 수 있습니다. 특기할 것은 노동당 규약 전문(前文)에 "조선로동당의 당면 목적은 공화국 북반부에서 사회주의의 완전한 승리를 이룩하고 전국적 범위에서 민족해방과 인민민주주의 혁명과업을 완수하는 데 있으며 최종 목적은 온 사회의 주체사상화에 있다"고 하여 통일 한반도의 북한적 모델을 선언하고 있다는 것입니다. 통일 한반도를 주체사상화하겠다는 것이지요. 한반도에서 핵을 독점한 북한이 실제로도 이러한 목표를 굳이 감추고 있지도 않다는 사실을 한국 정부 당국과 시민들이 명철히 인식해야 마땅합니다.

2016년 5월 6-9일, 36년 만에 열린 7차 당 대회에서 조선노동당을 김일성·김정일의 당에 이어 김정은의 당으로 확고히 규정했습니다. 2012년 헌법에 '핵 보유국'임을 명문화한 데 이어 2016년 5월 개정한 당 규약에 '핵과 경제 병진정책'을 넣음으로써 핵 보유를 북한의 국시로 삼았습니다. 이로써 북한에서 핵무장을 변경하는 조치는 '反黨행위'이자 '反국가적 반역행위'가 되었습니다. 북한이 전략핵국가이자 군사강국으로 떠오르는 상황에서 당위론으로 한반도 비핵화를 견지하는 위정자들은 북한의 확고한 국가이성에 기초한 핵강국의 자화상에 대응할 수 있는 구체적 해법을 내놓아야 할 정치적 책임윤리를 갖습니다.

[질문 35] 선생님의 무게 있는 강의에 찬사를 보냅니다. 북한의 유일사상체계 확립의 10대 원칙을 알고 싶습니다.

[답변] 유일사상체계 확립의 10대 원칙은 서문과 전체 10조 65항으로 구성되어 있습니다. 1974년에 김정일이 처음 만들었고 2013년 개정했습니다. 개정된 원칙은 원래 원칙과 비슷하지만 김정일·김정은을 김일성과 동급으로 격상시키고, 서문에 핵무력을 명시했으며, 공산주의라는 표현을 주체혁명으로 대체했고, 백두혈통이라는 말을 추가한 등의 차이가 있습니다. 전체적으로 너무 장황하고 동어반복인 데다 김씨 일문에 대한 절대적·무조건적 충성과 세습을 강변하는 내용 일색이어서 한 조에 한 항만 예시하겠으니 참고하십시오.

"1조: 위대한 수령 김일성·김정일 동지의 혁명사상으로 온 사회를 일색화하기 위해 몸 바쳐 투쟁해야 한다. 2조: 위대한 수령 김일성·김정일 동지를 충심으로 높이 우러러 모셔야 한다. 3조: 위대한 수령 김일성·김정일 동지와 당(김정은을 지칭)의 권위를 절대화하여야 한다. 4조: 위대한 수령 김일성 동지의 혁명사상을 신념으로 삼고 수령님의 교시를 신조화하여야 한다. 5조: 위대한 수령 김일성·김정일 동지의 교시집행에서 무조건성의 원칙을 철저히 지켜야 한다. 6조: 위대한 수령 김일성·김정일 동지를 중심으로 하는 전당의 사상의지적 통일과 혁명적 단결을 강화하여야 한다. 7조: 위대한 수령 김일성·김정일 동지를 따라 배워 혁명적 사업 방법, 인민적 사업작풍을 소유하여야 한다. 8조: 위대한 수령 김일성·김정일 동지께서 안겨 주신 정치적 생명을 소중히 간직하며 수령님의 크나큰 정치적 신임과 배려에 높은 정치적 자각과 기술로써 충성으로 보답하여야 한다. 9조: 위대한 수령 김일성·김정일 동지의 유일적 령도 밑에 전당, 전군, 전군이 한결같이 움직이는 강한 조직규율을 세워야 한다. 10조: 위대한 수령 김일성·김정일 동지께서 개척하신 혁명위업을 백두혈통으로 영원히 대를 이어 끝까지 계승하며 완성하여 나아가야 한다."

[질문 36] 북조선의 국가이성은 변증법적 이성론보다는 헤겔의 국가주의 권력국가적 국가이성과 무관치 않다고 봅니다. 이런 이성과 평화통일을 논할 수 있다 보시는지요.

[답변] 북한의 국가이성은 권력국가적 국가이성을 극단화시킨 것입니다. 그 결과 국권이 민권을 압도했고 국권조차도 수령의 사유권한으로 전락하고 말았습니다. 헤겔에 대한 해석은 학자마다 다르지만 제 입장은 강연에서 이미 밝혔듯이 헤겔을 시민사회론의 선구자로 보아야 그의 이성국가론도 온전히 이해될 수 있다는 해석입니다.

[질문 37] 1948년 8월 15일에 탄생한 신생 대한민국의 이승만 초대 대통령 밑에서 초대 국무총리를 역임한 바 있는 철기 이범석 장군은 민족청년단(족청) 단장을 지내면서 한때 '민족지상·국가지상'을 부르짖은 바 있습니다. 그분이 주창한 '국가지상'은 편협한 민족주의·국수주의와 결합하기 쉬운 전체주의적인 경향이 있기는 하였으나, 국가의 이익을 국민의 이익에 우선하여 국가를 지상(至上)이라고 하는 '국가주의'로 생각됩니다. 그런데 윤평중 교수님께서는 지난 제2주 강의 도중, 민족주의의 빛과 그림자를 언급하시면서 "한국 민족주의의 최대 문제는 국가의 중요성을 경시 또는 무시하는 점"이라고 지적하였습니다. 오늘날의 시대적 관점에서 볼 때, 민주공화국 대한민국을 건설한 70여 년 전이나 이승만 문민독재정권 12년과 박정희 유신 군사독재정권의 전횡을 겪고 난 뒤 만족스럽지는 못하나 어느 정도의 민주화를 달성한 지금이나 '국가의 중요성'에 대한 국민적 관심도가 비슷한 것인지? 아니면 많이 달라진 것인지를 비교·분석·평가하여 주십시오.

[답변] 한국 현대사는 사회 모든 부분을 압도한 과대국가의 역사이기도 했습니다. 그런 거대 국가중심주의에 대한 반작용이겠지만 시민들 사이에서 국가권력 자체를 지나치게 폄하하거나 희화화하는 풍조가 생겨난 것도 사실입니다. 저는 국가가 지나치게 커져 사회의 모든 부분을 규제하는 것도 반대하지만 그렇다고 해서 국가

자체를 적으로 보거나 불필요한 존재로 보는 관점에는 전혀 동의할 수 없습니다. 만약 한국 민족주의의 한 종류가 국가보다 민족을 더 중요하다고 본다면, 저는 그런 입장에도 동의하기 어렵습니다. 민족 없는 국가는 공허하지만 국가 없는 민족도 맹목적이기 때문입니다.

[질문 38] DJ의 '서생의 문제의식과 상인의 현실감각'으로 무장해야 한다는 의미는 무엇이며, 김대중 정부의 햇볕정책은 한반도의 평화와 통일을 위한 비전 있는 정책이었다는 긍정적인 평가와, 김대중 정부가 남북회담의 대가로 김정일에게 5억 달러를 제공한 사실이 햇볕정책에 대한 결정적인 타격이었다는 주장에 대해서 한 말씀 듣고 싶습니다. 아울러 각 정권의 대북정책에 대해서 평가하신다면?

[답변] 저는 김대중 전 대통령의 햇볕정책이 자유세계가 내놓을 수 있는 대북 통일정책 중 가장 합리적인 것 가운데 하나였다고 봅니다. 하지만 DJ는 제가 2주차 강연에서 해명한 북한 유일체제의 본질을 경시했습니다. 그 결과 북의 핵무장이라는 현실 앞에 햇볕정책의 논리는 좌초하고 말았습니다. 그러나 진보정부의 관여정책이 실패했다고 해서 북한 핵 문제에 대한 역대 보수정부의 강경책이 성공한 것도 결코 아닙니다. 우리는 관여정책이나 제재정책 공히 북 핵무장을 막는 데 실패했다는 명백한 사실을 인정한 기초 위

에 두 패러다임의 단점은 극복하고 장점은 살린 제3의 대북정책을 중지를 모아 만들어 가야 합니다.

▣ 3주차 강연 〈한반도 현대사의 정치철학적 성찰〉 관련 질문

[질문 39] 『사기』, 『죽서기년』, 『여씨춘추』, 『장자』 등에 나타나는 '공화'의 어원에 어떤 차이점이 있는지요?

[답변] 왕을 쫓아낸 평등한 자유시민의 공적 정치공동체를 뜻하는 'Republic'을 '共和'로 옮기는 과정에서 중국 지식인들은 고심을 거듭했습니다. 'Republic'에 상응하는 정치경험을 중국 역사에서 찾기 어려웠기 때문입니다. 기원전 841년 주나라의 여왕(厲王)이 쫓겨난 이래 828년까지 14년 동안의 평화스러웠던 공위기(空位期)에 그들이 주목한 이유입니다.

이 사건에 대한 학설은 크게 두 가지로 나뉩니다. 하나는 사마천이 『사기』에서 주장한 것으로서, 여왕의 아들[후의 선왕(宣王)]이 어려 주 왕실의 재상인 주공(200년 전의 주공과 다른 인물)과 소공이 같이(共) 조화롭게(和) 나라를 다스렸다는 해석입니다.

두 번째는 『죽서기년』이 제시하고 『여씨춘추』, 『장자』 등에서 채택한 학설로서 '공국(共國)의 백작인 화(和)가 민중의 여망을 업고 천자의 일을 대신해 그 기간 동안 행정책임을 맡았다'[共伯和, 천자의 일

을 섭행(攝行)하다]는 학설입니다. 저는 이 두 번째 학설이 첫 번째 학설보다는 'Republic'의 본뜻에 조금 더 가깝다고 생각해서 이 의견을 채택했습니다.

[질문 40] 국가이성론의 선구자인 마키아벨리의 국가이성론이 시대적 착오이론이 아닌가 하는데 근본적인 그 뜻은 무엇인가요?

[답변] 일반적으로 마키아벨리는 전통적 국가이성론(국권우선주의)자로 간주됩니다. 하지만 저는 마키아벨리 사상의 입체성을 해부하면서 마키아벨리가 변증법적 국가이성론(국권+민권주의)을 주장했을 뿐 아니라 공화정(국권을 감안한 민권주의)의 선구자로 독해될 수 있음을 강조했습니다.

[질문 41] 대통령과 군주의 차이(리더로서)/ 우리의 시민교육과 군주론에서의 시민교육체계는?

[답변] 군주론은 상대적으로 리더에 주목했으나 오늘날 민주다원사회의 시민교육은 모두가 잠재적 리더이자 폴로워가 될 수 있는 민주시민교육의 입체성을 강조합니다.

[질문 42] 국가는 개체이며(3주차 강연) 개체성은 부정을 포함한다

는 의미를 다시 설명해 주시겠습니까?

[답변] 주권국가에게는 자신의 주권이 최고이므로 극단적 경우에 자국의 주권을 위협하는 타국을 부정할 수밖에 없게 되고 그것이 물리적 충돌로 나타나는 게 전쟁이 되겠지요. 동시에 국가는 선린 관계에 있는 타국의 존재를 긍정하기도 합니다.

[질문 43] 우리나라는 세계에 유례없이 헌법을 많이 개정한 역사를 가지고 있습니다. 정치적 후진성이 여기에 연유하고 있다고 보는데 윤 교수님의 견해와 이의 타개책은 무엇인지 설명하여 주십시오.

[답변] 과거에 권력집단의 의지로 밀어붙인 헌법 개정의 역사에는 정치적 후진성의 자취가 역력합니다. 하지만 현행헌법, 즉 6공화국 헌법은 정치적 타협의 산물이었으며 30년 동안 비교적 안정적으로 기능해 오고 있습니다. 그런 점에서 한국 민주주의는 일보 전진했습니다. 요새 헌법 개정이 필요하다는 여론이 형성되고 있는데, 과거와 달리 여야 협치와 시민들의 합의에 의해 헌법 개정이 이루어진다면 좀 더 전향적인 헌법이 출현할 수도 있겠습니다.

[질문 44] 공정 〉 공평 〉 공개를 하면 사회부조리가 줄어들 것으로

생각됩니다. 시작에서부터 끝까지 투명한 공개를 하면 정의가 저절로 확보되리라고 보는데 이를 확보할 성숙한 시민교육을 진작시킬 방안을 제시하여 주십시오.

[답변] 맞습니다. 극도로 민감한 일부 사안(안보나 외교, 경제 등)을 제외한다면 원칙적으로 현대 국가와 행정의 대원칙은 공개성의 원리에 입각해야 한다고 봅니다. 시민들은 정보 공개 청구나 여론 형성 등 다양한 방법으로 국가에 이를 요구해야 하며, 자신과 관련된 공적 사안에서 이를 적극적으로 실천해야 합니다.

[질문 45] 시민권의 발전이 안 된 우리의 기반을 개선할 수 있는 방안이 있으시면 말씀해 주십시오.

[답변] 3주차 강연 주제인 공화정에 대한 논술에서 그 문제를 집중적으로 다루고 있습니다. 무엇보다도 지도층의 솔선수범이 요구되며, 시민 모두의 공공의식을 개개인이 자신의 일상에서 충실히 실행하는 것이 중요합니다.

[질문 46]
한국 사회의 미래상 예상?
- 정치권력의 역할

- 시민의 의식의 역할
- 희망을 기대할 수 있는지?

[답변] 저는 온갖 문제점에도 불구하고 한국 사회의 앞날이 밝다고 봅니다. 희망 없이 미래가 있을 수 없습니다. 시민의식이 개선되고 정치권력을 변화시킬 수 있게 되면 우리 사회는 조금씩 좋아질 것입니다. 그렇게 되어야 하지 않겠습니까?

[질문 47] 우리나라의 여러 부정적 행태 — 선사후공, 법치주의의 형해화, 저신뢰사회 등이 모두 공화정의 미숙에서 비롯되었다면 비공화정에서는 이런 형태가 일어나지 않는지? 이런 형태는 그 사회의 일정 시기의 실상의 일면일 뿐이지, 자유시민의 동의에 의한 통치인 공화정에 반드시 기인한다는 것은 무리이지 싶습니다. 현재 참다운 공화정을 실현하는 나라는 어디인지, 실례를 들 수 있다면 우리와 비교될 수 있다고 보는데 이에 대한 견해를 주시면 고맙겠습니다.

[답변] 제 논지를 조금 오해하셨다고 봅니다. 선사후공, 법치주의의 형해화 등 부정적 현상은 바로 한국 사회에서 공화정이 제대로 실천되지 않고 있다는 증거입니다. 그래서 저는 공화정에 맞는 시민적 실천과 제도개선을 해 가야 한다고 주장한 것입니다. 우리가 선진국이라고 여기는 나라들, 예컨대 독일이나 북유럽 국가들에서

는 제가 말한 공화정적인 특징이 한국보다 더 선명하게 나타나는 경우가 많습니다. 법치주의, 평등, 성숙한 시민의식과 다원주의, 헌정 애국주의 등이 그 실례입니다.

[질문 48] 공화국가의 국가 내부 형태로 삼권분립제도를 이야기하고 있습니다만 현대 들어 '언론'이 제4부가 되어 가고 있고 이에 대한 견제가 없어, '자체' 검열, 자체 정화 등을 이야기하고 있지만 '자율'이 안 되고, 책임을 지지 않는 행태가 되어 가고 있습니다. 이에 대한 견제가 사법부를 통해 이루어져야 하지만 소위 '가진 자들끼리'의 결탁으로 공화민주제를 무색하게 하고 있습니다. 이들은 심지어 '먹튀'세력화하고 있으며 진보세력도 여기에 대해서는 전혀 언급하고 있지 않습니다. 학계에서 이야기되는 대안은 없습니까?

[답변] 한국 언론에 적지 않은 문제가 있다는 데 동의합니다. 하지만 언론의 책임을 강제하기 위해 사법권력이 동원되어야 한다고는 생각지 않습니다. 언론이 인권을 침해하거나 부정부패에 연루되는 경우 등이 아니라면 스스로의 자정작용에 의해 순화되는 것이 바람직하겠지요. 주체적으로 언론을 감시하면서 발언하고 행동하는 시민의식도 언론의 일탈을 견제하는 데 매우 중요합니다.

[질문 49] 우리 현대사에서 새로운 정권이 들어서면 전 정권의 어

떤 정책을 승계할 것인가를 논의하기보다는 항상 새로운 시작이라는 구호 아래 과거와의 단절만을 도모하고 있는 현실이 안타까울 뿐입니다. 민주주의를 더욱 심화시키기 위해서는 반대편 존재의 인정과 소수자에 대한 배려를 통해 관용적인 방향으로 나아가야 함에도 그러지 못하고 있는 우리의 현실에서 협치가 가능할까요? 비책이 있다면?

[답변] 제게 비책이 있을 리 없습니다. 다만 지금의 승자독식제인 소선거구제를 중대선거구제로 바꾸고, 정당 명부제를 도입해 사회적 약자들을 더 다양하게 대변할 수 있는 다수정당제를 뿌리내리며, 대통령 권한을 줄여 권력을 분산시키는 등의 조치가 취해진다면 지금의 적대정치의 양상이 많이 완화될 수 있을 것입니다. 현재의 정치 기득권집단이 이런 전향적 변화를 추진할 리 없으므로 거대한 여론 형성으로 이들을 압박해야 할 것입니다.

[질문 50] 대한민국은 민주공화국이라고 특별히 강조했던 어떤 정치인이 있었습니다. 우리가 지향해야 할 이상적인 국가임은 누구도 부인할 수 없으나, 현실과 일부 조화되지 않는 부분이 있다면, 합리적 조화의 길을 모색하는 것이 바람직하다고 보는데, 자신의 정치적 욕망을 위한 민주공화국을 무리하게 주장한다면 국민의 여망과는 부합하지 않는 것이 아닌가요? 민주공화국과 정치인이 추구해

야 할 자세에 대한 견해를 듣고 싶습니다. (국가의 미래를 최우선 고려요
소로 보아야 하지 않을까요?)

[답변] 특정 정치인에 대한 호불호는 갈릴 수 있겠습니다만 그 정
치인의 문제 제기 자체가 갖는 의미는 숙고해 보아야 하지 않을까
요? 현실정치인이 정치적 욕망을 갖는 사실 자체를 비난하기는 어
렵다고 생각합니다. 다만 말씀하신 것처럼 그런 정치적 욕망이나
의지가 민주공화국의 미래에 도움이 되는지 여부는 엄격히 검증해
보아야 할 것입니다.

▣ 통일 문제 관련 질문

[질문 51] 우리나라 남과 북이 왜의 압제에서 해방된 지 70년이 되
어도 그때나 지금이나 변함없이 극적인 대립이 계속되고 있습니다.
그러한 처지에 있던 국가는 한 나라 한 민족으로 합쳐졌습니다(독
일, 베트남, 불가리아, 소련 및 중앙아시아 등). 유독 우리 민족처럼 한겨레
한민족 하나의 역사를 가진 나라가 통일되지 않는 이유는 무엇일까
요. 안타깝습니다. 정치적 원인(사상, 6·25사변, 한미관계, 중국, 러시아)/
경제적 원인(남북의 경제의 차이)/사회적 차이(국가안보, 핵무기, 남북소통 차
이)/문화적 원인(북 하향식 문화, 남 개방된 문화)

[답변] 너무나 많은 복합적 이유들이 얽혀 있습니다. 통일론에 대한 아래 답변에서도 나오지만 먼저 한반도 내부적인 이유가 있을 겁니다. 통일에 도움이 되지 않는 한국 사회의 문제도 있을 것이고 북한 유일체제의 문제점도 엄존합니다. 하지만 분단의 구조적 요인의 큰 부분은 상대적으로 한반도의 지정학·지경학에 있다고 봅니다. 남북분단 자체가 제2차 세계대전 종전 후 미국과 소련의 세계 주도권 다툼에 의해 빚어졌습니다. 패전 책임을 패전국에 지운다면 독일의 경우처럼 일본이 분단되어야 할 상황에서 엉뚱하게 한반도가 분단된 것이지요. 미국과 소련의 전략적 이해관계 때문에 그렇게 된 것입니다.

그 후 한반도 내부 요인과 강대국들의 전략 게임이 결합해 빚어진 교착상태는 때로 열전(6·25전쟁)으로 폭발하기도 하고 냉전으로 관리되기도 하면서 지금의 북핵 위기에까지 이르렀습니다. 따라서 한반도를 둘러싼 강대국들의 역학관계를 결코 과소평가해선 안 됩니다. 우리는 한반도 내부의 흐름을 주목함과 동시에 세계사의 조류와 동아시아 지역의 역학관계를 면밀히 관찰해야 합니다. 우리의 정체성을 확고하게 견지하면서도 일국주의의 한계에 사로잡히지 말아야 합니다.

[질문 52] 1주, 2주 강의가 끝난 후 여기저기에서 "정말 명강이었어"라는 찬사가 나왔습니다. 역시 저도 교수님의 강의는 정말 명강

이라고 생각합니다. 2주 강의가 끝난 후 우연히 보게 된 교수님과 사모님이 다정하게 손잡고 가시는 뒷모습 또한 정말 보기 좋았습니다.

본론인 질문 드리겠습니다.

교수님이 지난 2주 때 추천하신 〈태양아래〉라는 북한 다큐멘터리 영화를 아직 보지는 못했습니다만 평소 북한에 대한 관심이 많았습니다. 요지는 남북통일에 관한 의문입니다. 주위 사람들에 의하면 우리나라는 강대국(미국, 중국, 일본, 러시아 등)의 이해관계로 인해 평화적인 통일은 어려울 것이라고들 하는데, 정말 그렇게 생각하시는지요? 그렇다면 통일 방법으로는 어떤 방안이 있는지요? 앞으로 전개될 남북관계의 시나리오를 교수님은 어떻게 생각하시는지요? 그리고 평화적 통일이든, 무력통일이든 그 시기는 언제쯤으로 생각하시는지요? 교수님의 해박한 지식으로 추정하는 미래의 남북관계 전개 시나리오를 듣고 싶습니다.

[질문 53]

(1) 통일 한반도의 이상은 참으로 아름답고 찬란하다. … 21세기의 통일 한반도는 반만년 역사에서 가장 위대한 나라가 될 것이다. … 국가이성론의 성찰을 건너뛴 어떤 평화론이나 통일 담론도 온전한 것이 되기 어렵다는 게 '변증법적 국가이성론으로 본 남북관계'의 잠정적 결론이다. 변증법적 국가이성은 통일보다 앞서는 것은 한반도의 평화여야 한다고 주장한다. … 국가의 중요성

을 주의 깊게 성찰하는 변증법적 국가이성 없이는 제대로 된 한반도 평화를 이루는 일 자체가 무망한 일이다(윤평중 교수 제2주 강의록).

(2) 19-20세기 독일은 그야말로 세계 변혁의 격동기 한가운데에 있었기에 독일의 철학에 대한 물음 또한 매우 다양하고 진지할 수밖에 없었다. 다시 말해 자본주의의 폐단이 심화되는 과정 속에서 공산주의와 나치의 출현을 경험한 독일은 두 차례의 세계대전을 일으킨 발발국과 패전국이라는 낙인 속에서 경제적으로나 도덕적으로 매우 힘든 상황을 겪어야 했다. … 독일의 특수한 상황을 인간과 인류의 보편적 문제로 확장시키며 (독일은) 통일이라는 위대한 업적을 이룬 새로운 시대를 열어 나갔다. 그들에 의해서 현대의 철학도, 정신분석학도, 실존주의도, 프랑크푸르트학파도, 해석학도 탄생되었다는 사실은 결코 우연이 아니다(철학아카데미, 『처음 읽는 독일 현대철학』, 8-9쪽).

따라서 지금 그들과 더불어 우리가 처한 현실에 대하여 한반도 평화를 기반으로 한 한반도 통일은 요원한 것인지? 도저히 이루어질 수 없는 것인지? 만약 있다면 교수님의 심도 있는 한반도 통일에 대한 철학적 성찰을 듣고 싶습니다.

[질문 54] 한반도 통일이 어둡다고 하니 안타까운 일입니다. 북쪽의 값싼 노동력과 남쪽의 기술과 풍요로 세계 선진국 진입이 쉬울 줄 알았는데 통일이 어렵다고 하니 서글픈 일입니다. 교수님의 탁월한 의견을 듣고 싶습니다.

[질문 55] 현 남북 대치상황하에서 평화통일의 방안을 설명해 주십시오.

[질문 56] 남북관계는 통일 이전에 평화가 이루어져야 한다는 데 깊이 공감합니다. 그러나 북한은 국가 위에 노동당과 주체라는 사상과 강령의 절대불변과, 적화통일이라는 이념이 변하지 않는 한 우리나라가 어떤 평화정책을 펼친다고 할지라도 별무소용이라 생각됩니다. 통일을 지향한 평화공존을 위하여 우리의 전략이 어떻게 수립되어야 한다고 생각하시는지 말씀해 주시기 바랍니다.

[질문 57] 과거 우리 국민들은 김일성만, 김정일만 사망하면 북한은 붕괴될 것으로 알고 학계, 언론계도 말씀한 것 같은데 북한의 겉모습만 보고 있어 왔던 것 아닌가요. 최근 탈북자의 말(2014. 9. 24. KBS〈아침마당〉)과 통일교육원 북한자료를 보면 북한은 충성맹세를 다지기 위해 주민과 학생, 직장인에게 주2회 정도 생활총화 시간을 갖고 있다고 봅니다. 그러면 그들의 생활총화는 어떻게 이루어지며 우리나라는 이에 대한 대비책은 없는지. 우리 국민 대다수에게, 북한의 생활총화가 이어지는 한 북한 붕괴는 없다는 것을 이해시키고 대책을 세운 후 통일을 연구, 논의해야 된다고 봅니다.

[질문 58] 남북 간의 평화공존을 위주로 시간을 보낸다면 북한체제에 의한 인민의 인권 말살이 계속되고 민족성장을 저해하는데, 어떠한 방식으로든 통일을 추구해야 되지 않을까요?

[질문 59] 현재 북한 정권을 부정적 의미로만 본다면 우리끼리의

자주적 통일은 불가능하다고 보는데 그러면 일방적 흡수통일만 가능할 것인가요?

[질문 60] 한반도 통일관 정립에 있어 천민자본주의의 극복방안에 대하여 말씀하여 주시기 바랍니다.

[질문 61] 남북 평화가 최우선 과제라고 생각하시는 것 같은데 작금의 대북정책에 대해 어떤 생각을 갖고 계십니까. 특히 개성공단 폐쇄에 대하여 선생님의 의견을 듣고 싶습니다.

[질문 62] 역사에 비약이 없다고 하시는 말씀과 관련, 남북 대치의 현시점에서, 우리나라 국가발전과 경제성장을 지속시키기 위하여 구체적으로 꼭 필요한 대책이 있다면 말씀해 주십시오.

[질문 63] 북한과의 대립 문제를 남북 상호 협력, 평화상생의 길로 이끌어 가기 위한 방법이나 대책은 어떻게 세워야 하겠습니까?

[질문 64] 독일 통일은 사민당 브란트 수상이 서독의 주권과 자주적인 정체성 확립하에 먼저 동독보다 앞선 대대적 국내 문제의 개혁과 청년세대 요구의 수용하에 자유민주복지통일국가를 향한 확고한 비전을 확립한 후, 동구 공산권 국가들보다 적극적 외교관계, 소위 동방정책을 (동독과도) 꾸준히 추진하여 국내·외적 통합정책을 추진, 그다음 사민당 슈미트를 거쳐, 기민당 콜 수상까지도 '겐셔 외상'에게 계속 책임 추진토록 하여 달성한 것입니다. 즉 내적 사회보장 확립으로 내적 통합에 기반하여 동독에 우월한 체제를 이루어 가능했던 것이 아닐까요.

우리는 자주적 정통성, 민족정기, 정체성도 없이 대북강경 치킨 게임으로 위험 속으로만 빠져들고 있는데 학자적 소견을 듣고 싶습니다. 즉 "21C 한반도의 현실은 국권과 민권을 통합한 변증법적 국가이성이 엄중하다"는 결론은 구체적으로 어떻게 해야 한다는 말씀입니까? 지금 우리는 거꾸로 가고 있는 것은 아닙니까? '지피지기면 백전백승'이라고 해 주셨는데 실천방안은?

[답변] (질문 52-64) 2주차 강연이 해명한 바 있는 북한의 국가이성은 '정치가 곧 경제다'라는 원리에서 시작해 그 원리로 다시 귀결됩니다. 모든 것이 유일사상체계 확립 10대 원리로 환원되는 것입니다. 북한 사회의 변화가 어려운 근본적 이유입니다. 하지만 저는 북한의 진정한 변화는 시장화에서 비롯된다고 봅니다. 본격적 시장화가 촉진하는 시장질서의 형성이 국가권력에서 자유로운 개인을 만들고, 개인의 성숙이 시민사회의 성장으로 이어지며, 국가의 작동방식과 결을 달리하는 자유시장경제가 출현하게 되는 시나리오는 북한의 김정은 정권에는 최악의 구도일 터입니다. 그럼에도 우리는 시장이 북한 사회를 바꿀 수 있는 여지를 적극적으로 모색해 보아야만 합니다. 현실감 있는 다른 출구가 별로 눈에 띄지 않기 때문입니다.

자유시장과 유일지배체제의 관계는 상생관계가 아니라 상극관계에 가깝습니다. 이를 뒤집어서 표현하자면 북한식 통제경제의 완화야말로 유일치배체제 이완의 지름길이라는 결론이 나옵니다. 북한의 시장화야말로 북한개혁의 요점인 것입니다. 북한개혁은 정치가 곧 경제를 규정하는 북한의 현실을 넘어 경제가 정치에도 좋은 영향을 끼치는 북한의 미래를 만들어 가는 길로 정의될 수 있습니다. 북한의 시장화는 한반도 평화와 공존의 구조를 뿌리내리는 확실한 기초 작업이 될 것이 분명합니다.

북한의 경직된 계획경제체제의 비효율성은 시간이 갈수록 심화되어 간 데다 1990년대 이래 구조적 경제침체에 자연재해까지 더해져 국민경제가 전면적 기능 부전상태가 됩니다. 그 결과 아무런 준비도 되어 있지 않은 인민들은 식량 배급 중단이 장기화되자 미증유의 재앙을 맞게 되지요. 1995-1998년 사이 수십만-수백만 명에 이르는 인명 피해를 낸 대량아사사태는 시장을 전면 부정했던 북한 정치권력의 총체적 실패에 대한 경제의 복수나 다름없었습니다.

북한체제를 내파(內破) 직전까지 몰고 간 '고난의 행군'은 참혹한 재앙임과 동시에 북한 인민들에게 소중한 학습 기회가 된 측면도 있습니다. 식량 배급능력을 상실한 데다 명목뿐인 봉급도 제때 주지 못하는 당국을 믿고 있다가는 생존조차 장담할 수 없다는 사실을 평균적 인민이 깨닫게 된 것입니다. 평화와 통일을 지향하는 우리 입장에서는 이 대목이 가장 중요합니다. 북한 유일체제가 혐오했던 사(私)경제가 본격적으로 성장하게 된 결정적 계기이기 때문입니다. 국영경제가 작동 못 하는 상태가 계속되면서 북한 인민들은 각자도생으로 생계를 해결하지 않을 수 없었습니다. 농촌지역에선 소토지 농사나 개인 축산을 하거나 도시지역에서는 유통·운수·서비스업 등에서 개인 장사를 하는 것이 유일한 대안으로 남게 됩니다. 배급과 봉급조차 제대로 줄 수 없는 북한 당국 입장에서는 사경제의 성장을 묵인할 수밖에 없는 상황에 몰렸습니다. 시간이 지나면서 사경제의 수준과 범위가 확대되어 시장의 북한식 형태인 장마당이 생겨나는 것은 자연스러운 수순이었습니다.

하지만 정치가 곧 경제인 우리식 사회주의 이념을 고수해 온 유일체제에 사경제에 입각한 시장의 출현은 눈엣가시 같은 존재였습니다. 김씨 정권이 틈만 나면 시장 억압정책을 펴거나, 장마당에 대한 통제와 묵인을 변덕스럽게 반복해 온 본질적 이유가 여기에 있습니다. 고난의 행군 이후 특히 2000년대 들어 북한 경제정책이 시장 억제에서 시장 활용으로 잠시 선회한 시기가 있었지요. '시장을 활용한 자력 갱생'을 목표로 삼은 이른바 7·1 조치를 통해 소비재 시장과 생산재 시장을 합법화한 것입니다. 시장 유화정책은 그러나 2005년부터 억제정책으로 돌아갔고 특히 2007년부터는 시장을 대대적으로 단속하기 시작했습니다. 2009년의 화폐개혁은 사경제를 통해 축적된 시장의 자본력을 국가가 일거에 탈취함으로써 시장의 재정기반을 무너뜨리고 종합시장을 문 닫게 하려 한 조치였으나 엄청난 인플레로 경제만 교란하고 물류 공급이 중단되는 대실패를 인정하지 않을 수 없었습니다. 그동안 시장에 깊이 연루된 국영경제의 타격 자체가 심대한 데다 이미 시장에 생계를 의탁하게 된 인민의 반발도 무시할 수 없는 상태였던 것이지요.

결국 2010년에 들어 종합시장의 합법적 지위가 다시 복원된 이후 시장에 대한 유화적 정책기조가 김정은 정권에서도 유지되고 있습니다. 2012년부터는 '우리식 경제관리 방법'을 내세워 경영권한을 현장에 부여하고 노동자·농민의 근로 의욕을 북돋기 위해 자율성과 인센티브를 확대하는 조치를 취합니다. 우리식 경제관리 방법이란 협동농장의 '포전담당 책임제'와 국영기업의 '사회주의기업 책임관리제'라는 두 부분으로 구성되는데요. 포전담당 책임제는 협동농장의 기본 생산 단위인 분조별로 포전이라 불리는 일정한 경지를 배정하여 책임지고 농사짓도록 하는 제도입니다. 사회주의기업 책임관리제는 개별 기업에 더 많은 경영자율권을 주고 더 많은 이익을 가질 수 있게 하는 제도이고요. 공장과 농장 운영에서 시장과 관련된 제반활동을 합법화해서 활용하고자 하는 의지를 북한 정부가 분명히 하고 있습니다. 그 결과 가계와 기업이 스스로 생존해야 하며 그러기 위해서 시장을 활용해도 된다는 풍조가 확대되고 있는 게 지금의 북한 현실입니다.

북한의 시장화에 대해서는 전체적으로 두 가지 판단이 가능합니다. 한편으로는 북한 정부의 정책방향이 시장친화적으로 해석 가능한 거시적 흐름을 보여 주고 있다는 낙관적 해석이지요. 예컨대 식당, 상점, 소규모 공장과 탄광, 버스 등 생산수단의 개인 소유를 법적으로는 인정하지 않으면서도 국가기관이나 국영기업 아래 편입시켜 개인기업의 자율성을 실질적으로 보장하면서 국가가 세금을 징수합니다. 또한 휴대전화, 자전거, 오토바이 등의 소비재에 대해서도 국가에 등록하게 해 세금을 받습니다. 북한 전역에 걸쳐 수천 개에 이르는 장마당의 존재도 국영경제에 도움이 되고 있습니다. 북한 당국은 시장 확대로 북한 주민의 수입이 증가하자 내각 산하에 우리의 국세청 비슷한 부처를 신설해 장마당세를 걷기 시작한 것으로 알려질 정도입니다.

2015년 10월 기준, 국정원의 국회 보고에 의하면 380여 개의 종합시장이 존재합니다. 또한 존스홉킨스대 한미연구소의 커티스 멜빈 연구원에 의하면 2010년 위성사진 분석에선 200여 개의 공식 시장이 확인됐던 것에 비해 2015년에는 그 2배인 406개가 확인됩니다. 여기서 공식 종합시장은 독립건물이 있고 정부기관인 인민보안국의 책임 아래 북한 주민이 자릿세를 내고 합법적으로 장사하는 곳인데요. 이에 비해 장마당은 골목이나 길거리 등 비합법적인 곳을 뜻하는데 북한 전역에 수천 개가 넘습니다. 종합시장의 확산을 통해 인민 입장에서는 제도적 보호막 아래 안정적으로 경제활동을 할 수 있고, 국가경제의 관점에서는 공식적·비공식적 세금 수취를 통해 나라 살림에 도움이 됩니다. 게다가 시장의 물주들은 대부분 북한 권력층과 직간접적으로 이어져 있는 관계로 시장이 없으면 권력층 자신도 커다란 타격을 받을 수밖에 없게끔 시장화가 진전되어 있지요. 서울대 통일평화연구원의 탈북자 조사에 의해서도 시장이나 장마당의 일반화 현상이 확인됩니다. 북한 주민의 80% 이상이 시장이나 장마당에서 장사를 해 본 경험이 있는 것으로 추산됩니다.

다른 한편으론 북한의 시장화에 대한 유보적 평가도 엄존합니다. 무엇보다도 중요한 것은 국영 부분의 개혁이 지금까지도 매우 제한적이라는 사실입니다. 이것은 북한 정부가 우리식 사회주의 제도와 이념을 고수하고 있으며 사경제, 사기업, 사유재산을 법적·제도적으로는 아직 인정하고 있지 않다는 데서 비롯합니다. 사경제와 시장을 내용적·암묵적·부분적으로는 인정하고 있으나 공식체제 이념 차원에서는 아직 승인하지 않고 있는 게 엄연한 현실이기 때문입니다. 북한의 시장화가 전면적·제도적·법적 단계까지 나아가는 데는 아직 갈 길이 멀다는 얘기입니다. 현대 그룹의 금강산 관광투자의 경우가 생생한 사례이기도 하거니와 북한에 투자한 중국 기업들이 고전 끝에 철수하는 사례도 빈발합니다. 한국과 국제사회에 대한 대결적이고 폐쇄적인 태도도 북한의 불완전한 시장화와 표리 관계를 이룹니다.

따라서 북한의 시장화를 불가역적 상황으로 만드는 게 북한개혁을 위한 정치경제학의 목표가 되어야 마땅합니다. 물론 전제가 있습니다. 국력을 총동원해서 북핵 위기가 야기하고 있는 안보불안을 해소해야 한다는 전제입니다. 국가안보를 확고히 한다는 대전제가 충족된다면 북한개혁의 정치경제학이 가동되는 공간을 극대화할 수 있는 노력을 경주해야 합니다. 북한을 실질적으로 변화시키는 방식의 남북교류를 위해서는 경제교류와 식량지원책이나 인도주의적 지원정책을 적극 활성화해야 합니다. 분단 70년 동안 북한이 전혀 변하지 않았다는 일각의 주장은 사실이 아닙니다. 유일체제의 본질에 변화가 없는 건 부인하기 어렵고 한국을 적화시키고 싶어 하는 김씨 정권의 의도도 여전하겠지만 동아시아 국제정세나 한반도의 역학을 감안하면 한마디로 그건 불가능한 일입니다. 여기서 가장 중요한 것은 먹고살려고 장마당에서 애쓰는 북한 인민의 처절한 노력이 북한 사회를 점점 바꾸고 있다는 사실입니다. 이 사실에 주목해야 합니다.

또 하나의 의미심장한 질문은 북한 정권이 시장을 없애려 한들 그게 가능하겠느냐는 것이지요. 시장을 없애기 위한 북한 정권의 거듭된 노력은 모두 실패로 끝났습니다. 2009년 북한 화폐개혁 직후 한국의 경제전문가들은 북한의 조치가 실패할 것을 이미 예측한 바 있어요. 소비재 공급이 증가하지 않는 상태에서는 시장활동 자체가 줄지 않을 것이며 인플레이션도 제어할 수 없을 것이라는 경제학적 판단이 예측 근거였습니다. 완고한 북한 당국조차도 화폐개혁 얼마 후 실패를 인정할 수밖에 없었습니다. 시장의 중요성과 수요와 공급 원칙의 무게를 시인할 수밖에 없는 상황에 몰렸던 것이지요. 지금 단계에서 시장 없이 국가를 운영하는 것 자체가 북한 정권에도 거의 불가능한 것이 되어 가고 있다고 보아야 합니다. 따라서 북한개혁의 최대 과제는 그런 추세가 뒤집히지 않도록 만드는 데 초점을 모으는 것입니다. 북한 정부가 관리 가능하다고 판단할 시장의 범위를 우리의 노력으로 최대한 넓히고 시장과 관련된 제도화의 수준도 높일 수 있도록 북한과의 접촉선을 늘려야 합니다. 북한에서 시장의 범위와 수준이 확장되는 것은 북한 인민의 자생능력이 확장되는 것을 뜻하며 한반도 평화와 통일의 지평까지 확대된다는 것을 의미한다고 저는 확신합니다. 결국 자유시장의 진화야말로 장기적으로 북한 문제를 해결하는 최선의 방안이라고 생각합니다. 그리고 우리는 역사의 흐름에 대해 좀 더 거시적이고 장기적인 태도를 취해야 합니다.

[질문 65] 헌법철학상 남북의 평화통일이 가능한가요?

[답변] 국가이성의 차원에서도 그렇거니와, 헌법철학으로 보아도 대한민국 헌법과 북한의 유일체제 헌법 사이의 만남은 불가능합니다. 북한 유일체제에 어떤 질적 변화가 있어야만 남북 헌법의 만남 가능성이 조금이나마 열리게 될 것입니다.

▣ 기타 질문

[질문 66] 리영희 선생의 비체계적인 인본적 사회주의가 우리 사

회를 시장맹(盲)·북한맹(盲)으로 만들었다는 것이 사실인가요?

[답변] 저는 그런 측면이 있다고 생각합니다. 탁월한 진보지식인이자 휴머니스트였던 리영희 교수는 현대 시장의 복합성을 제대로 이해하지 못했고, 북한체제의 본질을 정확히 파악하지 못했다고 저는 판단합니다. 이에 대해서는 저의 리영희론인 「한국현대사와 리영희」[졸저, 『극단의 시대에 중심잡기』(생각의나무, 2008), 51-80쪽]를 참고하시기 바랍니다.

[질문 67] 철학자의 입장에서 유영모, 함석헌의 씨알사상을 어떻게 보시는지요?

[답변] 한국이 산출한 자생적이고 창조적인 철학의 대표적 사례라고 봅니다. 함석헌의 씨알사상을 녹여 낸 『뜻으로 본 한국역사』는 한국 역사철학의 걸작입니다.

[질문 68] 한국 현대 학문의 골간이 기본적으로 수입학문이라고 주장하신 근거는?

[답변] 한국 현대 학문의 틀은 조선 시대의 학문전통(유학)과 완전히 단절되어 일제 때 일본을 거쳐 수입된 경우가 많았고 해방 이후

본격적으로 발전하였습니다. 결국 대다수 현대 학문의 역사가 1세기 남짓하다고 볼 수 있습니다. 전 세계적인 학문역사를 살펴보면 대개 세 세대, 즉 100년 가까운 도입 – 시행착오 – 축적의 역사가 있어야 자신의 문제를 보편적 개념으로 언표할 수 있는 자생적 학문의 틀이 비로소 개화하는 것을 확인할 수 있습니다. 저는 현대 한국 학문이 바로 그 출발점에 서 있다고 생각합니다. 저의 이번 강연, 즉 '국가의 철학' 자체가 비록 매우 부족하긴 하지만 그런 자생학문의 작은 시도로 여겨지길 바랍니다.

[질문 69] 박근혜 대통령의 아르테(Arete, 뛰어남)는 휴브리스(Hubris, 오만)로 변질되어 휴브리스가 세월호라는 네메시스(Nemesis, 업보)를 낳았다는 것과 박 정부가 성공하려면 내각과 청와대를 개편하고 국정운영 방식을 전면적으로 바꿔야 한다는 소신에는 변함이 없으신지와 야당과 언론이 사사건건 대통령과 정부 탓으로 모는 국민들의 의식이 바뀌지 않는 한 제대로 국정운영을 할 수 있겠느냐는 주장에 대해서 어떻게 생각하시는지요? 고견을 듣고 싶습니다.

[답변] 보수정부이건 진보정부이건 큰 틀에서는 모두 정당성을 지닌 민주정부이므로 반드시 성공해야만 하는 정치적 책임윤리를 갖습니다. 정부와 대통령이 성공해야 나라가 발전하고 민생이 편안해질 테니까요. 저는 그런 차원의 고언을 한 것입니다. 특정 정당이나

시민들이 당리당략이나 개인적 의견을 앞세워 국정 발목 잡기를 하는 경우도 있을 수 있겠지요. 하지만 저는 국정을 담당하는 정부 여당이 좀 더 자신감과 유연함을 가지고 비판과 여론에 탄력적으로 대처하는 게 민주다원사회에 더 부합된다고 봅니다.

[질문 70] 요즘 건국일과 관련해서 1948년 8월 15일이라고 주장하는 측과 1919년 4월 13일이라는 측이 첨예하게 대립하고 있습니다. 교수님 견해는?
[질문 71] 광복절과 건국절을 둘러싼 논쟁을 어떻게 보시는지요?

[답변] (질문 70-71) 저는 양자가 상호 모순관계에 있다고 생각지 않습니다. 1948년 대한민국 정부수립은 1919년 상하이임시정부 수립의 연장선에 있는 것이니까요. 사실 나라 만들기의 과정은 1919년에 시작되었고 1948년에 일단 제도적인 틀을 갖추게 되었으나 결코 완결된 것이 아니지요. 분단체제 극복의 과제는 두말할 필요도 없으려니와 강연 주제인 온전한 민주공화정을 이루는 위대한 도정에 한국 시민들 모두가 현재진행형으로 함께 참여하고 있다고 저는 봅니다. 현대 한국의 위대한 성취와 현행 6공화국 헌법(87년 체제)도 이런 역사의 연속선 위에서 비로소 오늘의 모습을 갖추게 된 것입니다. 저는 역사학자가 아니므로 자세한 말씀을 드리긴 쉽지 않지만 건국, 산업화, 민주화, 공화혁명, 분단체제 극복, 이 모든 것을 한국 시민

모두가 협력해 이루게 될 하나의 흐름, 하나의 성과로 보는 통합적 역사관이 필요하지 않나 생각합니다.

[질문 72] 사드 배치 여부로 미국, 중국의 국가이성이 대립각을 세우고 있습니다. 당사국은 어떤 결론이 필요하다고 보십니까. 이유는요?

[답변] 우리에게 중요한 건 우리의 국가이익입니다. 특히 안보 문제는 우리의 생사를 좌우합니다. 주한미군 기지의 사드 배치가 정말로 우리 안보에 도움이 된다면 사드 배치에 찬성 안 할 이유가 없겠지요. 하지만 그 전에 정밀한 손익계산과 전략적 판단이 반드시 전제되어야 합니다.

[질문 73] 교황청에서는 과거 잘못을 공개적으로 나열하며 시인하였습니다. 우리나라 신문사에서도 친일, 독재 행적을 공개적으로 반성하면 좋지 않을까요? (잘한 일만 강조하지 말고)

[답변] 전적으로 공감합니다. 저도 학문적 저작 외에 칼럼니스트의 한 사람으로서 그런 방향으로 칼럼을 써 왔습니다.

[질문 74] 현직에서 학생을 가르치고 있는 입장이시니까 그야말로

책임이 크십니다. 은퇴자에게는 방법이 없습니다.

[답변] 성숙한 사회에서는 모든 특권은 철폐되어야 하고, 모든 사회적 약자는 보호받아야 합니다. 저도 제가 할 수 있는 일을 위해 미력이나마 노력하겠습니다.

[질문 75] 열정적인 강의에 깊은 감동이 있었습니다. 제 자신이 성숙한 시민으로 살아가는 데 도움 말씀을 주셔서 감사합니다. 행복하시기를 바랍니다.

[답변] 경청해 주셔서 고맙습니다. 저도 시민의 한 사람으로서 스스로를 항상 되돌아보겠습니다.

[질문 76] 최근 들어 국회의원이 점점 늘어나고 있습니다. 국회의원들끼리 의원 수를 늘리더군요. 민생이나 법안 처리에는 관심이 없고 자기들 이익에만 관심이 있습니다. 국회의원 개인이 국가로부터 받아 사용하는 비용이 상당히 많던데 연간 수십억 원에 해당하는 비용이 국세로 지원되고 있습니다. 이런 불합리한 국회의 짓거리에 대해 견제할 수 있는 세력이 없습니다. 삼권분립에 의한 견제는 이런 경우에는 해당되지 않는 듯합니다. 어떤 제도가 도입될 수 있을까요? 제가 생각하기에는 개인적 자질, 역량 또한 국가에 대한

의무감의 부족이고 이는 국가 수준의 저질화를 가져와서 결국 국민의 고통으로 결론 내려질 듯합니다. 제2의 80년대 민주화 투쟁을 해야 할까요?

[답변] 국회의 잘못에 대해서는 많은 분들이 공감하고 있습니다. 국회가 당리당략이나 집단이기주의에 매몰되지 않고 국가를 위해서 더 책임 있게 일하도록 주권자인 시민들이 더 엄격하게 채찍질하고 비판하는 것은 지당한 일입니다. 하지만 저는 지금의 정치제도(소선거구제, 하향식 당론문화, 각 정당 공천제도, 비례대표제 등)를 국민대표성과 책임정치가 가능하도록 획기적으로 바꾸는 작업과 동시에 국회의 기능을 지금보다 더 크게 확장해야 된다고 봅니다. 국회의원의 특권과 보수를 과감하게 줄인다는 전제하에 시민을 위해 일하는 국회의 기능 자체와 의원의 숫자는 더 확대되어야 한다고 생각합니다. 삼권분립을 내실화하고 국정운영 방식의 틀 전체를 통치에서 협치 패러다임으로 바꾸기 위해서는 국회가 사활적 중요성을 갖기 때문입니다.

[질문 77] 한반도의 문제점 해결방안은 인문학적으로 접근하기보다는 자연정화법인 환경학적 대안이 있지 않겠습니까? 예컨대 ① 썩은 사회의 문제를 해결할 수 있는 방법은 우리의 전통과학 중의 하나인 '발효'라는 자연정화법에서 찾아야 합니다. 예컨대 ② 발효식

품, 농사 방법, 자연적 정화 등과 같이 '기다림의 철학'에서 찾을 수는 없을까요?

[답변] 제가 선생님의 풍수생태론을 알지 못해 정확한 답변이 어렵습니다만 현대인에게 생태학적 사유와 감수성이 중요하다는 데 대해서는 동의합니다.

[질문 78] 우리의 일부 종교인 중에서 '세습독재세력'을 '오늘날의 구세주'라고 칭송하는데, 이는
  - 선지자적인 미래에 대한 외침인가?
  - 평소 절대자에 대한 신앙에 익숙하기에 거부감이 없어서인가?

[답변] 제 강연 내용을 자세하게 보신다면 남북한이 됐건 세계 어느 나라가 됐건, '세습독재세력'을 '신앙'의 이름으로 정당화하는 태도가 허용될 수 없음을 이해하실 수 있습니다.

[질문 79] 대한민국 공화정치는 해방 후부터 (특히 남북의 대립) 마키아벨리를 비롯하여 공산주의·사회주의는 철저히 배제되어 왔으며 김대중 정부가 성립되면서 나타났다고 봅니다. 특히 남북이 분단된 이래 남한에서는 철저히 반공사상체계를 국시로 삼았으므로 마키아벨리즘의 영향하에 이루어졌다고 하는 것은 천부당만부당하다

고 봅니다. 다만 일부 인사들(소위 운동권)만이 주장하는 것으로 국민 대다수는 그런 요소가 없다고 봅니다. (마키아벨리즘이란 정의가 무엇이며 우리 국민이 지향하는 길의 방향을 말씀해 주세요.) 발표자의 주장은 일부 인사에서만 주장하는 것이지 전체를 말하는 것이 아닙니다. 대한 민국의 국민이라며 오랫동안 이어 온 전통을 부정하는 것이라 봅니다. (학자에게 편향적 선동의 발언은 금물임을 명심 바랍니다.)

[답변] 공화정의 의미와 마키아벨리즘의 한국적 의의에 대해서는 본문에서 상세히 설명하고 있습니다.

_참고문헌

곽준혁,『지배와 비지배: 마키아벨리의『군주』읽기』(민음사, 2013).

구대열,『삼국통일의 정치학』(까치, 2010).

권영성,『헌법학원론』(박영사, 2002).

김명섭,『전쟁과 평화』(서강대학교출판부, 2015).

김선욱,『정치와 진리』(책세상, 2001).

김영수,『한국헌법사』(학문사, 2001).

김영순 외,『국가이론』(한길사, 1991).

김정일,「주체사상 교양에서 제기되는 몇 가지 문제에 대하여」,『북한자료집 ― 김정
　　　일 저작선』(경남대학교 극동문제연구소, 1991).

김준석,『근대국가』(책세상, 2011).

김철수,『한국통일의 정치와 헌법』(시와진실, 2017).

박명림 · 김상봉,『다음 국가를 말하다』(웅진, 2011).

박상섭,『근대국가와 전쟁』(나남, 1996).

＿＿＿,『국가와 폭력: 마키아벨리의 정치사상연구』(서울대학교출판부, 2002).

＿＿＿,『국가 · 주권』(소화, 2008).

＿＿＿,『국가, 전쟁, 한국』(인간사랑, 2012).

박성진,『사회진화론과 식민지 사회사상』(선인, 2003).

박홍규,『마루야마 마사오와 자유주의』(아산서원, 2013).

사회과학출판사 편,『주체사상총서 1: 주체사상의 철학적 원리』(백산서당, 1989).

서재진,『주체사상의 이반』(박영사, 2006).

선우현,『우리 시대의 북한철학』(책세상, 2000).

송두율,『계몽과 해방』(한길사, 1988).

＿＿＿,『소련과 중국』(한길사, 1990).

＿＿＿,『현대와 사상』(한길사, 1990).

_____,『역사는 끝났는가』(당대, 1995).

_____,『미완의 귀향과 그 이후』(후마니타스, 2007).

_____,『불타는 얼음: 경계인 송두율의 자전적 에세이』(후마니타스, 2017).

신일철,『현대사회철학과 한국사상』(문예출판사, 1996).

안중근 옥중 집필,『안중근 의사 자서전』(범우사, 2012).

양승태,『대한민국이란 무엇인가: 국가정체성 문제에 대한 정치철학적 성찰』(이화여자대학교출판부, 2010).

유길준,『서유견문』(서해문집, 2004).

윤평중,『담론이론의 사회철학』(문예출판사, 1998).

_____,『논쟁과 담론』(생각의나무, 2001).

_____,『급진자유주의 정치철학』(아카넷, 2009).

_____,『시장의 철학』(나남, 2016).

이종석,『조선로동당연구』(역사비평사, 1995).

이춘근,『미중 패권경쟁과 한국의 전략』(김앤김북스, 2016).

이태진 외, 안중근·하얼빈학회 편,『영원히 타오르는 불꽃: 안중근의 하얼빈 의거와 동양평화론』(지식산업사, 2010).

임현진 외,『21세기 통일 한국을 위한 모색: 분단과 통일의 변증법』(서울대학교출판부, 2005).

장동진 외,『이상국가론: 동양과 서양』(연세대학교출판부, 2004).

장성민,『중국의 밀어내기 미국의 버티기』(퓨리탄, 2016).

전복희,『사회진화론과 국가사상』(한울아카데미, 2007).

조승래,『공화국을 위하여』(길, 2010).

최장집 외,『양손잡이 민주주의: 한손에는 촛불, 다른 손에는 정치를 들다』(후마니타스, 2017).

한상진(편),『국가이론과 위기분석』(전예원, 1988).

허승일,『로마 공화정』(서울대학교출판부, 1997).

허영,『헌법이론과 헌법』(박영사, 2001).

가야노 도시히토, 김은주 역,『국가란 무엇인가: 국가의 본질에 대한 역사적 고찰』(산
눈, 2010).

미로시 도루, 이혁재 역,『史傳 이토 히로부미』(다락원, 2002).

마루야마 마사오, 김석근 역,『일본 정치사상사연구』(통나무, 1995).

_____, 김석근 역,『현대정치의 사상과 행동』(한길사, 1997).

_____, 고재석 역,「사상사의 사유방식에 대하여」,『思想史의 방법과 대
상』(소화, 1997).

_____ 외,『번역과 일본의 근대』(이산, 2000).

스기하라 야스오, 이경주 역,『헌법의 역사』(이론과실천, 1996).

이중톈, 심규호 역,『국가를 말하다』(라의눈, 2015).

Acemoglu, Daron & James A. Robinson, *Why Nations Fail*, 2012; 최완규 역,『국가
는 왜 실패하는가』(시공사, 2012).

Anderson, Benedict, *Imagined Communities: Reflections on the Origin and
Spread of Nationalism* (Verso, 1983).

Arendt, Hannah, *The Human Condition* (Univ. of Chicago Press, 1958).

_____, *Between Past and Future* (N. Y.: Penguin, 1961).

_____, *On Revolution* (N. Y.: Penguin, 1962).

_____, *Eichmann in Jerusalem* (Viking Press, 1963).

_____, *Philosophy, Politics, and Society* (Basil Blackwell, 1978).

_____, *Lectures on Kant's Political Philosophy* (Univ. of Chicago Press,
1982).

_____, *The Promise of Politics*, 2005; 김선욱 역,『정치의 약속』(푸른숲,
2007).

_____, *Crises of the Republic*, 1972; 김선욱 외 역,『공화국의 위기』(한길
사, 2011).

Aristotle, *Politics*, 1948; 라종일 역,『정치학』(올재클래식스, 2015).

Ball, Terence & Richard Bellamy(ed.), *The Cambridge History of Twentieth-Century Political Thought* (Cambridge Univ. Press, 2003).

Bauman, Zygmunt, *Die große Regression*, 2017; 박지영 외 역,『거대한 후퇴: 불신과 공포, 분노와 적개심에 사로잡힌 시대의 길 찾기』(살림, 2017).

Bentham, Jeremy, *The Panopticon Writings* (Verso, 1995).

Böckenförde, Ernst-Wolfgang, *Staat, Verfassung, Democratie*, 1991; 김효전 역, 『헌법과 민주주의: 헌법이론과 헌법에 관한 연구』(법문사, 2003).

Bodin, Jean, *On Sovereignty* (Cambridge Univ. Press, 1992).

Cassirer, Ernst, *The Myth of the State*, 1946; 최명관 역,『국가의 신화』 개정판(창, 2013).

Cicero, Marcus, *De Re Publica*, 1969; 김창성 역,『국가론』(한길사, 2007).

Frazer, Elizabeth, *The Problems of Communitarian Politics: Unity and Conflict* (Oxford Univ. Press, 1999).

Fukuyama, Francis, *State-Building*, 2004; 안진환 역,『강한 국가의 조건』(황금가지, 2005).

_____, *The Origins of Political Order*, 2011; 함규진 역,『정치질서의 기원』(웅진, 2012).

Habermas, Jürgen, *The Philosophical Discourse of Modernity* (The MIT Press, 1987).

_____, *Philosophical-Political Profiles* (The MIT Press, 1985).

_____, *Between Facts and Norms* (The MIT Press, 1996).

Hall, John (ed.), *The State: Critical Concepts* (N.Y.: Routledge, 1994), Vol. 1, 2, 3.

Hamilton, Alexander & James Madison & John Jay, *The Federalist Papers* (Bantam Classic, 2003).

Hardt, Michael & Antonio Negri, *Empire* (Harvard Univ. Press, 2001).

Hegel, G. W. F, *Phänomenologie des Geistes* (Felix Meiner, 1952).

_____, *Grundlinien der Philosophie des Rechts* (Suhrkamp, 1970).

_____, *System of Ethical Life and the Philosophy of Spirit* (State Univ. of New York Press, 1979).

Heidegger, Martin, *Sein und Zeit*, 1953; 소광희 역,『존재와 시간』(경문사, 1995).

Held, David (ed.), *States and Societies* (New York Univ. Press, 1983).

_____, *Models of Democracy* (Stanford Univ. Press, 1996).

Hesse, Konrad, *Elemente Einer Verfassungstheorie*; 계희열 역,『헌법의 기초이론』(박영사, 2001).

Hobbes, Thomas, *Man and Citizen* (*De Homine and De Cive*) (Hackett Publishing Company, 1991).

Kant, Immanuel, *Political Writings* (Cambridge Univ. Press, 1970).

_____, *Zum ewigen Frieden*, 1796; 이한구 역,『영원한 평화를 위하여』(서광사, 1992).

Kelsen, Hans, *Allgemeine Staatslehre*, 1925; 민준기 역,『일반국가학』(민음사, 1990).

Kissinger, Henry, *Diplomacy* (Simon & Schuster, 1994).

_____, *On China*, 2011; 권기대 역,『헨리 키신저의 중국 이야기』(민음사, 2012).

_____, *World Order*, 2014; 이현주 역,『헨리 키신저의 세계질서』(민음사, 2016).

Laborde, Cecile & John Maynor, *Republicanism and Political Theory*, 2008; 곽준혁 외 역,『공화주의와 정치이론』(까치, 2009).

Laski, Harold, *Studies in the Problem of Sovereignty* (Yale Univ. Press, 1917).

_____, *The Foundations of Sovereignty and Other Essays* (Harcourt, Brace, and Company, 1921).

_____, *Liberty in the Modern State*, 1972; 김학준 역,『현대국가에 있어서의 자유』수정증보판(서울대학교출판부, 1986).

Locke, John, *Two Treatises of Government* (Cambridge Univ. Press, 1960).

Machiavelli, Niccolò, *Il Principe*, 1532; 박상섭 역,『군주론』(서울대학교출판문화연구원, 2011).

_____, *The Discourses*; 강정인 외 역,『로마사 논고』(한길사, 2003).

MacIntyre, Alasdair, *A Short History of Ethics* (RKP, 1967).

_____, *After Virtue*, 2nd edition (Univ. of Notre Dame Press, 1984).

_____, *Whose Justice? Which Rationality?* (Univ. of Notre Dame Press, 1988).

_____, *Three Rival Versions of Moral Enquiry* (Univ. of Notre Dame Press, 1990).

Mansfield, Harvey, *Machiavelli's Virtue*, 1996; 이태영 외 역,『마키아벨리의 덕목』(말글빛냄, 2009).

McLennan, G. 외(eds.), *The Idea of the Modern State* (Open Univ. Press, 1984).

Mearsheimer, John, *The Tragedy of Great Politics*, 2014; 이춘근 역,『강대국 국제정치의 비극: 미중 패권경쟁의 시대』(김앤김북스, 2017).

Meinecke, Friedrich, *Die Idee der Staatsräson*, 1946; 이광주 역,『국가권력의 이념사』(한길사, 2010).

Mill, John Stuart, *On Liberty and other writings* (Cambridge Univ. Press, 1991).

Montesquieu, Charles, *Selected Political Writings* (Hackett Publishing Company, 1990).

Münkler, Herfried, *Imperien*, 2005; 공진성 역,『제국: 평천하의 논리』(책세상, 2015).

Parker, Erenst, *Principles of Social and Political Theory* (Oxford: Clarendon Press, 1951).

Plato, *Politeia*, 1902; 박종현 역,『국가』(서광사, 1997).

Rawls, John, *A Theory of Justice* (Harvard Univ. Press, 1971).

_____, *Political Liberalism* (Columbia Univ. Press, 1993).

_____, *The Law of Peoples* (Harvard Univ. Press, 1999).

_____, *Collected Papers* (Harvard Univ. Press, 2001).

Rousseau, Jean-Jacques, *The Discourses and other early political writings* (Cambridge Univ. Press, 1997).

Rowe, Christopher & Malcolm Schofield (ed.), *The Cambridge History of Greek and Roman Political Thought* (Cambridge University Press, 2000).

Russell, Bertrand, *Unpopular Essays* (George Allen and Unwin, 1950).

Sabine, George & Thomas L. Thorson, *A History of Political Theory* (The Dryden Press, 1973).

Schmitt, Carl, *Political Theology* (The MIT Press, 1985).

_____, *Die Lage der europäischen Rechtswissenschaft*, 1950; 김효전 역, 『유럽 법학의 상태』(교육과학사, 1994).

_____, *The Concept of the Political* (Univ. of Chicago Press, 1996).

Strauss, Leo, *Thoughts on Machiavelli*, 1958; 함규진 역, 『마키아벨리』(구운몽, 2006).

Strauss, Leo & Joseph Cropsey (ed.), *History of Political Philosophy* (Univ. of Chicago Press, 1987).

Taylor, Charles, *Hegel* (Cambridge Univ. Press, 1975).

_____, *Hegel and Modern Society* (Cambridge Univ. Press, 1979).

_____, *Sources of the Self: The Making of the Modern Identity* (Harvard Univ. Press, 1989).

_____, *The Ethics of Authenticity* (Harvard Univ. Press, 1991).

_____ 외, *Multiculturalism: Examining the Politics of Recognition* (Princeton Univ. Press, 1994).

_____, "Cross-Purposes: The Liberal-Communitarian Debate" in *Philosophical Arguments* (Harvard Univ. Press, 1997).

_____, "Religion and the Modern Social Imaginary," 「제6회 다산기념 철학강좌 제2강연 자료집」(한국프레스센터, 2002년 10월 30일).

Tocqueville, Alexis de, *De la démocratie en Amérique*, 1835; 임효선 외 역, 『미국

의 민주주의 I, II』(한길사, 1997).

Weber, Max, *Politik als Beruf*, 1919; 박상훈 역, 『소명으로서의 정치』(폴리테이아, 2011).

Wood, Allen, *Hegel's Ethical Thought* (Cambridge Univ. Press, 1990).

_찾아보기

석학人文강좌 82